Flor Namdar
Liebe statt Furcht

Über die Autorin

Um ihre Familie und ihre Gemeindemitglieder zu schützen, mussten sowohl der wahre Name der Autorin Flor Namdar als auch die Namen aller beteiligten Personen geändert werden. Gleiches trifft auf die meisten Orte des Geschehens zu.

FLOR NAMDAR

Liebe *statt* Furcht

Muslimin. Atheistin. Pastorin.
Mein langer Weg in die Freiheit

Inhalt

Dunkelheit

Mit raschen Schritten eilte ich durch die Straßen Teherans, den Blick hielt ich meist gesenkt. Nur hin und wieder wagte ich, ihn kurz zu heben. Ich eilte vorbei am schwarz verkohlten Gerippe eines von Fliegerbomben zerstörten Hauses. Jegliche Farbe war aus der Stadt verbannt worden. Die Frauen trugen nur noch schwarze oder allenfalls dunkelbraune Kleider. Bunte Werbeplakate waren heruntergerissen worden. Aus den Radios plärrten Revolutionslieder. Überall sah ich Menschen in Trauer. Es gab kaum eine Familie, die keine Angehörigen verloren hatte. Die Islamische Revolution hatte gesiegt und den Schah von seinem Pfauenthron vertrieben. Und kaum war das nachfolgende Blutvergießen abgeebbt, hatte der Irak den Iran angegriffen. Die Welt, die mir vertraut gewesen war, gab es nicht mehr.

Ich hatte mich von meinem Ehemann getrennt. Meine Tochter war noch kein Jahr alt und nach europäischen Maßstäben war ich eine Jugendliche.

Wie fast alle Frauen, denen ich begegnete, trug ich den Tschador. Für viele war dies ein Ausdruck der nationalen Geschlossenheit. Ich hatte ihn um mich gehüllt wie einen schwarzen Schleier der Hoffnungslosigkeit.

Dass ich schwanger war, hatte ich nicht gewusst, und als ich es erfuhr, empfand ich keine Freude, nur Angst und Verzweiflung. Noch während der Schwangerschaft entfloh ich meiner unglücklichen Ehe, aber meine Tochter brachte ich zur Welt. Nun lebte ich gemeinsam mit ihr bei meinen Eltern und Geschwistern. Ich hatte Schande über meine Familie gebracht. Es war gefährlich für mich, auf die Straße zu gehen. Denn es gab jemanden, der mir nach dem Leben trachtete. Trotzdem hatte ich heute den trostlosen Schutz der beiden winzigen Zimmer unserer Flüchtlingsunterkunft verlassen. Mein Ziel war eine kleine Gasse mit einer Schusterwerkstatt. Der Mann, der diese Werkstatt betrieb, war ein sehr begabter Handwerker. Wir nannten ihn Leatherman, weil er wie diese kleinen Multifunktionswerkzeuge in der Lage schien, einfach alles reparieren zu können. Aber nicht nur das, er hatte auch hervorragende Verbindungen zum Schwarzmarkt.

Er hat dir schon einmal geholfen, dachte ich. *Er vertraut dir und er wird ganz bestimmt nichts merken. Schon bald,* sprach ich mir Mut zu, *wirst du dieses ganze Elend nicht länger mit ansehen müssen.*

Ich weiß nicht mehr, ob die Sonne schien oder Wolken den Himmel bedeckten, während ich durch die Straßen lief. Für mich war alles grau. Ich wusste nicht mehr, wann ich das letzte Mal Freude empfunden oder gar gelacht hatte. Auch Gott bot mir keinen Trost – ich glaubte nicht länger an seine Existenz. Das einzige Gefühl, das stark genug war, die Traurigkeit zu durchdringen, die mich umhüllte wie ein dicker grauer Mantel, war die Angst.

Der Tod war allgegenwärtig. Er schrie uns von jeder Zeitungsseite entgegen, auf der die Gesichter der willkürlich hingerichteten Feinde der Gotteswächter abgebildet waren. Und er prasselte als grausiger Regen in den Bomben, Raketen und Giftgasgranaten der irakischen Armee auf uns herab. Als der Mann, der geschworen hatte, mich zu töten, seine Kalaschnikow auf mich richtete, war es, als würde der Tod mit seinem dürren Knochenfinger auf mich zeigen. Und er blickte mich durch die Augen eines Geheimpolizisten an, der beiläufig anmerkte: „Die da werden wir auch hinrichten."

Der Tod umschlich mich wie ein Raubtier, das seine Beute belauert, voller Ungeduld und Gier.

Jeden Tag lebte ich in der Erwartung, dass er zuschlagen würde. Irgendwann beschloss ich, dass ich nicht länger warten wollte.

Der Leatherman sah mich an, als er mir die Packung mit Tabletten zuschob.

Ich versuchte zu lächeln. „Danke."

Er nickte. Vor einiger Zeit hatte er mir Tabletten besorgt, die gegen meine Appetitlosigkeit helfen sollten. Ich war verantwortungsvoll damit umgegangen und so vertraute er mir. „Diazepam" stand auf der Packung. Es waren Psychopharmaka. Er glaubte, dass sie mir gegen meine Schlaflosigkeit helfen sollten.

Ich steckte die Tabletten in meine Tasche. Es störte mich nicht, dass ich ihn anlog. Mir war alles egal. Ich wollte nur, dass es endlich vorüber war.

Es dauerte eine Zeit lang, bis der richtige Moment gekommen war. Wenn acht Menschen dicht an dicht in zwei winzigen Räumen leben, ist man eigentlich nie unbeobachtet. Aber das Unmögliche geschah. Maman besuchte meinen Vater und meine Tante im Krankenhaus. Sie würde dort auch über Nacht bleiben, weil bei meiner Tante eine wichtige OP anstand. Fast alle meine Geschwister waren unterwegs. Nur meine kleine Schwester Parvaneh war zu Hause. Aber sie schlief. Sobald sie die Augen schloss, ruhte sie so tief und fest wie ein Siebenschläfer in den Wintermonaten. Sie würde nichts bemerken.

Ich schluckte die Tabletten, küsste meine kleine Tochter ein letztes Mal, und dann ließ ich mich hinabsinken in die Dunkelheit. Es war keine sorgfältig abgewogene Entscheidung, kein bewusstes Abschiednehmen. Vielmehr war es das entkräftete Loslassen eines Schiffbrüchigen, der tagelang auf den Wogen eines tosenden Meeres getrieben hatte, festgeklammert an eine Planke seines gesunkenen Schiffes, zu leer, um zu hoffen, zu ausgekühlt, um irgendetwas zu empfinden, nur erfüllt von dem einen Gedanken: „Es soll aufhören!"

Ich suchte das Vergessen und stürzte mich kopfüber in die Finsternis. Aber die Finsternis hielt mich nicht. Sie wollte oder durfte es nicht!

Mit einem Mal war da ein Licht. Konnte dies der Tod sein?

Etwas lag auf meiner Brust und wie aus weiter Ferne drangen Stimmen an mein Ohr: „Lebt sie noch?"

„Nein ... ich glaube, sie ist tot."

Das Gewicht auf meiner Brust war nicht schwer, sondern süß und leicht. Es bewegte sich. Verschwommen erkannte ich das kleine Gesicht meiner weinenden Tochter.

„Sie lebt noch!", rief eine Stimme.

„Bist du sicher?"

„Wir müssen den Notarzt rufen!"

Ich achtete kaum auf diese Worte. Ich sah nur meine Tochter. Und tief in mir flüsterte ich zu einem Gott, an den ich in meinem Herzen längst nicht mehr glaubte: „Nie wieder! Nie wieder werde ich so etwas tun."

Ein zerrissenes Land

An einem eisigen Novembertag im Jahr 1964 kam ich in Kermanschah im Westen des Iran in einem Militärkrankenhaus zur Welt. Mein Vater erfuhr erst später davon. Er war, wie so oft, als Offizier unterwegs.

Die Armee war direkt dem Schah unterstellt und sein wichtigstes Instrument, um seine großen politischen Ambitionen zu verfolgen. Modern und schlagkräftig sollte sie sein. Nachdem mein Vater die Offizierslaufbahn eingeschlagen hatte, wurde er zum Studium nach Amerika geschickt. Er sprach perfekt Englisch und war ein vielseitig gebildeter Mann. Zurück in der Heimat wurde er selbst Ausbilder und reiste ständig im Land umher. Alle zwei Jahre zog er mit unserer gesamten Familie an einen anderen Militärstützpunkt. Auf diese Weise sah ich viel von meinem Heimatland und lernte die unterschiedlichsten Orte kennen. Allerdings hatte dieses Nomadendasein auch einen entscheidenden Nachteil: Es gab keinen Ort, an dem ich mich wirklich zu Hause fühlen konnte, und ein Teil von mir blieb stets heimatlos. Als dann die Islamische Revolution alles, was mir bis dahin vertraut gewesen war, auf den Kopf stellte, sollte ich vollends den Boden unter den Füßen verlieren.

Der Iran ist ein großes Land, größer als Spanien, Frankreich, Deutschland und England zusammen, und er ist ein Vielvölkerstaat. Nur die Hälfte seiner Einwohner sind Perser, 20 Prozent der Einwohner sind Aseris (Aserbaidschaner), den drittgrößten Bevölkerungsanteil stellen die Kurden mit etwa 10 Prozent. Darüber hinaus gibt es aber auch Araber, Turkmenen, Afghanen, Armenier und Assyrer.

Während der Zeit des Kalten Krieges versuchte dieses zerrissene Land, seine nationale Identität zu finden und sich äußerer Einflüsse zu erwehren.

Als ich geboren wurde, war Schah Mohammad Reza Pahlavi bereits seit 23 Jahren das Staatsoberhaupt des Iran. Die Verfassung sah eine konstitutionelle Monarchie vor, doch sein politischer Ehrgeiz ging weit darüber hinaus. Das führte zu einem seltsamen Widerspruch: Auf der einen Seite zeigte er sich sehr modern und westlich orientiert. Auf der anderen Seite sah er sich selbst in der Tradition der alten persischen Kaiser.

Als Kind hatte ich ein glorifiziertes Bild des Schahs. Seine dunkle Seite kannte ich nicht. Der Herrscher auf dem Pfauenthron war in meiner kindlichen Wahrnehmung ein guter Mann. Er sorgte dafür, dass es meinem Vater und meiner Familie gut ging. Er wollte Wohlstand und Bildung für sein Land. Auch im westlichen Ausland war er sehr beliebt. Während seiner Ehe mit der schönen Soraya war das persische Kaiserpaar ein bevorzugtes Thema in der deutschen Boulevardpresse. Nicht ganz unschuldig daran war wohl die Herkunft der jungen Kaiserin, die mütterlicherseits deutschstämmig war. Der verschwenderisch-exotische Hofstaat des Kaisers faszinierte die Menschen, brachte ihm allerdings später auch zunehmend Kritik ein. Da die Ehe kinderlos blieb, wurde sie Ende der Fünfzigerjahre geschieden.

Der Schah war stets bemüht, möglichst gefügigen Ministerpräsidenten zur Regierung zu verhelfen. Auf diese Weise konnte er dem Parlament seine Vorstellungen mehr oder weniger diktieren. Außenpolitisch suchte er offen den Schulterschluss mit Großbritannien und den USA. Dafür nahm er auch in Kauf, dass die britische Ölgesellschaft AIOC die Ölquellen des Landes weithin ausbeutete. Die radikale Verstaatlichung der iranischen Ölindustrie, die der äußerst beliebte Ministerpräsident Mohammed Mossadegh durchgesetzt hatte, machte er in Teilen wieder rückgängig. Das kostete ihn viele Sympathien im Volk.

Der Schah bestimmte zunehmend diktatorisch die Geschicke des Landes. Die Aufrüstung der Armee verschlang Unsummen, während gleichzeitig in vielen Gebieten des Iran noch immer bittere Armut herrschte. Aber am meisten zerstörten wohl die Gräueltaten des SAVAK[1] das Vertrauen der Bevölkerung in ihren Kaiser. Diese Geheimpolizei war ursprünglich von Ministerpräsident Mossadegh eingerichtet worden, um illegale Streiks und politische Unruhen zu verhindern. Ausgerechnet die CIA und der Mossad waren maßgeblich am Aufbau des neuen Geheimdienstes beteiligt. Vielleicht ist dies auch eine der Quellen des fanatischen und irrationalen Hasses mancher islamischer Revolutionäre auf die USA und Israel.

Im Laufe der Zeit entwickelte sich der Geheimdienst zunehmend zu einem brutalen Werkzeug der Unterdrückung. Regimekritiker wurden verhaftet, verhört und grausam gefoltert. Viele wurden von Militärtribunalen zum Tode verurteilt. Die Menschenrechte wurden hier mit Füßen getreten.

---

1 *Saseman Amniat va Etelaot Keschwar* – Organisation für Informationen und Sicherheit des Landes

Offiziell war der SAVAK dem Ministerpräsidenten unterstellt. Aber in Wahrheit erhielt dieser nur wenige ausgewählte Informationen. Dem Schah hingegen wurde durch den Direktor des SAVAK zweimal wöchentlich persönlich Bericht erstattet. Das war die dunkle Seite des Herrschers auf dem Pfauenthron. Doch damals, als ich noch ein kleines Mädchen war, ahnte ich davon nichts.

Ich hatte eine in vielerlei Hinsicht behütete und von vielen schönen Erlebnissen geprägte Kindheit. Ich erinnere mich noch an wunderbare Kinobesuche und Ausflüge. Wir fuhren jedes Jahr in den Urlaub. Diese Zeiten waren immer wunderschön. Mein Vater war die ganze Zeit bei uns und meine Mutter organisierte alles. Wir machten Wanderungen, gingen im Meer baden und aßen die köstlichsten Sandwiches. Ab und zu gingen meine Eltern mit uns essen. Für mich war das selbstverständlich. In Wahrheit war es jedoch etwas Besonderes und zeugte davon, dass meine Eltern wohlhabend waren.

Aber nicht nur materiell ging es uns gut. Wir Kinder erfuhren auch Unterstützung und Wertschätzung. Wenn ich als kleines Mädchen meinen Eltern verkündete, dass ich Anwältin werden wolle, wurde dies weder abgetan noch belächelt. Im Gegenteil, ich wurde unterstützt und bestätigt. „Natürlich, Flor. Wenn du das wirklich willst, kannst du das auch schaffen."

Meine Mutter war Kurdin und Sunnitin, mein Vater Perser und Schiit. Die politische, ethnische und religiöse Zerrissenheit meiner Heimat hätte sich auch in meiner Familie widerspiegeln können. Aber ich erlebte dies nicht so. Meine Eltern liebten und respektierten sich, vielleicht auch deshalb, weil sie sich in ihrer großen Unterschiedlichkeit so gut ergänzten.

Meine Mutter hatte, wie es damals oft üblich war, nur bis zur fünften Klasse die Schule besucht. Danach wurde sie verheiratet.

Sie war sehr intelligent und sprach fließend Farsi[2], Kurdisch und Türkisch. Meine Mutter genoss in der Familie und der Nachbarschaft großen Respekt. Sie war eine sehr selbstbewusste, weltoffene Frau. Ich kann mich nicht erinnern, dass sie besonderen Wert auf religiöse Handlungen legte. Aber sie hatte ein großes Herz und war immer zur Stelle, wenn Menschen Hilfe brauchten. Nie waren wir vor der Großzügigkeit meiner Mutter sicher. Ein harmloser Arztbesuch konnte dazu führen, dass ein wildfremder Mann abends an unserem Tisch saß, ein altes Hemd meines Vaters trug und uns mit schiefen Zähnen verschämt anlächelte, während er sich zum ersten Mal seit langer Zeit wieder richtig satt aß.

In der Grundschulzeit war ich ein sehr schüchternes, stilles Kind und vor allem von dem Wunsch beseelt, dazuzugehören und „normal" zu sein. Die unkonventionelle Art meiner Mutter war mir oft unangenehm und machte mich wütend.

Im Gegensatz zu meiner Mutter hatte mein Vater eine umfassende Schulbildung genossen. Er hatte im Ausland studiert und einen hohen gesellschaftlichen Rang. Als tiefreligiöser Schiit las er jedes Jahr im Fastenmonat Ramadan einmal den gesamten Koran durch. Darauf war er sehr stolz. Oftmals lud er die örtlichen Mullahs zu uns nach Hause ein. Ich habe noch sehr genau in Erinnerung, wie er mit diesen bärtigen weisen Männern in unserem Wohnzimmer saß. Ehrfürchtig und nicht selten unter Tränen lasen sie dann gemeinsam den Koran.

Mein Vater war sehr fromm und gesellschaftlich hoch anerkannt. Ich wollte sein wie er.

Sowohl mein Vater als auch meine Mutter waren zuvor schon einmal verheiratet gewesen. Mein Vater war Witwer und die erste

---

2   iranischer Dialekt des Persischen

Ehe meiner Mutter war geschieden worden. Sie brachte drei Kinder mit in die Ehe, während mein Vater schon einen älteren Sohn hatte, der jedoch nicht mehr bei uns lebte. Gemeinsam bekamen sie noch fünf eigene Kinder. Von diesen Kindern war ich das zweitälteste. Ich glaube, ich war diejenige von uns allen, die am meisten an unserem Vater hing. Viel später sollte ich allerdings das einzige Kind sein, das mein Vater aus der Familie verstieß.

Als kleines Mädchen trug ich stets ein Kuscheltuch bei mir, was damals im Iran alles andere als üblich war. Das Tuch war aus dem gleichen weichen Stoff, aus dem auch die Hemden meines Vaters geschneidert waren.

Bis ich zwei oder drei Jahre alt war, durfte ich manchmal im Bett meiner Eltern übernachten. Dann kuschelte ich mich fest an ihn, und die weiche Wäsche, die er trug, vermittelte mir Geborgenheit.

Mein Vater war aufgrund seiner militärischen Aufgaben oft unterwegs. Dann vermisste ich ihn sehr. Jedes Mal, wenn ich vom Spielen zurück ins Haus kam, rief ich nach meinem Vater und war erst beruhigt, wenn ich wusste: Ja, er ist da.

Allerdings rief ich ihn nicht „Vater" oder „Baba", wie es die kleinen persischen Kinder normalerweise tun. Ich nannte ihn auch nicht bei seinem Vornamen. Nein, wenn ich die Stufen in unser Haus hinauftappte, lautete mein Ruf: „Sarhang da?"

Und meine Mutter antworte: „Ja, Flor. Sarhang ist da!"

Mir erschien das ganz normal. Dass dies aber keineswegs der Fall war, sollte ich erst in der dritten Klasse erfahren.

Der Name meines Vaters

Die Gardinen wurden schwungvoll aufgerissen und grelles Licht drängte sich unter meinen Augenlidern hindurch. „Raus aus den Federn!", erklang Mamans energische Stimme. „Es ist schon acht Uhr. Ihr kommt zu spät!"

Ich richtete mich auf und rieb mir die Augen. Meine Schwester drehte sich stöhnend auf die Seite und verbarg ihren Kopf unter dem Kissen.

Meine Mutter zog ihr die Decke weg.

„Maman!", quiekte meine Schwester empört.

Doch meine Mutter war gnadenlos. „Aufstehen! Die Schule hat schon angefangen."

Ich gähnte. „Ach, Maman, denk dir doch mal etwas Neues aus."

Doch sie war schon verschwunden, um meine anderen Geschwister zu wecken. Insgesamt waren wir zu neunt. Acht von uns lebten noch zu Hause. Vielleicht war das einer der Gründe, warum meine Mutter eher generalstabsmäßig daran ging, ihre Kinder zu wecken, anstatt sie mit sanfter mütterlicher Liebe aus dem Schlaf zu locken.

Während ich aus meinem Zimmer ins Bad schlurfte, warf ich einen Blick auf die Küchenuhr. Es war erst sieben Uhr. Jeden Morgen versuchte meine Mutter, uns mit dem gleichen Trick aus den Betten zu scheuchen. Ich wusch mir das Gesicht und ließ dann meinen Blick misstrauisch über die Badewanne gleiten – alles war sauber. Keine Schmutzränder waren zu sehen und es lag auch nicht der Geruch ungewaschener Menschen in der Luft. Also hatte Maman diesmal keine bedürftigen Menschen irgendwo in der Gosse aufgegabelt und zu uns nach Hause gebracht. Ich war erleichtert. In meinen Augen litt Maman an einer geradezu krankhaften Hilfsbereitschaft. Dadurch brachte sie uns nicht nur ständig in unangenehme Situationen. Ihre Großzügigkeit kollidierte auch auf schmerzhafte Weise mit meinen Vorstellungen von Anstand und Hygiene. Aber trotz ihrer guten Erziehung scherte sich meine Mutter nicht viel um gesellschaftliche Konventionen, weshalb ich damals ständig wütend auf sie war.

Nach und nach taumelten auch meine Geschwister ins Bad. Ich hatte mich bereits gewaschen und meinen Schlafanzug ordentlich zusammengelegt. Ich weiß nicht genau, warum, aber Pünktlichkeit, Disziplin und Sauberkeit waren mir schon immer wichtig gewesen. Es ist nicht ganz unwahrscheinlich, dass ich damit meinem Vater gefallen wollte. Er konnte es nicht ausstehen, wenn er nach Hause kam und alle Schuhe kreuz und quer im Flur herumlagen. Und während er sich noch tobend über die Unordnung beschwerte, sagte meine Mutter nur trocken: „Herr Namdar, hier ist nicht die Kaserne! Und wir sind keine Soldaten."

In jedem Fall hatte ich dank meiner Ordnungsliebe manchmal die zweifelhafte Ehre, meinen Geschwistern als Vorbild präsentiert zu werden. „Seht mal, wie Flor das gemacht hat. So muss das aussehen!" Das Ganze trug nicht gerade zu meiner innerfamiliären Beliebtheit bei.

Als ich den Speiseraum betrat, war der Frühstückstisch bereits gedeckt. Die meisten Iraner lagerten sich auf Kissen und aßen auf dem Boden. Meine Mutter bevorzugte es allerdings, am Tisch zu sitzen. Und so kletterte ich auf meinen Stuhl.

Es gab wie jeden Morgen Brot mit Butter und Käse oder Honig und dazu den unvermeidlichen stark gesüßten Schwarztee. Vorbereitet hatte dieses Frühstück allerdings nicht meine Mutter, sondern unsere *Gomashte* (Diener).

Als hoher Offizier in der Armee des Schahs genoss mein Vater viele Privilegien. Grundnahrungsmittel wurden uns kostenlos ins Haus geliefert. Er und seine Familie wurden in Militärkrankenhäusern kostenlos behandelt. Und für jedes seiner Kinder bekam mein Vater einen Soldaten gestellt, der ihm und seiner Familie als *Gomashte* zur Verfügung stand. Mit acht Kindern im Haus hatten wir eine halbe Fußballmannschaft an Helfern. Wir wurden also mit einer kleinen Kompanie männlicher Kindermädchen groß und meine Mutter war die Kompaniechefin. Weil sie eine starke Persönlichkeit war und immer bereit, anderen zu helfen, wurde sie von den jungen Soldaten geliebt und verehrt.

Allerdings hatte diese spezielle Form der militärischen Haushaltsführung auch einen unangenehmen Nebeneffekt: Meine Mutter hatte nie kochen gelernt, und sie hatte auch keinerlei Talent dazu, wie wir später, als wir arm waren, in geradezu schmerzhafter Weise erfahren mussten.

Als alle Geschwister versammelt waren, aßen wir schweigend. So waren wir erzogen worden. Es galt als unhöflich, während des Essens zu reden. Meine Oma sagte stets mahnend: „Wenn du beim Essen ständig plapperst, kommt der Teufel und schnappt dir deinen Teller vor der Nase weg." In einem wagemutigen Moment hatte ich irgendwann einmal ausprobiert, ob an dieser Drohung etwas dran war – aber ich musste feststellen, dass meine Oma geschwindelt hatte.

Doch an diesem Morgen hätte ich ohnehin kein Wort über die Lippen gebracht, denn ich war schrecklich nervös. Wir waren gerade erst in Teheran angekommen. Aufgrund der wechselnden Einsatzorte meines Vaters mussten wir uns ständig an eine neue Umgebung, neue Schulen und neue Klassenkameraden gewöhnen. Mal gab es gemischtgeschlechtliche Klassen, mal getrennte. Je nachdem, ob die gesellschaftlichen Gepflogenheiten liberaler oder konservativer waren. Aber eines blieb nach meiner Erfahrung immer gleich: Ich war die Neue, die mit Argwohn betrachtet wurde.

Zum einen waren wir durch den Beruf meines Vaters privilegiert. Es war nicht auszuschließen, dass dies bei einigen meiner Klassenkameradinnen Neid hervorrief. Aber dies war nicht der einzige Grund, warum viele mich nicht mochten: Wie bereits erwähnt, war meine Mutter Kurdin und Sunnitin, mein Vater hingegen Perser und Schiit. Nun hätte man glauben können, dass meine Vertrautheit mit den unterschiedlichen kulturellen und konfessionellen Gepflogenheiten mir die Eingewöhnung erleichtern sollte. Doch leider war das Gegenteil der Fall: Kam ich in eine Gegend, in der überwiegend Kurden lebten, wurde ich als ungeliebte Perserin betrachtet. Lebten wir in persisch geprägten Städten, war ich eine verachtete Kurdin.

Ich brachte kaum einen Bissen herunter. Wie würde es wohl heute werden?

Nach dem Essen murmelten wir unser Dankgebet. Und dann ging es auf in die Schule.

Es war das Jahr 1973 und ich war gerade erst in die dritte Klasse gekommen. Nach dem Unterricht rief mich unsere Klassenlehrerin in ihr Büro. Offenbar waren meine Daten noch nicht richtig erfasst. Die Lehrerin blickte mich lächelnd an und fragte mich nach dem Namen meiner Mutter.

„Marjam", sagte ich.

„Und wie heißt dein Vater?"

„Sarhang."

Sie lächelte ein wenig und fragte: „Wie rufst du denn deinen Vater?"

„Sarhang."

„Aber wie heißt er mit Vornamen?"

Die Situation wurde allmählich peinlich. Ich spürte, dass ich irgendetwas falsch machte. Aber ich konnte doch nur sagen, was ich wusste. Also antwortete ich abermals: „Sarhang."

Die Lehrerin runzelte die Stirn. Vielleicht fragte sie sich, ob ich schwer von Begriff war oder ob ich mich über sie lustig machen wollte. „Ach, Kind. Ich will nicht wissen, welchen Beruf er hat." Ihr Blick fiel auf ein kleines Mädchen, das wartend am Eingang stand. „Wie heißt dein Vater?"

Und das Mädchen antwortete: „Ahmad."

„Und wie rufst du ihn?"

„Baba."

Die Lehrerin sah mich an.

„Aber er heißt doch Sarhang!", rief ich. „Und wir rufen ihn auch Sarhang!" Und dann rannte ich weinend nach Hause. Für mich war das eine schreckliche Demütigung. Meine braune Schultasche kam mir unendlich schwer vor. Am liebsten hätte ich sie einfach zu Boden geworfen, um noch schneller zu Hause sein zu können.

Schwer atmend und ganz nass geschwitzt lief ich die Stufen des Hauses empor zu meiner Mutter und schrie meine ganze Empörung heraus.

Aber meine Mutter lachte. „Wir nennen deinen Vater Sarhang, weil seine Soldaten bei uns leben und nicht den Respekt verlieren sollen." *Sarhang* ist lediglich ein persischer Offiziersrang, vergleichbar mit einem Colonel oder Oberst.

Und nun hörte ich zum ersten Mal den Namen meines Vaters: „Er ist dein Baba. Sein Name ist Hamid."

„Und warum darf ich nicht Baba sagen?"

Ich bekam keine Antwort.

An diesem Tag bekam das perfekte Bild, das ich von meinem Vater hatte, die ersten Risse.

Unverhoffte Besuche

Müsste ich ein Bild meiner Kindheit zeichnen, so wären außer meiner Familie und mir nicht viele Menschen darauf zu sehen. Meine Geschwister waren meine Spielkameraden. Soweit ich mich erinnere, hatte ich in meiner Kindheit nur zwei echte Freundinnen: Kobra, ein stilles Mädchen mit sehr dunkler Haut und einem feinen Lächeln. Sie war meine Banknachbarin in der dritten Klasse. Aber als wir knapp zwei Jahre später umzogen, sah ich sie nie wieder. In der achten Klasse freundete ich mich mit Osra an. Wir verstanden uns sehr gut und halfen einander, aber unser Kontakt blieb auf die Schule beschränkt. Nie besuchten wir einander in unseren Häusern.

Damals war ich sehr menschenscheu. Ich zog mich von anderen zurück. Unsere Nachbarn kannten mich kaum, weil ich nach der Schule schnell nach Hause lief und mit keinem der Nachbarskinder spielte. Es hätte mir nichts ausgemacht, meine Tage monatelang ausschließlich zu Hause zu verbringen. Statt der Schulkameraden oder Nachbarskinder waren Bücher die Freunde meiner Kindheit. Dabei bevorzugte ich Literatur, die für mein Alter eher untypisch war. Schon in sehr jungen Jahren las ich realistische gesellschaftskritische Romane. Einer meiner Lieblingsautoren war Reza Etemadi.

Die Heldinnen seiner Geschichten waren häufig junge Frauen oder Mädchen, die ein schweres Schicksal zu tragen hatten. Besonders in Erinnerung geblieben ist mir der Roman „Die traurigen Schuhe der Liebe". Die Heldin dieser Geschichte heiratet sehr jung. Als ihr Mann in den Westen zieht, wird er sehr eifersüchtig und hält sie quasi in seiner Wohnung gefangen. Irgendwann stirbt sie dann aus Traurigkeit. Reza Etemadis Romanen lagen wahre Begebenheiten zugrunde. In „Der Resident des Trauerviertels" beschrieb er das Leben der Teheraner Prostituierten in den 1960er-Jahren. Zu „Die iranische Nacht" ließ er sich von einem Artikel der BILD-Zeitung inspirieren. Dieser berichtete von einem jungen deutschen Studenten, der aus Liebe zu einer persischen Mitstudentin Suizid beging.

Die Beschäftigung mit dieser Art von Literatur und die wiederholte Erfahrung der Ablehnung aufgrund meiner persisch-kurdischen Herkunft trugen nicht unbedingt dazu bei, mein Vertrauen in die Gesellschaft zu stärken. Ich war empört über die Ungerechtigkeiten dieser Welt und träumte schon in ganz jungen Jahren davon, Anwältin zu werden, um den Unterdrückten zu helfen. Aber meine Fürsorge für die Entrechteten war eher theoretischer Natur, nur Gegenstand meiner Tagträume. In der Praxis zog ich mich vor allem Fremden zurück. Um ganz ehrlich zu sein: Als Kind und als junges Mädchen mochte ich die Menschen nicht besonders.

Dieser Widerspruch war mir gar nicht bewusst, obwohl er aus heutiger Sicht sehr offen zutage trat. So manches Mal lag ich lesend auf meinem Bett und hatte Tränen in den Augen, weil mich das Schicksal eines jungen Mädchens, das sich prostituieren musste oder aus anderen Gründen schweres Leid und Ungerechtigkeit erfuhr, zutiefst berührte.

Als ich eines Tages wieder einmal las, öffnete sich die Tür, und meine Mutter kam herein. Ich war noch ganz in der Welt des Romans gefangen und schenkte ihr kaum Beachtung, bis sie die Tür meines Kleiderschranks öffnete. Stoff raschelte und meine Mutter murmelte: „Ja, das könnte passen."

Ich wischte mir die Tränen aus den Augen und blickte auf. „Maman?"

Meine Mutter betrachtete mit zusammengekniffenen Augen eine meiner Hosen und legte sie dann zufrieden nickend zusammen.

„Maman, was machst du da?"

„Ich habe heute eine Frau getroffen, die kein Geld hat, um ihrer Tochter Kleidung zu kaufen. Das arme Kind kann doch nicht halbnackt durch die Gegend laufen, oder?"

Ich sprang auf. „Maman, du kannst nicht einfach meine Sachen weggeben!"

„Du hast drei Hosen", sie warf mir einen prüfenden Blick zu, „aber nur zwei Beine. Wozu brauchst du drei Hosen?" Sie legte die Hose auf einen Stuhl und nahm einen meiner Pullover aus dem Schrank.

Ich hatte ihn immer gern getragen, aber inzwischen war er mir an den Ärmeln etwas zu kurz. Ich wusste, diese Schlacht hatte ich von vornherein verloren.

Wütend presste ich die Lippen zusammen und stürmte an meiner Mutter vorbei aus dem Zimmer.

Auf dem Flur kam mir eine Frau entgegen. In ihrer schmutzstarrenden Hand, deren tiefschwarze Fingernägel ihr etwas Klauenartiges verliehen, hielt sie eines unserer flauschigen Frotteehandtücher. „Ist dort das Bad?", fragte sie, mit dem Zeigefinger den Flur hinab weisend.

Ich presste die Lippen noch fester zusammen, sodass sie wie ein blutleerer weißer Strich mein Gesicht zerteilten, und machte auf dem Absatz kehrt. Von Zorn und Ekel erfüllt, stürmte ich zurück in mein Zimmer und knallte die Tür zu. „Maman! So geht das nicht. Du kannst doch nicht wildfremde Leute zu uns nach Hause schleppen! Diese Frau … hast du gesehen, wie dreckig sie ist? Und wie sie stinkt …" Ich verzog das Gesicht, weil ich das Gefühl hatte, der Geruch würde mich verfolgen und an mir kleben bleiben.

„Umso wichtiger, dass sie ein Bad nimmt", erwiderte meine Mutter ungerührt. Ohne eine Miene zu verziehen, räuberte sie meinen Kleiderschrank aus und packte alles sorgfältig ein. Dann verließ sie das Zimmer, um nachzusehen, welche Kleidungsstücke meine Geschwister nicht mehr brauchten.

Ich starrte ihr voller Zorn hinterher. Sie machte ständig solche peinlichen Sachen. Immer wieder brachte sie wildfremde Menschen zu uns nach Hause und verschenkte unsere Kleidung.

Dabei kümmerte es sie nicht, ob diese Leute möglicherweise krank waren oder Läuse hatten. Ich wusste jetzt schon, wie das Ganze letztlich enden würde. Tagelang würde ich diesen Gestank nicht aus der Nase kriegen und beim Essen ständig daran denken müssen, wie schmutzig die Frau gewesen war und welche Krankheitserreger sie wohl in unsere Wohnung geschleppt hatte.

Ich lauschte, bis ich die stammelnden Dankesworte der Frau und das Zuschlagen unserer Haustür vernahm. Dann ging ich ins Bad, riss die Fenster weit auf und machte mich daran, mit Seife und Desinfektionsmittel meine besudelte Privatsphäre wiederherzustellen.

Meine Mutter ließ sich durch nichts und niemanden davon abbringen, für andere Menschen da zu sein.

Ich erinnere mich noch, wie wir von einem Verwandtenbesuch mit dem Überlandbus zurück nach Mahabat fuhren. Auf der Fahrt kam meine Mutter mit einem älteren Ehepaar ins Gespräch. Als wir in Mahabat den Bus verließen, verschwanden die beiden in einer Telefonzelle, um gleich darauf zu meiner Mutter zurückzukehren. Nach einem kurzen Gespräch wandte sich meine Mutter an uns und verkündete freudestrahlend, dass dieses fremde Ehepaar heute bei uns übernachten würde.

Ich nahm sie beiseite und zischte ihr zu: „Maman, du kannst doch nicht wildfremde Leute mit nach Hause nehmen!"

„Selbstverständlich kann ich das", erwiderte meine Mutter. „Sie brauchen Hilfe. Ihre Verwandten, zu denen sie reisen wollten, haben offenbar ganz plötzlich die Stadt verlassen. Und heute können sie nicht mehr zurückfahren. Wo sollen sie denn sonst übernachten? Ein Hotel können sie sich nicht leisten."

„Maman, das ist doch nicht unser Problem!"

Meine Mutter warf mir nur einen fragenden Blick zu.

Natürlich übernachteten die beiden bei uns. Und als uns die zwei am nächsten Morgen wieder verließen, trugen sie einen unserer Koffer voller Kleidung mit sich. Ich starrte ihnen mürrisch hinterher und wusste, dass Maman ihnen mit Sicherheit noch einiges an Geld zugesteckt hatte, damit sie sich mit Essen versorgen und sicher zu ihren Verwandten fahren konnten.

So war meine Mutter.

Mein Vater nahm es gelassen hin. Wenn sich die Hilfsbedürftigen in seiner Wohnung tummelten, meinte er nur lakonisch: „Na, hast du wieder Leute gefunden?"

Für meine Mutter war das Helfen eine Berufung. Es war ihr unmöglich, das Leid anderer zu ignorieren. Um ihrer Ansicht nach unnötige Diskussionen zu vermeiden, half sie zuweilen auch heimlich. Manchmal erwischten wir sie dabei, wie sie anderen unauffällig Geld zusteckte. Aber sie zeigte sich gegen jede Kritik resistent.

Was mir damals äußerst unangenehm war, ist mir heute ein wunderbares Vorbild. Ich bin meiner Mutter zutiefst dankbar für die Nächstenliebe, die sie mir vorlebte. Denn heute kann ich den Menschen ganz anders begegnen. Ich kann die Person hinter dem verwahrlosten Äußeren sehen und Menschen umarmen, ohne mich an dem Schmutz zu stören, der an ihnen haftet.

An anderer Stelle habe ich ja geschrieben, dass die religiöse und ethnische Zerrissenheit des Iran sich nicht innerhalb unserer Familie widerspiegelte. Doch dies ist nur zum Teil richtig. Zwischen meinen Eltern war es niemals ein Thema. Wenn ich allerdings die etwas weitere Verwandtschaft mit einbeziehe, zeigten sich durchaus handfeste Konflikte. Das fing schon mit dem Verhältnis zwischen meinem Vater und meiner Großmutter mütterlicherseits an.

Jedes Jahr im Sommer besuchten wir meine Großmutter mütterlicherseits in Kermanschah, meiner Geburtsstadt. Mit diesen Urlauben verbinde ich wunderbare Erinnerungen. Wir hatten damals drei Monate Sommerferien und verbrachten einen Großteil davon dort. Das Haus meiner Großmutter war, im Gegensatz zu den Wohnungen meines Vaters, klein und bescheiden. Aber es war auf eine ganz besondere Art heimelig. Meine Großmutter züchtete Gemüse und Obst in ihrem Garten. Sie erledigte alles im Haushalt selbst und konnte im Gegensatz zu meiner Mutter wunderbar backen und kochen. Meine Großmutter vermittelte mir Geborgenheit und Wärme. Ich erinnere mich noch heute an ihre liebevollen Umarmungen und ihren ganz besonderen Duft. Sie legte kein Parfum auf, aber sie trug stets eine Kette von Nelken um den Hals. Wir alle nannten Sie *Anne*, das ist das türkische Wort für *Mama*. Es war ihr Spitzname und sie trug ihn völlig zu Recht.

Meine Mutter war eine starke, furchtlose Frau, die sich selbstlos für andere einsetzte. Aber sie führte ihren Haushalt eher wie ein

General. Mütterliche Wärme erhielt ich von ihr nicht. Ich kann mich nicht entsinnen, dass sie uns Kinder mehr als einmal im Jahr in den Arm nahm. Es war meine Oma, bei der ich diese besondere Zuwendung spüren konnte. Und ich genoss das in vollen Zügen. In meiner Erinnerung ist ihr Haus ein herrlicher, nach Nelken und frisch gebackenem Kuchen duftender und von großmütterlicher Wärme erfüllter Ort. Die kleinen engen Gassen, in denen ich mit meinen Geschwistern spielte, waren mir viel näher als die Straßen Teherans oder die grauen Betonschluchten der Millionenstadt Karadsch. Ich erinnere mich auch noch genau an die hölzernen Strommasten. Sie rochen nach Öl und verbreiteten einen ganz charakteristischen Duft.

Jeden Sommer warteten wir ungeduldig auf die werbenden Rufe eines dickbäuchigen Straßenhändlers, der in seinem riesigen fettigen Tuch einen ganz besonderen Schatz bei sich trug. Für einen Rial griff er mit seiner mächtigen behaarten Pranke in das Tuch und förderte köstliches, goldgelb gebackenes Popcorn zutage. Wir hielten unsere Hemden wie Schürzen auf und er ließ den Schatz in die Stoffmulde regnen.

Weder meine Mutter noch meine Großmutter schimpften mit uns, wenn wir in mit Fett und Zucker beschmierter Kleidung wieder nach Hause kamen. Heute allerdings wundere ich mich, dass diese in hygienischer Hinsicht ausgesprochen zweifelhafte Form des Genusses nicht regelmäßig zu Magen-Darm-Infektionen oder Schlimmerem führte.

Aber selbst diese goldenen Tage waren nicht ganz ohne Wermutstropfen. Denn außer meiner Großmutter wohnte auch meine Tante, die einzige Schwester meiner Mutter, in diesem Haus. Meine Tante war zum zweiten Mal verwitwet. Sie hatte keine Kinder und vielleicht hatte ihr Schicksal sie bitter werden lassen. Schon als

Kind spürte ich ihre Ablehnung, die zum Teil auch darin begründet war, dass sie meinen Vater nicht ausstehen konnte.

Während meine Tante nicht an Gott glaubte, war meine Oma eine sehr religiöse, wenn auch recht tolerante Sunnitin. Allerdings konnte sie, bei all ihrer Liebenswürdigkeit und Großmütigkeit, durchaus streitbar sein. Sie machte nie einen Hehl daraus, dass sie die schiitische Glaubensüberzeugung meines Vaters für falsch hielt. Mein Vater hingegen mochte die Familie meiner Mutter nicht. Er hielt sie für unrein und fehlgeleitet. Er verachtete meine Großmutter wegen ihrer Gebetsrituale. Deshalb kam er nie mit, wenn wir meine Oma besuchten.

Auch wenn meine Eltern sich nie über religiöse Fragen stritten: Der tiefe Graben zwischen schiitischen und sunnitischen Muslimen zog sich auch durch meine eigene Familie.

Westlich geprägte Menschen sind häufig verwirrt, wenn sie von den massiven Konflikten zwischen diesen beiden Glaubensrichtungen hören. Für sie sind die Unterschiede nicht erkennbar. Das kann möglicherweise auch daran liegen, dass die ursprüngliche Unterscheidung weniger auf einen grundsätzlichen religiösen Dissens zurückgeht als vielmehr auf die Frage: Wer hat das Sagen?

Alle Muslime eint die Überzeugung: Es gibt keinen Gott außer Allah und Muhammad[3] ist sein Prophet.

Muslim trägt vom arabischen Wortursprung her den Begriff *Unterwerfung* in sich. Sinngemäß bedeutet *Muslim* also *Der sich Gott Unterwerfende.* Und das ist auch die Hauptbotschaft Muhammads: Gott ist groß, sein Wille ist undurchschaubar, und wir Menschen haben uns ihm zu unterwerfen.

---

3   Das in Deutschland oftmals verwendete *Mohammed* ist eine eingedeutschte Version des ursprünglich arabischen Namens *Muhammad.*

Der gläubige Muslim – egal, ob Schiit oder Sunnit – hält sich an die sogenannten fünf Säulen des Islam. Dazu gehören neben dem obigen Glaubensbekenntnis die fünf täglichen Gebete in Richtung Kaaba[4] in Mekka, die Hilfe für die Armen, das Fasten (besonders im Monat Ramadan) sowie einmal im Leben die Pilgerfahrt nach Mekka.

Zur Spaltung der Muslime kam es bereits kurz nach dem Tode Muhammads im Jahre 632. Die Ursache war ein Streit darüber, wer der legitime Nachfolger des Propheten werden sollte. Der überwiegende Teil entschied sich für ein Wahlverfahren. Eine Minderheit jedoch war der Ansicht, dass nur Ali, der Schwiegersohn Muhammads, der rechtmäßige Nachfolger sein könne, denn nach schiitischer Überzeugung hatte Muhammad selbst ihn zu seinem Nachfolger bestimmt. Das Wort *Schia* bedeutet sinngemäß *Anhänger der Partei Alis*. Die Bezeichnung *Sunniten* geht auf das Wort *Sunna* zurück, was soviel bedeutet wie *Tradition des Propheten Muhammads*.

Anders als von seinen Anhängern gefordert, wurde Ali jedoch zunächst nicht Kalif (Nachfolger Muhammads). Durch Wahl wurden insgesamt drei andere Männer zu Kalifen bestimmt, bevor endlich Ali das ihm nach schiitischer Ansicht zustehende Amt bekam. Diese Wahl der ersten drei Kalifen gilt den Schiiten als schwere Sünde. Sie sehen darin eine Verletzung der Ehre Muhammads, des letzten und höchsten aller Propheten. Noch heute werden

---

4 Die Kaaba ist ein annähernd würfelförmiges Gebäude, das sich im Innenhof der Heiligen Moschee in Mekka befindet und nach islamischer Vorstellung zunächst von Adam errichtet und, nachdem es zwischenzeitlich zur Ruine wurde, von Abraham gemeinsam mit seinem Sohn Ismael wiederaufgebaut wurde. Besondere Verehrung erfährt der sogenannte Schwarze Stein, der in die Mauer eingelassen ist. Er soll ursprünglich vollkommen weiß gewesen sein und aus dem Paradies stammen.

daher in bestimmten Gegenden des Iran Strohpuppen verbrannt, die den dritten Kalifen Umar darstellen sollen – einen besonders verhassten Gegner Alis.

Nach der Ermordung Alis übte keiner seiner Nachfolger mehr politische Macht aus. Sein Sohn Hassan verzichtete unter Zwang auf das Kalifat und sein Bruder Hussein wurde mitsamt all seiner Mitstreiter in der Schlacht von Kerbela im Jahre 680 getötet. Anders als vielleicht zu erwarten gewesen war, führte dies aber nicht zum Ende der Partei Alis. Vielmehr waren eine Festigung der schiitischen Glaubensüberzeugungen sowie eine endgültige konfessionelle Trennung von Schiiten und Sunniten die Folge.[5]

Der Hass zwischen Sunniten und Schiiten ist tief verankert und wirkt sich bis heute politisch aus. Als 2012 die sogenannten Blockfreien Staaten auf der Suche nach Lösungen für den Syrienkonflikt in Teheran zusammentrafen, begann der damalige ägyptische Präsident Mursi seine Rede mit einem Verweis auf den Propheten Muhammad, fügte dann aber hinzu: „Möge Allahs Segen ruhen auf unseren Meistern Abu Bakr, Umar, Uthman und Ali."[6]

Dies wurde von iranischer Seite sofort als massive Provokation aufgefasst. Den nach schiitischer Ansicht einzig legitimen Nachfolger Muhammads in einem Zuge mit den verhassten Verrätern zu nennen, war ein kaum zu ertragender Affront. Ein gemeinsames Vorgehen war allein schon dadurch unmöglich gemacht geworden.

---

5 Allerdings unterscheidet man auch bei den Schiiten zwischen mehreren Glaubensrichtungen, wobei ca. 85 % von ihnen der sogenannten *Zwölferschia* angehören. Diese sind der Überzeugung, dass es mit Ali insgesamt zwölf Imame gibt, wobei der letzte von ihnen entrückt wurde und nun in der Verborgenheit lebt, bis er am Ende der Zeiten zurückkehren wird, um in Gerechtigkeit zu herrschen.

6 http://www.spiegel.de/spiegel/print/d-87997188.html (Der Spiegel, Nr. 36, 03.09.2012, Der Fluch des Propheten, von Christoph Reuter)

Mit dieser tiefen Spaltung der Muslime, dem gegenseitigen Misstrauen und der Verachtung wuchs ich auf.

Im Grunde war es unmöglich, sich nicht für eine der beiden Seiten zu entscheiden. Und so beschloss ich schon in sehr jungen Jahren, dass ich Schiitin sein wollte. Im Nachhinein ist mir allerdings bewusst, dass dies weniger einer tiefen religiösen Überzeugung geschuldet war. Es waren wohl eher zwei unbewusste Bedürfnisse, die mich dazu bewogen. In der Hauptsache wollte ich meinem Vater gefallen, aber ich wollte auch in einer Gesellschaft, die überwiegend schiitisch war, kein Außenseiter sein.

Die Geburt der Revolution

1977 ging mein Vater in den Ruhestand. Er versprach uns, dass wir nun zum letzten Mal umziehen würden. Ich freute mich darauf, mich nicht alle zwei Jahre an neue Klassenkameraden gewöhnen zu müssen.

Meiner Mutter zuliebe entschied mein Vater, dass wir nach Mahabad in die kurdisch geprägte Region des Iran ziehen sollten. Meine Mutter liebte diese Stadt, die damals sehr schön war und in der viele aufgeschlossene und intellektuelle Menschen lebten.

Auch ich fühlte mich dort wohl, trotz des Umstandes, dass auch hier die persische Herkunft meines Vaters von einigen Nachbarn mit Misstrauen betrachtet wurde. Obwohl wir Kinder zweisprachig aufgewachsen waren, kam es vor, dass die kurdischen Einwohner im Gespräch mit uns spontan ins Farsi wechselten, weil sie unser Kurdisch für nicht gut genug hielten.

Abgesehen von diesen inzwischen vertrauten kulturellen Schwierigkeiten trat noch eine neue Erfahrung in mein Leben. Im Jahr unseres Umzugs wurde ich dreizehn und die Pubertät setzte bei mir ein. Meine Mutter war eine schlanke und für den Iran recht groß gewachsene Frau. Und so war auch ich mit meinen ein Meter vierundsechzig schon recht groß für mein Alter. Vermutlich ist es diesem Umstand geschuldet, dass mich einige junge Männer für bedeutend reifer hielten, als ich war.

Und so bekam ich mit 13 Jahren, als ich gerade erst begonnen hatte, nicht länger jede Nacht mein Kuscheltuch bei mir zu tragen, meinen ersten Heiratsantrag. Entfernte, sehr wohlhabende Verwandte hatten uns besucht, und sie hielten es für eine gute Idee, mich mit ihrem Sohn zu verheiraten, der im fernen Schweden studierte. Wie so manch andere Familie auch glaubten sie, eine besonders junge Braut sei unkomplizierter zu handhaben, weil man sie noch im Sinne der Familie erziehen und zurechtbiegen könne. Außerdem war es damals völlig üblich, jung zu heiraten. War eine Frau mit 20 Jahren noch nicht verheiratet, begannen die Nachbarn hinter ihrem Rücken über sie zu tuscheln. Ich war schockiert und wusste damit überhaupt nichts anzufangen. Zum ersten Mal war ich dankbar für die resolute Art und das Durchsetzungsvermögen meiner Mutter. Sie lehnte den Antrag höflich, aber bestimmt ab, mit der Begründung, dass ihre Tochter zwar körperlich reif aussehe, im Grunde genommen aber immer noch ein Kind sei. Damit war die Sache zumindest vorerst entschieden, und niemand wagte, ihr zu widersprechen.

Im Verlauf eines Jahres änderte sich die Stimmung im Land. Schon seit Mitte der Sechzigerjahre stand man vor allem an den Hochschulen dem Schah zunehmend kritisch gegenüber. Es wurde häufig demonstriert, allerdings blieben die Anlässe aus Angst vor der SAVAK zunächst unpolitisch. Man protestierte offiziell gegen die Studiengebühren, während man doch eigentlich den verschwenderischen Herrschaftsstil des Schahs an den Pranger stellen wollte.

Auch bei den Mullahs regte sich der Widerstand. 1964 verbannte der Schah den bis dahin noch recht unbekannten Ajatollah[7] Ruhollah Chomeini. Zu dieser Zeit nahm kaum einer Notiz davon. Weit mehr Aufsehen erregten die nichtreligiösen Gegner des Schahs, vor allem im Ausland. Die politische Opposition war sehr breit gefächert. Neben den religiösen Gegnern des Regimes gab es auch säkular-nationalistische, sozialistische und marxistische Oppositionsgruppen. Zunächst waren es gerade die linken Schah-Gegner, die sich durch ihren Willen zur Revolution hervortaten. Und an dieser Stelle berühren sich auch die Geschichte Irans und die Entwicklungen in der Bundesrepublik Deutschland.

In den Sechziger- und Siebzigerjahren studierten viele junge Iraner in Deutschland und es gab enge Verbindungen zum Sozialistischen Deutschen Studentenbund. Als der Schah im Juni 1967 die Bundesrepublik besuchte, kam es zu Demonstrationen gegen ihn. Doch auch Pro-Schah-Demonstranten waren zugegen. Diese sogenannten Jubelperser waren nur für dieses Ereignis nach Berlin eingeflogen worden. Es handelte sich dabei um Mitarbeiter des SAVAK und bezahlte Mitläufer, die den Schah unterstützen und kritische Demonstranten fernhalten sollten. Sie nahmen ihren Auftrag sehr ernst und prügelten mit den Latten ihrer Transparente auf die Demonstranten ein. Die Polizei griff allerdings vor allem gegen die Anti-Schah-Demonstranten hart durch.

Der in zivil gekleidete Polizist Karl-Heinz Kurras erschoss damals bei einem Einsatz den deutschen Studenten Benno Ohnesorg aus nächster Nähe. Der Tod dieses jungen Studenten hatte

---

7 *Ajatollah* ist der höchste Titel eines schiitisch-islamischen Rechtsgelehrten. Zwar ist jahrzehntelanges Studium an einer schiitischen Universität Voraussetzung, doch handelt es sich hierbei nicht um einen akademischen Titel. Vielmehr ist es ein Ehrentitel, der durch die Anerkennung anderer Ajatollahs erworben wird.

tiefgreifende Folgen für die Bundesrepublik. Nicht wenige sehen hier den Beginn einer Entwicklung, die schließlich zu den Terrorakten der RAF führen sollte.

Ungeachtet der zunehmenden Proteste im In- und Ausland baute der Schah seinen Herrschaftsanspruch aus. Er verknüpfte seine Vision von der Zukunft Irans mit der glorreichen Vergangenheit Persiens und verlor dabei zunehmend an Bodenhaftung. 1971 organisierte er beispielsweise ein gewaltiges Fest vor den uralten Ruinen von Persepolis, um dort das 2 500-jährige Bestehen des Persischen Reiches zu feiern. Staatsoberhäupter und Monarchen aus aller Welt waren eingeladen. Der Schah gab 300 Millionen Dollar für Seidenzelte mit marmornen Badezimmern aus und ließ Speisen und Wein für 25 000 Menschen aus Paris einfliegen. Seine Gardisten ließ er für diesen Tag in die archaische Kleidung der Soldaten des Achämidenreiches kleiden.

Damit stieß er auf wenig Verständnis. Der Riss zwischen der iranischen Bevölkerung und ihrem Herrscher wurde immer größer, und die Stimmen, die sich gegen den Monarchen wandten, wurden lauter und aggressiver.

Im Verlauf des Jahres 1978 ergriff eine Unruhe das gesamte Land.

Auch ich bekam diese revolutionäre Welle, die durch die Provinzen rollte, in meinem Alltag zu spüren. Dabei war die Stimmung anfangs überwiegend friedlich. Es gab viele, die sich den Protesten einfach aus Neugier und Abenteuerlust anschlossen. Mit meinen 13 bzw. 14 Jahren war ich vollkommen unpolitisch. Ein Teil von mir betrachtete den Schah noch immer als einen netten Mann, der Gutes für sein Volk getan hatte.

Auf der anderen Seite ließ ich mich durchaus von der Empörung über den verschwenderischen Hofstaat des Schahs anstecken.

Immer mehr Menschen gingen zu Anti-Schah-Demonstrationen auf die Straße. Auch wir Schüler waren dabei. Natürlich war es cool, die Schule schwänzen zu können, zumal die Lehrer ja ebenfalls mitmachten.

Mein Vater war gegen diese Demonstrationen, ebenso wie mein Onkel, der ebenfalls Offizier gewesen war. Aber sie wussten: Wer sich jetzt weigerte, bei den Demonstrationen mitzumachen, galt als Schah-Anhänger, und das konnte verheerende Folgen für die Familie haben.

Irgendwann schlug die Stimmung um. Menschen wurden auf der Straße erschossen. Die Demonstrationen wurden immer gewalttätiger.

Im August 1978 wurden 25 Kinos im Land in Brand gesteckt. Bei einem Anschlag auf das *Cinema Rex* in Abadan kamen 477 Menschen ums Leben. Die Anhänger Chomeinis beschuldigten den iranischen Geheimdienst, den Brand gelegt zu haben, und die Wut des Volkes richtete sich gegen den Schah und seine Anhänger.

Erst viele Jahre später stellte sich heraus, dass vier Lehrer der Koranschule von Ghom diese Anschläge geplant hatten. Sie folgten damit einer *Fatwa*[8] des Ajatollah Chomeini gegen „koloniale Programme und westliches Kino".

Meine Eltern begannen, sich Sorgen zu machen. Mein Vater war als ehemaliger Militärangehöriger in den Augen vieler automatisch ein Sympathisant des Schahs und Nutznießer eines Unterdrücker-Regimes.

---

8 Ein von einer muslimischen Autorität erstelltes Rechtsgutachten. Es handelt sich hier nicht um ein Gerichtsurteil, sondern um eine Rechtsauffassung, die nicht bindend ist für alle Muslime. Wie groß der Einfluss der Fatwa ist, hängt von der Autorität und Anerkennung seines Verfassers ab.

Im Spätsommer war die Stimmung in Mahabat sehr aufgeheizt. Junge Leute liefen durch die Gassen und verteilten Flugblätter. Als ich mit meiner Cousine draußen unterwegs war, drückte sie mir eines dieser Flugblätter in die Hand.

Plötzlich brauste ein großes Auto heran und bremste scharf. Drei schwarz gekleidete Männer mit Sonnenbrillen stiegen aus. Heute wundere ich mich darüber, wie klischeehaft das Ganze war, aber damals war ich einfach nur verwirrt.

Die Männer versperrten mir den Weg. Wenn ich an ihnen vorbeisah, konnte ich bereits mein Elternhaus erblicken.

„Woher hast du das?", fragte einer von ihnen.

Ich starrte sie nur stumm an.

„Wer verteilt diesen Wisch?"

Ich hatte bislang kaum mehr als einen Blick auf das Flugblatt geworfen und keine Ahnung, worum es da eigentlich ging. Aber ich spürte die Bedrohung, die von diesen Männern ausging. Angst schnürte mir die Kehle zu. Ich bekam Panik und zitterte am ganzen Körper.

Indessen war es meiner Cousine irgendwie gelungen, an den Männern vorbeizuschlüpfen und ins Haus zu gelangen. Ich hoffte, meine Mutter würde gleich herauskommen. Aber nichts geschah.

Einer der Männer packte mich an der Schulter. „Wer hat dir das gegeben?"

Ich wollte meine Cousine nicht verraten und brach in Tränen aus.

Nachdem sie vergeblich versucht hatten, irgendeine Information aus mir herauszubekommen, verloren sie die Geduld. „Du kommst jetzt mit uns!", schnauzte einer der Männer. Sie griffen nach mir.

Ich versuchte, mich ihren Griffen zu entwinden, und fing an zu schreien.

In diesem Moment hörte ich einen lauten Ruf aus dem Haus meiner Eltern.

Überraschenderweise ließen mich die Männer los. Sie stiegen ins Auto und brausten davon.

Totenblass lief ich ins Haus zu meiner Mutter. „Wo warst du die ganze Zeit?!", rief ich unter Tränen. „Ich hatte solche Angst!"

„Komm rein." Sie schob mich ins Haus und schloss die Tür hinter uns. „Was ist passiert?"

Ich blickte wütend zu ihr auf. Statt ihre Frage zu beantworten, schluchzte ich: „Warum hast du so lange gebraucht?"

„Deine Cousine war furchtbar aufgeregt", erklärte Maman. „Es dauerte mehrere Minuten, bis ich ihrem Gestammel entnehmen konnte, dass dich dort draußen Männer aufgehalten haben." Sie blickte mich an. „Was ist passiert, Flor?"

Schluchzend berichtete ich ihr, was geschehen war.

Sie nahm das Flugblatt zur Hand und las es. Dann blickte sie mir ernst ins Gesicht. „Diese Männer waren SAWAKi."

Ich erschauderte. Jedermann wusste von den grausamen Folterungen des iranischen Geheimdienstes.

„In diesem Flugblatt wird zum Sturz des Schahs aufgerufen." Sorge lag im Blick meiner Mutter. „Flor, ich bin so froh, dass sie dich nicht mitgenommen haben. Aber du musst vorsichtiger sein!"

Ich nickte stumm.

Seit Beginn des Jahres hatte sich die bis dahin vielfältige Oppositionsbewegung verändert. Die religiösen Schah-Gegner gewannen zunehmend an Einfluss.

Bereits im Januar 1978 war ein Schmähartikel unter dem Titel „Iran und der Schwarze und Rote Kolonialismus" publiziert worden. Der unter einem Pseudonym veröffentlichte Artikel verunglimpfte und beleidigte den verbannten Ajatollah Chomeini.

Niemand zweifelte daran, dass dieser Artikel direkt oder indirekt auf einen Anhänger des Schahs zurückzuführen war. Jahrelang hatte das Regime sich bemüht, Chomeini aus dem Bewusstsein der Öffentlichkeit zu streichen. Durch diesen Artikel erreichte man genau das Gegenteil. Selbst diejenigen, die Chomeini tatsächlich vergessen hatten, interessierten sich plötzlich für diesen Mann, um den das Schah-Regime einen solchen Aufwand trieb.

In der heiligen Stadt Ghom kam es daraufhin zu Protesten von islamischen Theologiestudenten, die blutig niedergeschlagen wurden und mit etlichen Toten aufseiten der Demonstranten endeten. Viele halten dieses Ereignis für die Geburtsstunde der eigentlichen Revolution. Die religiöse Opposition war besser organisiert als die zerstrittene säkulare Opposition, und sie verfügte über ein Netz aus Moscheen, die unmöglich alle überwacht werden konnten. Fast über Nacht wurde Ajatollah Chomeini zur wichtigsten Symbolfigur des Widerstands gegen das Schah-Regime.

Mit den kommunistischen Schlagwörtern von Proletariat und Klassenkampf ließen sich im Iran keine Massen gewinnen. Es waren Chomeini und seine Anhänger, denen es gelang, die Bevölkerung zu mobilisieren. Sie sprachen eine Sprache, die jedermann verstand.

Nach schiitischem Brauch gedenkt man der Verstorbenen 40 Tage nach ihrem Tod. In mehreren Städten kam es daher nach diesem Zeitraum zu erneuten Protestmärschen gegen das Regime, was weitere Tote zur Folge hatte. Der Protest wurde jedoch durch diese Gewaltanwendung nicht erstickt, sondern nur noch mehr angefacht. Alle 40 Tage wiederholten sich die Demonstrationen und sie weiteten sich immer mehr aus. Trotz aller Gewalt bekam die SAVAK die Lage nicht mehr in den Griff. Überall skandierten Tausende von Demonstranten die Worte Chomeinis: *„Schah bayad berawad – der Schah muss gehen!"*

Es kam zu Bombenanschlägen, sowohl vonseiten des Geheimdienstes als auch vonseiten der Schah-Gegner. Der 8. September 1978 bildete den vorläufigen Höhepunkt der gewaltsamen Revolution. Bei einer Demonstration auf dem Jaleh-Platz in der Innenstadt Teherans kam es zu einer Schießerei. Sowohl Demonstranten als auch Polizisten und Soldaten starben dabei. Laut einer Untersuchung des Militärs kamen 64 Demonstranten und 70 Soldaten und Polizisten ums Leben. Die radikalislamischen Gruppierungen verbreiteten allerdings die Nachricht, dass „Tausende friedliche Demonstranten von zionistischen Truppen massakriert" worden seien. Man sprach von 15 000 Toten und Verwundeten.

Damit wurde eine Spirale der Gewalt in Gang gesetzt.

Und diese machte auch vor unserer Familie nicht Halt.

Meine Mutter erhielt einen Anruf. Ich konnte die Worte am anderen Ende der Leitung nicht verstehen, aber ich sah das Gesicht meiner Mutter. So hatte ich sie noch nie erlebt. Sie wurde blass und begann zu zittern.

„Maman, was ist?", fragte ich erschrocken, als sie aufgelegt hatte.

„Dein Bruder ... Amir ...", flüsterte sie.

„Was ist mit ihm?"

„Er wurde angeschossen ... in Teheran ... auf einer Demonstration gegen den Schah."

Der Sieg des Ajatollah

Einen Tag, nachdem meine Mutter die Nachricht von den schrecklichen Ereignissen am Jaleh-Platz erhalten hatte, machte sich die ganze Familie auf den Weg. Wir fuhren mit dem Bus nach Teheran, immer in der Ungewissheit darüber, wie schwer die Verletzungen von Amir tatsächlich waren und ob wir ihn überhaupt noch lebend antreffen würden.

Bislang hatte ich meine Mutter immer für die mutigste und stärkste Frau auf der ganzen Welt gehalten. Ich hatte mich an ihr gerieben, mich oft genug über sie geärgert, aber niemals hatte ich mir Sorgen um sie gemacht. Auf dieser Fahrt erlebte ich sie äußerst zerbrechlich. Den ganzen Weg über weinte sie. Vergeblich versuchten wir, sie zu trösten und zu beruhigen.

Es war eine aufwühlende und chaotische Fahrt. Um uns herum brodelte die Gerüchteküche. Man sprach von einem Massaker. Niemand wusste, was als Nächstes passieren würde und ob wir überhaupt bis zu Amir vordringen konnten.

Aber schließlich erreichten wir Teheran. Freunde hatten meinen Bruder in seine Wohnung gebracht. Die Krankenhäuser seien voll mit Verletzten und die Ärzte würden Rebellen nicht richtig behandeln, teilte man uns mit.

Amir lag im Bett. Ich war sehr erschrocken, als ich ihn sah. Sein Bein war mit blutigen Verbänden umwickelt und sein Gesicht ganz blass. Er hatte große Schmerzen. Maman war außer sich vor Angst und Sorge. Immer wieder zerkratzte sie sich mit den Fingernägeln das Gesicht, bis es ganz blutig war. Durch diese uralte rituelle Handlung bringen Kurden ihre tiefe Traurigkeit und Verzweiflung zum Ausdruck. Doch es war für mich schrecklich, meine Mutter so zu sehen.

Irgendwann erfuhren wir dann, wie es überhaupt so weit hatte kommen können.

Der Bruder meines Schwagers hatte jahrelang im Gefängnis gesessen, weil er der Revolutionsbewegung gegen den Schah angehörte. Erst vor Kurzem war er entlassen worden. Offenbar hatte der lange Gefängnisaufenthalt ihn aber nicht davon abbringen können, seine politischen Ziele zu verfolgen. Ganz im Gegenteil, er hatte meinen Bruder davon überzeugt, sich der Revolution anzuschließen und aktiv gegen den Schah und seine Anhänger zu kämpfen, und das, obwohl Amir mit seinen zwanzig Jahren bereits große familiäre Verantwortung trug: Er war verheiratet und hatte einen zweijährigen Sohn.

Das verletzte Bein entzündete sich. Amir brauchte dringend medizinische Hilfe, sonst würde er sterben. Angesichts dieser Situation gewann meine Mutter schon bald ihre alte Stärke zurück. Obwohl Amir bei einer Demonstration gegen den Schah verletzt worden war, gelang es ihr über Beziehungen, ihn in einem Militärkrankenhaus unterzubringen. Mein Bruder wurde operiert und es ging ihm schon rasch sehr viel besser.

Einige Tage später fuhren wir zurück nach Mahabad.

Obwohl wir nur drei Wochen weg gewesen waren, kamen wir in eine völlig veränderte Stadt zurück.

Wie überall im ganzen Land wurde als Reaktion auf den sogenannten Schwarzen Freitag gestreikt. Ein Generalstreik lähmte die
ganze Stadt. Fast alle Geschäfte waren geschlossen. Wenn nicht
demonstriert wurde, herrschte eine bedrückende Leere auf den
Straßen. Kein Straßenverkäufer bot Snacks an, kein Zeitungsver-
käufer pries die neueste Ausgabe an und kein Schuhputzer säumte
die Gassen. Das verhasste Schah-Regime sollte endlich in die Knie
gezwungen werden.

Die Beschaffung von Lebensmitteln wurde immer schwieriger.
Viele lebten von Vorräten, die sie zuvor gehortet hatten. Die Iraner
stellten sich auf den Sieg der Islamischen Revolution ein. Manche
gingen dabei ausgesprochen pragmatisch vor: Noch bevor die Opposition gesiegt hatte, waren die Alkoholregale der Geschäfte leer
gekauft worden.

Der Schwarzmarkt blühte. Aber auch die Solidarität der Menschen wuchs. Man half sich gegenseitig mit Lebensmitteln aus.
Dennoch gab es auch viel Not. Da Winter war und die meisten
Öfen nur mit Petroleum funktionierten, mussten viele Menschen
fast die ganze Nacht vor den wenigen geöffneten Geschäften warten, bis sie einen Zwanzigliterkanister Brennstoff für ihre Ölöfen
kaufen konnten.

Für uns war die Situation zu diesem Zeitpunkt etwas erträglicher. Noch funktionierte die Logistik des Militärs. Wir bekamen
alles, was wir brauchten, heimlich und in der Nacht von der Armee
geliefert.

In dieser sehr angespannten Zeit erreichte uns eine weitere
schreckliche Nachricht. Meine geliebte Großmutter war gestürzt und
hatte sich das Hüftgelenk gebrochen. Da im gesamten Land Ausnah-
mezustand herrschte und wohl auch aufgrund ihres hohen Alters,
gelang es uns nicht, sie in einem Krankenhaus unterzubringen.

So nahmen wir sie bei uns zu Hause auf. Ich weiß noch, wie sehr sie auf der langen Fahrt gelitten und vor Schmerzen geschrien hat. Monatelang lebte sie bei uns, bis die Knochen wieder geheilt waren. Allerdings wuchsen sie nicht richtig zusammen, sodass meine Großmutter für den Rest ihres Lebens unter Schmerzen litt und humpelte.

Mein Vater war von ihrer Anwesenheit wenig begeistert, denn sie lebte weiterhin ihren sunnitischen Glauben offen aus. Manchmal, wenn sie abends ins Bett ging, legte ich mich neben sie, und wir unterhielten uns. Wie immer duftete sie dabei wunderbar nach Nelken. Als ich das mit den Worten „Anne, du riechst immer so gut" kommentierte, erwiderte sie kämpferisch, das läge daran, dass sie sich bei ihren rituellen Waschungen richtig reinigen würde, ganz im Gegensatz zu den Schiiten.

Ich hatte zwar schon längst beschlossen, als Schiitin zu leben, aber meiner Oma konnte ich nicht böse sein.

Indessen spitzte sich die Revolution immer mehr zu. Am 2. Dezember 1978 demonstrierten über zwei Millionen Menschen rund um den Teheraner Freiheitsturm für die Abdankung des Schahs und die Rückkehr Ajatollah Chomeinis.

Nachdem die westlichen Großmächte auf der Konferenz von Guadeloupe beschlossen hatten, den Schah nicht länger zu unterstützen, verließ dieser am 16. Januar 1979 den Iran. Zuvor hatte er Schapur Bachtiar zum Premierminister bestimmt. Dieser versuchte vergeblich, die Rückkehr Ajatollah Chomeinis zu verhindern. Nur zwei Wochen nach der Abreise des Schahs kehrte Chomeini in den Iran zurück. Vor seiner Landung in Teheran wurde er von einem Journalisten im Flugzeug interviewt und gefragt, was er denn spüren würde, nun, da er nach 15 Jahren Exil wieder nach Hause kommen würde.

„Nichts", erwiderte Chomeini.

Diese Antwort enttäuschte viele Iraner, die teilweise ihr Leben für ihn riskiert hatten, zutiefst.

Trotzdem bereitete das iranische Volk dem zurückgekehrten Ajatollah einen begeisterten Empfang.

Kurz nach seiner Ankunft fuhr Chomeini zum Zentralfriedhof von Teheran – Behesht-e Zahra (Zahras Paradies) –, um dort eine Rede zu halten. Sie wurde damals live im iranischen Fernsehen übertragen. In einer späteren Zusammenfassung wurden Teile davon allerdings wieder herausgeschnitten. So sagte er unter anderem: „Ich werde die Regierung bestimmen. Ich werde mit meiner Faust dieser Regierung auf den Mund schlagen ... Zusätzlich, dass ihr euer materielles Leben im Wohlstand führt, möchten wir, dass euer spirituelles Leben zufriedenstellend ist. Ihr braucht Spiritualität ... Gebt euch nicht damit zufrieden, dass wir für euch Häuser bauen. Wasser und Elektrizität werden auch kostenlos sein. Auch das Busfahren wird kostenlos sein. ... Gebt euch nicht damit zufrieden. Wir werden auch euer spirituelles Leben verbessern. Wir werden euch auf das Niveau eines Humanisten erheben ... Wir werden gegen den moralischen Niedergang angehen. Die Prostitution wird abgeschafft. Die Inhalte im Fernsehen werden wir ändern. Wir werden andere Filme in den Kinos zeigen. Wir werden die Gesetze der islamischen Religion einführen."[9]

Mit diesen Worten unterstrich er seinen Anspruch, aber er machte auch Versprechungen, die später nicht eingehalten wurden. So kam es kurioserweise dazu, dass Personen, die im Besitz von Aufzeichnungen dieser Rede waren, mit einer Gefängnisstrafe rechnen mussten, wenn die Revolutionswächter darauf stießen.

---

9 https://de.wikipedia.org/wiki/Islamische_Revolution

Wenige Tage nach seiner Ankunft ernannte Chomeini Mehdī Bāzargān zum Premierminister für diese Übergangszeit. Die Revolutionäre kannten nun kein Halten mehr. Militärgebäude wurden angegriffen und Kasernen geplündert. Auch in Mahabat liefen Scharen von Zivilisten mit erbeuteten Waffen umher. Revolutionäre brausten mit erbeuteten Militärfahrzeugen durch die Straßen und schossen mit Maschinenpistolen in die Luft. Das Militär war gespalten. In Teheran lieferten sich Schah-treue Truppen Gefechte mit Überläufern. Doch die meisten Truppenangehörigen verhielten sich neutral, zumal sowohl der vom Schah ernannte Schapur Bachtiar als auch Chomeinis Übergangspremierminister Mehdī Bāzargān formell sehr ähnliche Ziele verfolgten. Viele Soldaten weigerten sich, den Befehlen ihrer Vorgesetzten zu folgen und auf die Revolutionäre oder gar ihre eigenen Kameraden zu schießen.

So kam es, anders als befürchtet, nicht zum Bürgerkrieg. Mitte Februar 1979 waren die letzten Straßenkämpfe ausgefochten. Die Gefängniswärter flohen.

Schon in den Tagen darauf begannen die Revolutionäre, blutig Rache zu nehmen. In islamischen Schnellgerichten wurden einige Generäle zum Tode verurteilt. Die Bilder ihrer Leichen wurden in der Tagespresse veröffentlicht.

Ajatollah Chomeini vertrat stets die Ansicht, dass die iranische Revolution eine islamische Revolution sei. Damit zementierte er einen politischen Führungsanspruch der schiitischen Geistlichkeit und somit auch seinen eigenen. Zugleich hob er das Ziel der Revolution über den Iran hinaus und richtete das Augenmerk auf äußere Feinde, allen voran den „großen Satan" USA und den „kleinen Satan" Israel.

Die überwiegende Mehrheit der islamischen Theologen und Studenten zog er so auf seine Seite. Skeptische Stimmen wurden übertönt.

Ein im Eiltempo angesetztes Referendum sollte politische Fakten schaffen. Nach offiziellen Angaben gab es insgesamt 18 Millionen Wahlberechtigte. Bei einer Wahlbeteiligung von 98 Prozent stimmten 97 Prozent mit Ja und damit für die Gründung einer islamischen Republik.

Es gab Stimmen, die dieses Ergebnis anzweifelten. So ließ der deutsche Botschaftsrat Strenziok verlauten: „Alle drei Zahlen sind mit Sicherheit falsch."

Ungeachtet dessen rief Chomeini schon vor Auszählung aller Stimmen die Islamische Republik aus, was unter anderem zu einem blutigen Rachefeldzug an allen tatsächlichen und vermeintlichen Unterstützern des Schah-Regimes führte.

Jeden Tag sahen wir grauenvolle Bilder von den Ministern, Generälen, Offizieren und wichtigen Persönlichkeiten, die von den Revolutionswächtern hingerichtet worden waren. Die Bilder ihrer Leichen füllten die Seiten der Tageszeitungen.

Nicht nur Offiziere und Geheimdienstler wurden in Schnellgerichten verurteilt, auch einfache Kriminelle, Homosexuelle und Prostituierte. Da nach Auffassung der neuen Machthaber Kinder bereits ab 9 Jahren in strafrechtlichem Sinne als voll verantwortlich galten, entgingen auch Minderjährige nicht dem Todesurteil. Der jüngste Verurteilte war in dieser Zeit 11 Jahre alt, der älteste 92. Zudem wurden auch die Prügelstrafen und das Handabhacken wieder eingeführt.

Das Entsetzliche an diesen Ereignissen war, dass der Schrecken, gegen den man demonstriert und gekämpft hatte, nun in anderem Gewand fortgeführt wurde. Der „Keller der Wahrheit" im

Teheraner Evin-Gefängnis war als Ort brutaler Folter zum Symbol der Grausamkeiten der SAVAK geworden. Nach der Erstürmung des Gefängnisses hatte es Pläne gegeben, diesen Ort zu einem Museum zu machen. Doch schon bald fand der „Keller der Wahrheit" erneut Verwendung und dieses Mal kamen die Folterknechte aus den Reihen der Revolutionäre.

Wir machten uns große Sorgen um meinen Vater. Ein einfaches Foto, auf dem er gemeinsam mit dem Schah oder einem seiner verurteilten Unterstützer zu sehen war, hätte ihn das Leben kosten können. Auch ein Zeuge, der ihn als treuen Anhänger des alten Regimes anklagte, hätte ausgereicht, um meinen Vater hinzurichten. Dass dies nicht geschah, war wohl vor allem auf die besondere politische Situation und unsere Familienkonstellation zurückzuführen.

Anfangs waren die Revolutionäre auf die Unterstützung der Kurden angewiesen. Man sicherte ihnen sogar Autonomie zu, um sie als Verbündete zu gewinnen. Da Mahabad mitten im kurdischen Einflussbereich lag, war die Macht der *Pasdaran*[10] hier begrenzt. Darüber hinaus war meine Mutter Kurdin und eine angesehene und weithin respektierte Frau. Dies galt mehr als die militärische Vergangenheit meines Vaters.

Allerdings sollte diese vorübergehende Scheinautonomie der kurdischen Gebiete nicht lange anhalten. Schon bald hielt der Krieg auch in Mahabat Einzug.

---

10 Revolutionswächter – eine paramilitärische Organisation, die Ajatollah Chomeini zum Schutz der Republik und der Errungenschaften der Islamischen Revolution aufgestellt hatte

Ein letzter Sommer in Freiheit

Nachdem der Schah geflohen war, rief Ajatollah Chomeini die Islamische Republik aus. Was oberflächlich betrachtet nach klaren Verhältnissen aussah, war im Alltag alles andere als das. Ganz im Gegenteil, die Lage war hochkompliziert, denn die vielfältigen revolutionären Strömungen hatten nur einen gemeinsamen Nenner gehabt: *„Schah bayad berawad* – der Schah muss gehen."

Nun war der Schah fort und die unterschiedlichen Strömungen wirbelten schäumend durcheinander. Bürgerliche, kommunistische und islamische Revolutionäre hatten ganz unterschiedliche Zukunftsvisionen. Und selbst die Mullahs waren sich alles andere als einig. Es machte die Situation auch nicht einfacher, dass nun, da die Kasernen geplündert worden waren, fast jeder eine Waffe zu haben schien. Manche nutzten die zum Teil anarchische Situation aus und beglichen alte Rechnungen. Andere machten, getrieben vom Hass, Jagd auf vermeintliche Getreue des Schahs, US-Amerikaner und Israelis. Und darüber hinaus gab es ja noch die komplizierte ethnische Situation, die sich aus dem Vielvölkerstaat Iran ergab.

Der kurdische Widerstand gegen den Schah war überwiegend durch ihre Autonomiebestrebungen bestimmt gewesen. Nun endlich sahen sie ihre Chance gekommen, ihre Selbstbestimmung zu erlangen. Anfangs schien Ajatollah Chomeini diese Bestrebungen auch zu unterstützen. An dem Abend, als wir auf den Straßen von Mahabad die Nachricht vernahmen, dass der Traum eines eigenständigen Kurdistans Realität werden könnte, waren alle glücklich. Es wurde getanzt und gelacht. Freudensalven wurden in die Luft geschossen. Alle waren voller Hoffnung und Euphorie. Sechs Monate lang schien Mahabad der wunderbarste Ort auf Erden zu sein. Die Schrecken der Revolution schienen hier bereits vorüber.

Ich genoss diese Zeit sehr. Die Ereignisse vermittelten auch mir ein Gefühl der Freiheit. Ich war ein Teenager und hatte große Träume. Noch immer war es mein Ziel, Rechtsanwältin zu werden, um meinen Teil dazu beizutragen, dass Gerechtigkeit unter den Menschen herrschte.

Um ehrlich zu sein, waren es aber nicht nur das allgemeine Gefühl von Freiheit und meine beruflichen Pläne, die dafür sorgten, dass die Endorphine sich in meinem Blutkreislauf tummelten. Es gab noch einen Grund: Er wohnte in der Nachbarschaft, war etwas älter als ich, groß, stark und sehr, sehr gut aussehend. Er ging oft an unserem Haus vorüber. Wir sprachen nie miteinander. Er war, genau wie ich, ein sehr zurückhaltender, schüchterner Mensch. Aber an den Blicken, die er mir zuwarf, spürte ich, dass auch er mich sehr mochte. Leider wagte keiner von uns den ersten Schritt. Es war und blieb eine heimliche Liebe, denn wenig später ereignete sich etwas in meinem Leben, das dafür sorgte, dass wir uns nie wiedersehen sollten.

Der Sommer neigte sich dem Ende zu, und irgendwann konnte auch den optimistischsten Kurden nicht mehr verborgen bleiben, dass der Ton zwischen Teheran und Mahabad sich verschärfte.

Das neue Regime hatte Zeit gebraucht, um sich zu stabilisieren. Chomeini hatte einen Dschihad ausgerufen, dessen erstes Ziel es gewesen war, die alten politischen und militärischen Machthaber auszuschalten. Die *mustaz'afeen* (die Unterdrückten) sollten die *mustakbereen* (die Unterdrücker) bestrafen. Die sogenannten islamischen Revolutionsgerichte leisteten dabei ganze Arbeit. Nun war es an der Zeit, das zweite Ziel des Dschihad zu verfolgen: die Eliminierung aller Oppositionsgruppen, die sich ihm und seiner Bewegung nicht unterordnen wollten.

Mitglieder der kommunistischen Tudeh-Partei, der bürgerlichen Nationalen Front oder auch der Volksmudschahedin wurden inhaftiert, teilweise gefoltert und hingerichtet. Auch von den einstigen Autonomieversprechen für die Kurden wollte man nun nichts mehr wissen.

An einem Spätsommermorgen stand ich im Hof unseres Hauses und schaute in den Himmel. Ich sah etwas Schwarzes näher kommen. Zunächst hielt ich es für einen Vogel, doch es war viel zu schnell und viel zu groß. Ich rief nach Maman.

Sie kam nach draußen gelaufen, und gemeinsam beobachteten wir, wie ein Düsenjet mit ungeheurer Geschwindigkeit auf die Erde zuraste. Kurz bevor er auf dem Boden aufschlug, drehte er ab und schoss wieder hinauf in den Himmel. Es gab einen gewaltigen Knall. Zum ersten Mal erlebte ich, wie ein Flugzeug die Schallmauer durchbrach. Der Lärm war ohrenbetäubend. In Panik rannten meine Geschwister in den Hof. Alle dachten, wir würden angegriffen. Aber noch fielen keine Bomben. Vielleicht war die Aktion dieses Militärjets eine letzte Warnung gewesen. In jedem Fall wusste nun jeder Einwohner der Stadt von der drohenden Kriegsgefahr. Es war klar, dass die iranische Armee Mahabad schon bald angreifen würde.

Nun sollte eine sehr dunkle Zeit in meinem Leben ihren Anfang nehmen.

Irgendwann hörten wir unsere Nachbarn rufen: „Die Stadt wird bombardiert! Ihr müsst fliehen! Kommt mit uns in die Berge, dort seid ihr sicher!"

Ich hatte Angst, aber meine Mutter wollte das Haus nicht verlassen. „Wenn wir schon sterben müssen, dann hier in unserem Haus! Ich will nicht, dass unsere Leichen irgendwo in der Wildnis herumliegen. Hier kann man uns wenigstens identifizieren und unsere Verwandten können uns beerdigen."

Dieser pragmatische Ansatz meiner Mutter trug nicht gerade dazu bei, meine Geschwister und mich zu beruhigen. Wir wollten nirgendwo als Leichen herumliegen – weder in der Wildnis, und schon gar nicht unter den Trümmern unseres Hauses. Aber meine Mutter hatte noch einen weiteren Grund, den sie uns damals verschwieg: Sie hatte Angst um meine Schwestern und mich. Die Flucht in die Berge verlief zum Teil sehr chaotisch. Wir waren vier junge Mädchen, und sie fürchtete, dass uns etwas angetan werden könnte.

In jedem Fall setzte sie sich durch, wie sie es stets getan hatte. Wir blieben in der Stadt, während fast alle unsere Nachbarn in die Berge flohen.

Das neue Regime hatte beschlossen, die Kurden mit Gewalt zu zwingen, auf ihre Autonomie zu verzichten, und so plante es einen verheerenden Schlag. Man wusste, dass viele Einwohner in die Berge geflohen waren, und daher fielen die Bomben dort zuerst. Unzählige Menschen starben. Es war noch immer Sommer. Und wenn der Wind wehte, drang der Gestank der verwesenden Leichen, die überall in den Bergen lagen, in die Stadt. Niemand hatte den Mut hinaufzugehen, um die Toten zu bergen.

Schließlich wurde die Stadt ebenfalls bombardiert. Wir warteten darauf, dass auch uns der Tod aus der Luft ereilen würde. Doch unser Viertel blieb weitgehend verschont. Viele unserer Nachbarn starben. Aber uns wurde nicht ein Haar gekrümmt.

Aus heutiger Sicht ist dies für mich ein Ereignis, das mir zeigt, dass Jesus schon immer an meiner Seite war, auch zu einem Zeitpunkt, als ich ihn noch gar nicht kannte. Das bedeutet nicht, dass er mich vor allem Leid bewahrte. Ich musste durch tiefe und sehr dunkle Täler gehen. Und ich weiß natürlich, dass der Tod auch zu mir kommen wird. Vielleicht schon bald, vielleicht auch erst in vielen Jahren. Aber wenn es so weit ist, dann wird Jesus da sein und meine Hand halten.

Was meine Familie und ich beinahe wie ein Wunder erlebten, ließ in denen, die die Berge überlebten und zurückkehrten, das Misstrauen erwachen.

Nach heftigen Kämpfen mit den Revolutionsgardisten mussten sich die kurdischen *Peschmerga*[11] zurückziehen. Die Regierungsarmee marschierte ein und Pasdaran besetzten die Armeekaserne.

Meine Eltern hatten sich zeit ihres Lebens nie sonderlich für Politik interessiert. Sie versuchten, sich neutral zu verhalten, aber dies war angesichts der schwierigen Umstände kaum noch möglich. Es gibt Zeiten, in denen die Menschen jeden, der sich nicht eindeutig auf ihre Seite stellt, automatisch als Feind betrachten. Unsere Situation war durch die unterschiedliche Herkunft meiner Eltern ohnehin kompliziert und unser Alleingang bei den Bombenangriffen machte die Sache nicht einfacher.

---

11 *Peschmerga* bedeutet übersetzt soviel wie „Die dem Tod ins Auge Sehenden"

Die Vernünftigen wussten natürlich, dass die iranische Luftwaffe ihre Angriffe wohl kaum extra so koordiniert hatte, dass ausgerechnet unser Haus verschont geblieben war. Aber im Krieg ist die Vernunft eines der ersten Opfer und so bekamen wir des Öfteren feindselige Blicke zu spüren.

Als die Pasdaran die Stadt besetzten, wurden sie keinesfalls als Befreier empfangen. Im Gegenteil, die meisten hassten sie abgrundtief, und sie waren nur dem Schein nach die Sieger. Zwar hatten sie die Stadt am Tage überwiegend unter Kontrolle, doch spätestens in der Nacht kamen die Peschmerga zurück, und es wurde erbittert gekämpft.

Wir hatten nicht den Mut, unser Haus zu verlassen. Niemand wagte das. Wir halfen meiner Mutter, Schränke vor alle Fenster zu stellen und sie mit Decken und Kissen auszustopfen, damit keine verirrte Kugel uns erwischte. Aber ich fragte mich, wie unsere Sofakissen eine Kugel aufhalten sollten.

Nachts lagen wir zwischen aus Möbeln errichteten Schutzwällen auf dem Boden.

„Schlaft!", befahl meine Mutter uns, während um uns herum das Gewehrfeuer krachte und die Straßen zu Schlachtfeldern wurden.

Die erste Nacht war besonders schlimm. Ich tat kein Auge zu. Mein Herz pochte so heftig gegen meine Rippen, dass ich glaubte, meine Geschwister würden davon wach werden. Die Ungewissheit, dieses Nichtwissen über das, was dort draußen geschah, und der erbärmliche Schutz unserer Zimmermöbel waren unerträglich. Schließlich hielt ich es nicht mehr aus. Leise wickelte ich mich aus meiner Decke.

Neben mir regte sich etwas. „Was machst du?", flüsterte meine Schwester.

„Psst!" Ich legte den Finger auf die Lippen, schlich zu unserer Möbelbarriere und lugte durch einen schmalen Spalt nach draußen. Nirgendwo brannte ein Licht. In der schwarzen Finsternis konnte ich die Leuchtspuren der Geschosse erkennen. Ein Schauder lief mir über den Rücken. Wir waren mitten im Krieg. In unserer Straße, in der ich vor Kurzem noch den Sommer genossen und die heimlichen Blicke des hübschen Nachbarjungen ersehnt hatte, lauerte nun der Tod.

Die Gefechte wurden immer heftiger. In unserer Gegend setzten sie sich nun auch fort, wenn es hell wurde. Heckenschützen lauerten in ihren Verstecken. Tage- und nächtelang waren wir mit vielen anderen Einwohnern der Stadt in unseren Häusern festgesetzt.

Einmal setzten die Kämpfe für mehrere Stunden aus. Die Sonne schien und alles wirkte so friedlich. Ich sah meine Schwester an.

„Ich glaube, jetzt ist es vorbei."

Sie nickte. „Schon über drei Stunden ist alles ruhig."

„Komm, das sehen wir uns an."

Ohne dass unsere Eltern es merkten, schlichen wir uns vor die Haustür. Gegenüber sah ich den sieben Jahre alten Nachbarsjungen aus dem Haus kommen. Auf seinem Gesicht stand die gleiche Neugier, die uns angetrieben hatte.

Der erste Schuss, der krachte, kam so plötzlich und unerwartet, dass wir unfähig waren, uns zu rühren. Unmittelbar danach setzte weiteres Feuern von beiden Seiten der Straße aus ein.

Von einem Augenblick auf den andern befanden wir uns mitten in einem Gefecht. Das Krachen der Gewehre war ungeheuer laut. Mit brutaler Gewalt rissen die Geschosse Löcher in die Fassaden der Häuser und durchschlugen das Stahlblech der parkenden Autos. Bewegungslos starrten wir auf das tödliche Chaos, das um uns herum ausgebrochen war.

Und dann auf einmal war meine Mutter da und zerrte uns blitzschnell zurück ins Haus. Eine Kugel zischte an mir vorbei in Richtung des Nachbarhauses.

„Seid ihr wahnsinnig geworden?!", schrie Maman uns an. „Was habt ihr euch dabei gedacht?"

Mit offenem Mund starrten wir sie an. Kein Wort kam über unsere Lippen.

„So etwas Dummes tut ihr nie wieder! Habt ihr mich verstanden? Nie wieder!"

Meine Schwester und ich nickten stumm. Ich spürte, wie ich am ganzen Leibe zitterte. Ich konnte nichts dagegen tun. Und meiner Schwester schien es ebenso zu gehen. Tränen rannen uns über die Wangen.

Plötzlich drang vom Nachbarhaus ein grauenvolles, herzzerreißendes Geschrei zu uns herüber. Meine Mutter lugte vorsichtig hinüber in den Nachbarhof. Als sie zurückkam, sah sie ganz blass aus. Wir wagten nicht, sie zu fragen, was geschehen war. Aber kurz darauf erzählte sie es uns von sich aus. „Er ist tot", sagte sie mit stockender Stimme. „Der Kleine ist tot. Sie haben ihn erschossen."

Es war ein trauriger, furchtbarer Tag. Dieser kleine Junge war genauso wie wir einfach nur neugierig gewesen. Er hatte lediglich einen Blick auf die Straße werfen wollen. Und das war ihm zum Verhängnis geworden.

Aus Angst, selbst erschossen zu werden, konnte die Familie den Leichnam des Jungen nicht bergen. Den ganzen Tag und die ganze Nacht lag sein kleiner Körper im Hof und seine Familie weinte und fluchte.

Meine Schwester und ich waren erschüttert. Die Familie tat uns so schrecklich leid. Und als uns bewusst wurde, dass wir durch unser unüberlegtes Verhalten unseren Eltern beinahe das Gleiche angetan hätten, waren wir sehr beschämt. Normalerweise hätte meine Mutter uns bestraft, aber an diesem Abend kam sie zu uns, hielt uns ganz fest in ihren Armen und weinte.

Während der nächsten Tage hielt meine Mutter die Haustür stets verschlossen, damit wir nicht wieder auf eine so dumme Idee kämen. Eine unnötige Maßnahme – meine Schwester und ich hatten unsere Lektion gelernt.

Ich weiß nicht mehr, wie lange diese schreckliche Zeit anhielt, es kam mir vor, als würden Jahre ins Land gehen. Doch das Ganze kann eigentlich nicht länger als ein oder zwei Wochen gedauert haben. Unser vor der Haustür stehendes Auto war auf allen Seiten von unzähligen Kugeln durchsiebt worden.

Ab und zu mussten meine Eltern vor die Tür gehen, um uns mit Lebensmitteln zu versorgen. Meist geschah dies in Form von Tauschgeschäften in der Nachbarschaft. Eier, Kartoffeln und Zwiebeln wurden von einer Straßenseite zur anderen über den Boden gerollt.

Eines Mittags, als wir alle im Wohnzimmer saßen, kam mein kleiner Bruder Saaid, der damals zwei Jahre alt war, aus der Küche zu mir. Sein Gesicht war nass und roch nach Petroleum. Er hatte aus einer Flasche getrunken, die wir mit Petroleum gefüllt hatten.

Meine Mutter bewahrte einen kühlen Kopf und reagierte blitzschnell. Da wir nicht sicher waren, ob der Kleine alles wieder erbrochen hatte, schnappte sie sich schnell einen Besenstiel und band ein weißes Laken daran.

„Komm, Flor!" Sie schnappte sich meinen Bruder und öffnete die Haustür. Mit der weißen Fahne in der Hand trat sie hinaus auf die Straße. „Flor, ich brauche dich!" Sie winkte mir.

Ich gehorchte, ohne nachzudenken, und folgte ihr rasch. Die Gewehre schwiegen.

Maman stieg in unser durchsiebtes Auto. Benommen schlüpfte ich auf den Beifahrersitz. Ich konnte mir nicht vorstellen, dass dieses völlig zerschossene Gefährt noch funktionstüchtig war, aber tatsächlich startete der Motor, als Maman den Zündschlüssel umdrehte. Es glich einem Wunder.

„Halte die Fahne aus dem Fenster", wies Maman mich an. Wie eine Ertrinkende klammerte ich mich an den Besenstiel. Der Fahrtwind ließ den weißen Stoff flattern. Wir fuhren mitten durch ein Kriegsgebiet. Überall sah ich von Schüssen vernarbte Hauswände und ausgebrannte Autowracks.

Aber niemand schoss auf uns. Unbehelligt erreichten wir das vollkommen überfüllte Krankenhaus, wo die Verwundeten in den Fluren lagen oder saßen. Dennoch brachten die Ärzte meinen kleinen Bruder in den Operationssaal und pumpten ihm den Magen aus. Sobald er außer Lebensgefahr war, fuhren wir genauso zurück, wie wir dort hingefahren waren. Ich konnte kaum glauben, dass wir heil hin- und zurückgekommen waren.

Kaum waren wir zu Hause, schloss meine Mutter alle Dinge, die gefährlich werden konnten, sorgfältig weg.

Es war eine seltsame, irgendwie wirklichkeitsfremde Zeit – eine absurde Kombination aus Furcht und Langeweile prägte unseren Alltag. Wir waren fünf Kinder im Alter von zwei bis vierzehn Jahren, und es gab nichts, womit wir uns beschäftigen konnten. Ich hatte keine Möglichkeit, an neue Bücher zu kommen, und meine Geschwister konnten nicht wie gewohnt auf dem Hof spielen. Zwar lief das Fernsehen, doch das Programm war wenig kindgerecht und erst recht nicht ermutigend. Filme, die Frauen ohne islamische Bekleidung zeigten, waren verboten. Damit waren nahezu alle Produktionen aus dem Ausland tabu. Stattdessen wurde versucht, politisch Einfluss auf die Bevölkerung zu nehmen. Mit Vorliebe wurden Bilder des Vietnamkrieges gezeigt, um den Hass auf die USA zu schüren.

Ich wurde sehr depressiv und war traurig. Deswegen suchte ich Trost und Zuversicht im schiitischen Islam und begann zu beten. Irgendwann ließ die Heftigkeit des Partisanenkampfes etwas nach. Die Situation beruhigte sich so weit, dass wir wieder zur Schule gehen konnten. Auf meiner Suche nach innerem Frieden begann ich außerhalb der Wohnung ein Kopftuch zu tragen, obwohl das in Mahabad damals noch nicht Pflicht war. Ich wollte den Islam ernst nehmen. Einmal diskutierte ich sogar mit meiner Lehrerin darüber, weil sie mir nicht erlaubte, im Unterricht ein Kopftuch zu tragen. Sie meinte, wir alle seien doch Frauen, und deswegen müsse ich mich nicht bedecken. Ich wollte aber nicht auf sie hören.

Meine Lehrerin hatte, wie die gesamte Lehrerschaft, in der Zeit des Schahs studiert. Als sie ihre berufliche Tätigkeit aufgenommen hatte, war das Bildungssystem westlich ausgerichtet gewesen. Doch dies war nun nicht länger gefragt.

In den ersten Tagen, als ich wieder zur Schule ging, konnte ich kaum glauben, wie stark sich meine Schulkameraden verändert hatten. Bevor die Revolution Mahabad erreicht hatte, hatte sich kaum jemand für Politik interessiert. Nun gehörten alle zu irgendeiner Partei, waren Demokraten, Volksmudschahedin, Hisbollah …

Ich hingegen war überhaupt nicht an Politik interessiert und gehörte keiner Partei an. Und selbst zu der neu erstarkten Religiosität passte ich nicht so recht, denn ich praktizierte nicht den Islam, den die neue Regierung verbreitete, sondern den Islam, den mein Vater mir vermittelt hatte.

Unsere Schuldirektorin versuchte, die Schule unter ihre Kontrolle zu bekommen, aber es gelang ihr nicht. Die Schüler respektierten die Lehrer nicht länger; sie alle hatten sich zu kleinen Revolutionären gewandelt.

An einem Tag kam die Direktorin in unsere Klasse, die von allen am lautesten und unruhigsten war. Sie bestimmte mich zur Klassensprecherin, weil ich ein sehr ruhiges Mädchen war und mich für keine Partei interessierte. Sie war der Ansicht, dass ich aufgrund meiner Neutralität für diese Aufgabe gut geeignet wäre. Ich bin mir nicht sicher, ob dies eine gute Idee war. Ich war ohnehin schon eine Außenseiterin und dies sollte bald noch schlimmer werden.

An einem Nachmittag vernahmen wir laute Rufe und Befehle auf der Straße. Die Revolutionswächter durchkämmten das Viertel auf der Jagd nach den Peschmerga und ihren Anhängern. Sie gingen von Tür zu Tür und durchsuchten die Häuser.

Als sie zu unserem Haus kamen, öffnete mein Vater die Tür. Sobald sie sein akzentfreies Persisch hörten, winkten sie ab. Unser Haus wurde nicht durchsucht, und sie befahlen meinem Vater, die Haustür schnell wieder zu schließen.

Anfangs waren wir erleichtert, aber schon bald wurde uns diese nicht durchgeführte Hausdurchsuchung zum Verhängnis. Denn unsere Nachbarn hatten diese Aktion mitbekommen und ihr latentes Misstrauen brach nun offen hervor. Mit einem Mal verhielten sie sich extrem zurückhaltend und distanziert. Wir waren sehr besorgt.

Jahrelang hatte ich versucht zu verleugnen, dass ich Kurdin war, und nun hatte ich Angst, Perserin zu sein. Was war nur mit dieser Welt los? Warum gab es immer etwas, für das ich mich schämen sollte oder das mich sogar in Gefahr brachte? Warum konnte ich nicht einfach nur ich sein?

Dass unsere Besorgnis nicht übertrieben war, sollte sich wenig später bewahrheiten.

Eines Tages zersplitterte Fensterglas und die Splitter regneten in unser Wohnzimmer. Ich dachte erst, jemand habe die Scheibe mit einem Stein eingeworfen, doch dann entdeckte meine Mutter das Loch in der gegenüberliegenden Wand. Ich schluckte. Draußen war alles ruhig. Das war keine verirrte Kugel gewesen. Jemand hatte gezielt auf uns geschossen.

Wir waren dankbar, dass niemand verletzt worden war. Aber die Angst und die Bedrückung wurden nun noch größer.

Denn jetzt wussten wir, dass einige unserer Nachbarn uns für Verräter hielten.

Granatäpfel und Peschmerga

In dieser sehr gefährlichen und angespannten Zeit reiste mein älterer Bruder Amir aus Teheran an, um uns zu besuchen. Begleitet wurde er von seiner Frau und seinem kleinen Sohn. Die Verletzungen, die er sich während der Demonstrationen gegen den Schah zugezogen hatte, waren inzwischen gut verheilt. Er konnte wieder laufen wie früher. Aber innerlich hatte er sich verändert. Früher hatte er den Islam nur sehr oberflächlich praktiziert, jetzt trat er als sehr frommer Muslim auf. Seine Verehrung für den Revolutionsführer Ajatollah Chomeini schien grenzenlos. Zwar war er selbst kein Pasdar, aber er befürwortete das Vorgehen der Revolutionswächter bedingungslos.

Hierüber geriet er in Streit mit meinem Vater. Dieser war zwar auch ein sehr gläubiger Schiit, aber von den Gewalttaten der Revolutionäre hielt er nichts. „Sie nennen sich zwar Muslime", sagte er, „aber was sie als Islam praktizieren, ist nicht richtig. Sie sind nichts weiter als Fanatiker!"

Mein Bruder war über diese Kritik verärgert. Und ich befürchte, dass sie eher dazu beitrug, seine Position zu verhärten.

Mein Onkel hingegen freute sich sehr, als er hörte, dass Amir von seinen schweren Verletzungen genesen und zu Besuch in

Mahabad sei. Deshalb lud er die ganze Familie zu einer Willkommensfeier ein. Er war ein verwitweter alleinerziehender Vater mit vier Kindern und wohnte nur zehn Autominuten von uns entfernt. Wir machten uns mit unserem durchsiebten Auto und einer wehenden weißen Fahne auf den Weg zu ihm. Aber kaum kamen wir dort an, hörten wir auf der Straße schreckliches Geschrei. Eine Frau schrie vor Verzweiflung. Sofort sammelte sich eine Menge Schaulustiger um sie. Wir konnten nicht erkennen, was geschehen war.

Auch mein Onkel war in dieser Menge. Als er uns bemerkte, lief er zu uns herüber. Er war so aufgeregt, dass er vergaß, Amir zu begrüßen. „Die Pasdaran!", stammelte er. „Es waren die Pasdaran. Sie sind mit ihren Panzern die Straße entlanggerast. Der Junge sprang nicht schnell genug zur Seite … Sie haben ihn einfach liegen lassen." Er schluchzte. „Er ist tot!" Mit bleichem Gesicht sah er uns an. „Er war doch erst zehn Jahre alt, genauso wie mein Behruz."

Meine Mutter drehte sich um und eilte entschlossen auf die Menge zu. Wie immer in solchen Situationen ergriff sie die Initiative. Die Mutter des Kindes war untröstlich. Sie wiegte die Leiche ihres Sohnes in den Armen und schrie ihr Leid heraus. Maman hockte sich neben sie, umarmte sie und redete sanft auf sie ein. Schließlich gelang es ihr, die traumatisierte Frau ins Haus zu führen, während die Nachbarn die Leiche des getöteten Kindes in den Hinterhof trugen. Die Frauen begannen sogleich, Wasser warm zu machen, denn nach islamischen Regeln musste die Leiche gewaschen werden.

Ich weiß auch nicht genau, warum ich es tat. Es war wohl nicht viel mehr als die reine Neugier, die mich dazu antrieb, hinüberzugehen und nach dem Jungen zu sehen. Er lag auf dem Boden, als ob er schliefe, aber sein Kopf war voller Blut.

Wir feierten nicht an diesem Abend. Stattdessen saßen wir meist schweigend beieinander und dachten an den toten Jungen. Bevor die Dämmerung hereinbrach, traten wir auch schon wieder die Heimfahrt an. Nachts unterwegs zu sein wäre viel zu gefährlich gewesen.

In den nächsten Tagen zeigte sich, wie sehr Amir sich verändert hatte. Er nannte sich selbst einen Verteidiger der Revolution. Als er mitbekam, dass ein Großteil der Kurden ein gänzlich anderes Bild seines Ajatollah hatte und weiterhin für ihre Autonomie kämpfen wollte, war er entsetzt. Obwohl er selbst den toten Jungen gesehen und miterlebt hatte, wie rücksichtslos die Pasdaran vorgingen, war er der Ansicht, dass die Kurden all dies vergessen und gemeinsam mit ihnen für einen islamischen Gottesstaat kämpfen sollten.

„Die Pasdaran haben viele Opfer für die Revolution gebracht", sagte er. „Für euch alle haben sie ihr Blut vergossen! Dass die Kurden sich nun gegen die wenden, die sie befreit haben, ist ein Schlag ins Gesicht eines jeden aufrechten Revolutionärs! Sie treten das Andenken der Märtyrer mit Füßen! Diese Kurden müssen vernichtet werden."

Meine Mutter war schockiert: „Mein Kind, ich bin Kurdin, du bist Halbkurde. Deine Geschwister sind kleine Kinder. Du bringst uns alle in Gefahr!"

Doch es hatte keinen Zweck. Weder meinem Vater noch meiner Mutter gelang es, ihn zu beruhigen. Ich unternahm erst gar keinen Versuch. Ein paar Tage später beschloss er, ein Zeichen zu setzen und die Pasdaran in ihrer Kaserne zu besuchen.

„Das kannst du nicht machen!", sagte meine Mutter. „Willst du uns ins Unglück stürzen?"

Doch er ließ sich nicht umstimmen.

Vor aller Augen besuchte er die Revolutionswächter in der Kaserne, in der sie sich die meiste Zeit verschanzt hatten.

Als er danach wieder zu uns zurückkam, berichtete er meiner Mutter, dass die Frau des Oberbefehlshabers der Pasdaran schwanger sei und gern in die Stadt fahren wolle, um Obst und andere Lebensmittel zu besorgen. Aber allein würde sie sich nicht auf den Markt trauen.

Ich weiß nicht genau, ob Amir dabei irgendeine Taktik verfolgte, als er diese Information weitertrug; ich vermute, eher nicht. Aber ob gewollt oder nicht, meine Mutter reagierte instinktiv. In der für sie so typischen spontanen Hilfsbereitschaft beschloss sie, der Frau zu helfen. Sie fuhr mit unserem maroden Auto in die Kaserne und lud die schwangere Frau ein, damit sie sich auf dem Markt Granatäpfel und andere Leckereien kaufen konnte.

Für sie war dies eine gänzlich unpolitische Aktion. Eine schwangere Frau brauchte Granatäpfel, welcher Nationalität sie angehörte oder welche politische Gruppierung ihr Ehemann vertrat, spielte für Maman keine Rolle. Dabei war sie doch sonst so eine kluge Frau. Die Nachbarn beobachteten uns ohnehin schon mit großem Misstrauen. Und wie wir selbst erlebt hatten, gab es sogar einige, die nicht mehr daran zweifelten, dass wir Verräter waren.

Es hätte meiner Mutter klar sein müssen, dass die meisten Menschen nicht so denken würden wie sie. Aber sie konnte nun einmal nicht anders, als zu helfen.

Noch am gleichen Abend klopfte es an der Tür. Als meine Mutter öffnete, stand ein Peschmerge vor uns. Er trug ein Gewehr über der Schulter. „Morgen Vormittag wirst du dich beim Sheikh einfinden. Er wird etwas mit dir besprechen." Sein Blick war kalt. „Hast du das verstanden?"

Meine Mutter nickte. „Ich habe verstanden."

Der Sheik war der örtliche religiöse Führer. Seinen Anweisungen war unbedingt Folge zu leisten. Der Mann verschwand, ohne seine Anweisung zu begründen. Aber ich sah Maman an, dass sie beunruhigt war.

„Sprich nicht mit deinen Geschwistern darüber!"

Ich nickte stumm.

Meine Mutter fand in dieser Nacht keinen Schlaf. Ich konnte hören, wie sie hin und wieder mit meinem Vater tuschelte.

Die Stimmung war beklommen, als wir am nächsten Morgen beim Frühstück zusammensaßen. Meine Geschwister warfen sich fragende Blicke zu, aber niemand sagte etwas.

Dann war es so weit. Etwas irritiert stellte ich fest, dass meine Mutter meinen kleinen Bruder auf den Arm nahm. Dann sah sie mich an. „Flor, du kommst mit mir."

Meine Mutter verriet mir nie, warum sie ausgerechnet uns beide mitnahm. An meinem Mut kann es jedenfalls nicht gelegen haben; ich glaube, ich war damals die ängstlichste von allen Geschwistern. Vielleicht wollte sie meinen Bruder nicht allein lassen. Möglicherweise wollte sie nicht, dass ich ausplauderte, wohin sie fuhr. Denkbar wäre auch, dass sie davon ausging, die Anwesenheit von Kindern könnte den Sheik milde stimmen.

In jedem Fall fuhren wir, eine weiße Fahne aus dem Fenster haltend, in unserem durchlöcherten Auto los.

Als meine Mutter vor dem Haus des Sheikhs parkte, blieb sie einen Moment im Wagen sitzen. Sie atmete ein und wieder aus. Dann sah sie mich an. „Flor, ich möchte, dass du mit deinem kleinen Bruder hier im Wagen wartest. Wenn ich in einer Stunde nicht wieder bei euch bin, dann nimmst du deinen kleinen Bruder und rennst nach Hause, so schnell du kannst. Sag deinem Vater, dass ihr alle fliehen müsst!"

„Und du?", fragte ich leise.

„Ich werde dann tot sein!"

„Maman …"

„Kümmere dich um deinen Bruder, Flor! Und tu genau das, was ich dir gesagt habe."

„Ja, Maman."

Sie stieg aus dem Auto und ging auf das Haus zu. In einem der Fenster sah ich den Schemen eines bewaffneten Mannes, der die Straße beobachtete. Ein weiterer Bewaffneter öffnete die Tür und zog meine Mutter grob ins Hausinnere. Dann schloss sich die Tür. Ich starrte Maman hinterher. Furcht presste mir das Herz zusammen. Ich betete zu Allah, aber es brachte mir keinen Trost. Diese eine Stunde kam mir vor wie ein ganzes Jahr meines Lebens. Ich weiß nicht mehr, was mein kleiner Bruder die ganze Zeit getan hat, immerhin war er erst zwei Jahre alt. Ich weiß nur noch, dass ich in unserem zerschossenen Auto saß und auf die Tür des Hauses starrte.

Und schließlich, endlich öffnete sich die Tür. Maman kam heraus. Ihr Gesicht war totenbleich.

Meine Mutter war stets eine sehr starke Persönlichkeit. Ich hatte sie nur einmal verzweifelt erlebt, als sie nicht wusste, ob mein Bruder Amir die schreckliche Schusswunde in seinem Bein überleben würde. Aber so voller Angst hatte ich sie noch nie gesehen.

Sie stieg, ohne ein Wort zu sagen, in das Auto. Als wir nach Hause fuhren, wagte ich nicht, eine Frage zu stellen.

Hin und wieder murmelte sie halblaut etwas vor sich hin: „Sie werden uns umbringen … sie werden uns alle umbringen."

Verrat oder Tod

Es war eine furchtbare Rückfahrt. Die ganze Zeit über ließ ich meine Mutter, die in halsbrecherischem Tempo nach Hause fuhr, nicht aus den Augen. Als wir endlich zu Hause angekommen waren, stürzte sie ins Haus und schrie meinen Bruder Amir an: „Dein Eigensinn hat uns alle in Gefahr gebracht! Du wirst noch die ganze Familie auslöschen!"

Entsetzt starrten meine Geschwister Maman an. So unbeherrscht kannten wir sie nicht. Dass sie selbst durch ihre unbedachte Hilfsbereitschaft zu der Situation beigetragen hatte, schien ihr in diesem Moment nicht bewusst zu sein.

Erst nachdem ein paar Minuten vergangen waren, hatte sie sich so weit beruhigt, dass sie uns mit zitternder Stimme berichten konnte, was geschehen war.

„Als ich mit der schwangeren Frau des Kommandanten auf dem Markt war, haben sie uns beobachtet", erklärte sie. „Der Sheikh sagte mir, dass die ganze Zeit über Waffen auf uns gerichtet waren. Sie hätten uns beide erschießen können. Der Sheikh fuhr mich an: ,Wie kannst du das machen, als Kurdin und Sunnitin? Du hast uns verraten!'

‚Ich wollte doch nur einer schwangeren Frau helfen', habe ich erwidert. Doch er ließ mich kaum zu Wort kommen: ‚Das sind Schiiten und Perser! Jahrhundertelang haben sie uns unterdrückt. Und jetzt, wo wir ihre gebrochenen Versprechen nicht mehr akzeptieren wollen und für unsere Freiheit kämpfen, wagst du es, dich mit ihnen einzulassen?! Das werden wir nicht zulassen!'"

„Was wollen sie?", fragte mein Vater nach einem Moment des Schweigens.

„Sie wollen, dass wir die Befehlshaber der Pasdaran zu uns zum Essen einladen. Sobald sie bei uns sind …", meine Mutter schluckte, „… werden die Peschmerga das Haus stürmen und sie gefangen nehmen. Sie könnten sich im Kampf um Mahabad als wertvolle Geiseln erweisen. Und selbst wenn die Regierung nicht verhandeln würde, wäre auch der Tod aller Führungsoffiziere der Pasdaran in der Stadt ein wichtiger Sieg für die Peschmerga."

„Das könnt ihr nicht machen!", rief Amir.

„Natürlich nicht!", fuhr meine Mutter ihn an. „Wir werden keinen Menschen verraten, der uns vertraut. Aber der Sheikh ließ keinen Zweifel daran, was geschehen wird, wenn wir uns dem Befehl der Peschmerga verweigern."

Ihr Blick verlor sich für einen Moment. „Sie werden uns töten. Sie werden unser Haus dem Erdboden gleichmachen."

Es herrschte entsetztes Schweigen.

„Und", stammelte ich, „was machen wir jetzt?" Ich merkte, wie meine Stimme zitterte. In diesem Moment wirkte Maman gefasst, aber ich hatte gesehen, wie verängstigt sie gewesen war, als sie das Haus verlassen hatte. Das Herz schlug mir bis zum Hals.

Maman und mein Vater tauschten Blicke. „Wir werden fliehen!"

„Aber sie werden uns beobachten!", rief meine Schwester. „Das werden sie bemerken."

„Ja, deshalb müssen wir klug vorgehen. Wartet hier, bis euer Vater und ich uns besprochen haben."

Wir hockten beisammen und starrten einander stumm an. Normalerweise hätte ich mich mit meinem kleinen Bruder beschäftigt, der unbekümmert auf dem Boden spielte, aber ich war zu verängstigt.

Als sie zurückkamen, trug Maman ihre Schmuckkassetten bei sich. „Kinder, ihr holt jetzt alles Bargeld und allen Schmuck, den ihr habt. Wir werden von irgendetwas leben müssen. Alles andere lasst ihr zurück! Wir dürfen keinerlei Gepäck bei uns tragen."

Mit blassen Gesichtern starrten wir sie an. Ich vermute, für meine Schwestern war die Situation so unwirklich, dass sie eine Weile brauchten, um zu registrieren, was unsere Eltern da gerade sagten. Und ich? Ich war wie gelähmt vor Angst.

„Na los!", herrschte Maman uns an. „Worauf wartet ihr?!"

Meine Schwestern eilten los. Ich folgte ihnen wie in Trance.

In meinem Zimmer zog ich die Schublade meines Nachttisches auf. Da lag die kleine Schatulle mit meinem Schmuck und daneben mein Tagebuch. Instinktiv griff ich danach. Es fühlte sich vertraut an und doch … schien es einem anderen Leben zu entstammen. Diesem Buch hatte ich meine Gedanken anvertraut und meine Träume – die Träume eines jungen Mädchens. Ich hatte von meinen schulischen Sorgen geschrieben, von Streitigkeiten mit meinen Schwestern und meinem Zorn auf Maman. Mein Bestreben, eine gute Schiitin zu sein, fand sich auf diesen Seiten ebenso wieder wie meine Gefühle für den dunkelhaarigen Jungen mit dem schüchternen Lächeln. All dies waren die Erinnerungen an ein anderes Leben, ein verlorenes Leben!

„Flor, was machst du da?", erklang die barsche Stimme meiner Mutter.

Ich fuhr herum. Ihr Gesicht wirkte zornig, aber ich konnte die Furcht in ihren Augen sehen.

„Leg das weg! Du kannst es nicht mitnehmen! Wir müssen so unauffällig wie möglich vorgehen. Niemand trägt sein Tagebuch in der Stadt spazieren."

Ich legte das Buch in die Schublade und wollte diese wieder zuschieben.

„Der Schmuck!", herrschte sie mich an. „Flor, was ist los mit dir?" Ich griff nach der Schatulle. Meine Hände zitterten.

Maman nahm mir das Kästchen aus der Hand. „Reiß dich zusammen, Flor. Du musst jetzt stark sein!"

Ich nickte und spürte gleichzeitig, wie mir die Tränen in die Augen schossen. „Ich will nicht sterben!", entfuhr es mir.

„Das wirst du auch nicht! Wir werden die Stadt verlassen. In Teheran sind wir sicher."

Ich schüttelte den Kopf. „Die beobachten uns! Sie werden wissen, was wir vorhaben." Unbeabsichtigt liefen Bilder vor meinem inneren Auge ab. Ich sah das Gesicht des Peschmerga-Kämpfers, seine kalten Augen und die tödliche Waffe in seinen Händen. Ich sah die Leuchtspuren der Kugeln in der Nacht und einen kleinen Jungen wie schlafend auf dem Boden liegen, während eine Blutlache sich auf dem Boden ausbreitete. „Sie werden uns töten!", schluchzte ich.

Meine Mutter packte mich an der Schulter. „Flor, sieh mich an!" Ich starrte sie an. Tränen ließen ihr Gesicht vor meinen Augen verschwimmen.

„Wir werden diese Stadt verlassen. Sie werden uns nichts tun! Hast du das verstanden?"

Ich nickte mechanisch. Aber die Angst ließ mich nicht los. Wie ein bösartiges Geschwür hatte sie sich an meiner Seele festgekrallt, sie wucherte und wuchs immer tiefer in mich hinein.

„Komm." Sie führte mich zu den anderen ins Wohnzimmer.

Aller Schmuck, alles Bargeld und alle Wertgegenstände, die klein genug waren, um sie in eine Tasche zu packen, lagen auf dem Tisch.

„Wir werden uns in kleine Gruppen aufteilen", erklärte Vater. „Und dann verlassen wir zu unterschiedlichen Zeiten und mit unterschiedlichen Zielen das Haus."

Maman begann, die Wertsachen in kleine Häufchen aufzuteilen und in Tücher einzuwickeln. „Parvaneh, komm her", sagte sie zu meiner jüngsten Schwester. Die Kleine ging zu ihr und Maman band ihr das Tuch unter der Bluse um den Bauch. Als Parvaneh zurücktrat, konnte ich die winzige Ausbuchtung erkennen.

Mein Magen schnürte sich zusammen.

Einer nach dem anderen traten meine Geschwister vor und Maman versteckte einen kleinen Beutel mit Wertsachen unter ihrer Kleidung. Dann war ich an der Reihe.

„Flor!"

Ich sah das Tuch, das Maman in der Hand hielt. Mit dem Gold darin erschien es mir schwer, unförmig und viel zu groß.

Sie würden es sehen, sofort! Ich hatte das Gefühl, irgendetwas würde nach mir greifen und mir die Kehle zupressen. „Nein!", krächzte ich.

„Flor!", rief mein Vater. „Komm sofort her!"

Panisch schüttelte ich den Kopf. „Ich kann das nicht! Sie … sie werden mich sofort durchschauen!"

Mein Vater wollte mich wütend anfahren, aber Maman hob beschwichtigend die Hand. „Flor hat recht. Sie ist viel zu nervös. Wir werden die Sachen anders aufteilen."

Die Erleichterung, die ich in diesem Moment verspürte, währte nur kurz. Dann holte die Angst mich wieder ein.

Ich hörte kaum zu, als meine Eltern die Gruppen einteilten. Maman würde mit zwei meiner Geschwister zur Kaserne aufbrechen. Für die Peschmerga musste es so aussehen, als würde sie unsere Einladung überbringen. In Wahrheit würde sie den Kommandanten über den Sachverhalt informieren. Eine andere Gruppe würde sich zunächst in Richtung Markt aufmachen und die letzte vermeintlich zu einem Verwandten fahren, der in der Stadt lebte.

Ich habe oft versucht, mich zu erinnern, wie ich eigentlich genau aus Mahabad herausgekommen bin – vergeblich. Ich weiß nicht einmal mehr, welcher Gruppe ich zugeordnet wurde. Es scheint, als hätte die Todesfurcht jeden klaren Gedanken und jede Erinnerung an diese Stunden ausgelöscht.

Ich weiß nur noch, dass wir uns alle gemeinsam in einem Überlandbus befanden, als wir schließlich die Teheraner Außenbezirke erreichten. *In Sicherheit,* schoss es mir durch den Kopf, als wir uns durch den Straßenverkehr der Großstadt quälten. Aber noch immer war es eher eine Frage als eine Feststellung.

Es dauerte eine ganze Weile, bis ich registrierte, dass der Plan meiner Eltern tatsächlich funktioniert hatte. Wir waren entkommen!

Später erfuhren wir, dass die Peschmerga ihre Drohung wahrgemacht hatten – unser Haus war dem Erdboden gleichgemacht worden.

Von nun an waren wir Flüchtlinge.

Teheran

Wieder waren wir in Teheran. Es war nicht einmal zehn Jahre her, da war ich voller Zorn durch die Gassen dieser Stadt gelaufen, weil ich in der Schule auf sehr peinliche Art und Weise erfahren hatte, dass ich meinen Vater bislang nie bei seinem Namen, sondern stets bei seiner Berufsbezeichnung gerufen hatte. Der Zorn dieses kleinen Mädchens schien mir nun lächerlich klein und fern.

Mein Vater war kein angesehener Offizier mehr. Er war ein Flüchtling, und es war besser für uns alle, wenn er möglichst nicht über seine Vergangenheit sprach. Mit unserem Status hatten wir auch unsere Entscheidungsfreiheit verloren. Wir konnten uns keine Wohnung suchen. Es kamen keine kostenlosen Lebensmittellieferungen des Militärs. Und es gab keine Gomashte mehr, die sich um den Haushalt kümmerten, uns bekochten und versorgten.

Wir hatten nichts retten können, außer dem, was meine Eltern und Geschwister unter ihren Kleidern aus Mahabad herausgeschmuggelt hatten.

Für ein fünfzehnjähriges unsicheres Mädchen, dessen kindliche Träume unter den Trümmern ihres zerstörten Elternhauses begraben lagen, war dies nur schwer zu begreifen.

Das Erste, was meine Mutter tat, war, ein Juweliergeschäft aufzu-
suchen und eine goldene Kette zu verkaufen, damit wir uns etwas
zu essen besorgen konnten. Teheran hatte sich verändert. Nun waren die Pasdaran die un-
eingeschränkten Herrscher der Stadt. Man sah es überall. Früher
hatte man nur selten Frauen gesehen, die einen Tschador trugen,
nun war dieser aus dem Straßenbild nicht mehr wegzudenken.
Auch das Konterfei des Ajatollah Chomeini war scheinbar allgegenwärtig. Die Fernsehbilder in Cafés und Geschäften zeigten Bilder der
von iranischen Studenten besetzten US-Botschaft. Etwa 400 Studenten hatten die Botschaft im November 1979 gestürmt und 66
Botschaftsangehörige als Geiseln genommen. Auf Vermittlung des
PLO-Chefs Arafat waren 13 davon kurz darauf freigelassen worden,
eine weitere einige Monate später aus gesundheitlichen Gründen,
aber die restlichen 52 blieben in Gefangenschaft. Die Studenten
forderten die Auslieferung des Schahs, der sich zur medizinischen
Behandlung in den USA befand. Es war ein beispielloser Affront
gegenüber dem mächtigsten Land der Welt. Als Rechtfertigung für diese Aktion diente den Studenten eine
Erklärung Chomeinis, die er im Gedenken an einige Teheraner
Studenten abgegeben hatte, die ein Jahr zuvor bei Demonstrationen ums Leben gekommen waren:

„Es ist deshalb Sache der lieben Schüler, Studenten und Theologiestudenten, mit all ihrer Kraft die Angriffe gegen die USA und
Israel zu verstärken, sodass sie die USA zwingen können, den ab-
gesetzten und kriminellen Schah auszuliefern ..."

Weder die iranische Regierung noch Chomeini selbst über-
nahmen offiziell die Verantwortung für das Vorgehen der Studenten. Stattdessen sprach man von einer „natürlichen Reaktion

des unterdrückten iranischen Volkes auf die Missachtung der verletzten Gefühle dieses Volkes seitens der amerikanischen Regierung"[12].

Es ist schwer zu sagen, wie gezielt diese Aktion gesteuert war; in jedem Fall spielten die politischen Konsequenzen der Botschaftsbesetzung den islamischen Revolutionären in die Hände. Iran wurde politisch isoliert. Nicht nur die Studenten, die Pasdaran oder der Ajatollah waren davon betroffen. Es war das gesamte Volk, das die Konsequenzen, die beispielsweise in Form von Wirtschaftssanktionen folgten, zu spüren bekam. Und diese äußere Bedrohung nährte die von Chomeini propagierte islamische Revolution. Das Volk rückte zusammen und er wurde mehr und mehr zur unumstrittenen Führungsfigur.

Allerdings vermied er es, selbst die politische Macht zu ergreifen. Nachdem in einer Volksabstimmung die islamische Verfassung bestätigt worden war, wurde Abolhassan Banisadr vom Parlament zum ersten Präsidenten der Islamischen Republik Iran gewählt und von Chomeini formell zum ersten Präsidenten ernannt.

Die Krise durch die Besetzung der amerikanischen Botschaft sollte jedoch schon bald verdrängt werden von einer viel konkreteren Bedrohung in Person des machthungrigen Präsidenten des Irak, Saddam Hussein.

In der damaligen Situation waren diese politischen Ereignisse für mich schwer zu durchschauen. Ich spürte sie vor allem in Form von großer Ungewissheit und einer sich immer weiter zuspitzenden diffusen Bedrohung.

Meine Eltern meldeten sich bei den Pasdaran, um von unserer Situation zu berichten. Wir erhofften uns Hilfe, denn immerhin

---

12 https://de.wikipedia.org/wiki/Geiselnahme_von_Teheran#Besetzung_der_Botschaft

hatten wir unser Haus nur deshalb verloren, weil wir die Revolutionsführer in Mahabad nicht verraten hatten.

Die Dankbarkeit der Pasdaran hielt sich in Grenzen. Aber immerhin wurden wir als Flüchtlinge anerkannt und uns wurde ein Quartier zugewiesen. Es lag in einem überwiegend von Armeniern und Assyrern bewohnten Viertel. Dort hatte ein reicher Schah-Anhänger seine Villa gehabt, bevor er fluchtartig das Land verlassen hatte.

„Oh Flor", sagte meine jüngere Schwester, als wir aus dem Bus ausstiegen, „das ist ja ein Palast."

Sie hatte recht. Das Haus war in der Tat riesig ... aber es war auch voller Menschen. Bestimmt ein Dutzend Familien lebten bereits dort. So luxuriös das Leben in diesem Haus einst gewesen war, so beengt, schmutzig und chaotisch war es nun.

Der vorherige Besitzer hatte das Haus ringförmig um einen großen Hof errichten lassen. In diesem Innenhof gab es eine große, flache Betonschüssel, wahrscheinlich war sie früher mit Wasser gefüllt gewesen und hatte als Teich für Zierfische gedient. Die neuen Bewohner verwendeten sie als öffentlichen Waschplatz. Da es einige Wasserhähne mit Kaltwasseranschluss gab, konnten die Frauen dort ihre Wäsche und das schmutzige Geschirr waschen. Auch die beiden einzigen benutzbaren Toiletten befanden sich im Hof. Wollten wir uns waschen oder gar duschen, mussten wir etwas von unserem Ersparten nehmen und einen öffentlichen Hamam aufsuchen.

Anfangs wies man uns einen einzigen Raum zu. Doch schon nach kurzer Zeit konnte Maman diesen gegen zwei kleinere, direkt nebeneinander gelegene Räume eintauschen. Das brachte uns etwas mehr Privatsphäre, aber auch mehr Enge. Über einen schmalen Flur gelangte man auf eine kleine Treppe, die in den Hof hinabführte.

Direkt nebenan befand sich ein Keller. Aus irgendeinem Grund sammelte sich dort Wasser. Ich weiß nicht, ob eine Leitung defekt war oder ob das Regenwasser dorthin abfloss. In jedem Fall begann die Brühe irgendwann zu stinken und lockte massenhaft Ungeziefer an.

Immer mehr Personen wurden in diesem Haus einquartiert. Irgendwann lebten bis zu 20 Familien dort. Auch einige zwielichtige Gestalten und Drogendealer kamen hierher, sodass meine Schwestern und ich uns kaum noch auf den Hof trauten.

Irgendwo trieb Maman einen Walor auf, einen kleinen Ölkocher. Auch einige Lebensmittel hatte sie besorgt.

Wir saßen am ersten Abend auf dem kahlen Boden unserer Unterkunft und starrten auf das undefinierbare Etwas in unseren Plastikschüsseln.

„Maman?", fragte ich vorsichtig. „Was ist das?"

„Reis mit Gemüse!", erwiderte sie.

Ich betrachtete die völlig zerkochte Pampe und versuchte, mir vorzustellen, welche Art von Gemüse meine Mutter wohl verwendet haben mochte. Aus den Augenwinkeln sah ich, wie meine ältere Schwester behutsam einen Löffel zum Mund führte und davon kostete. Ihrem Gesichtsausdruck nach zu schließen war das Geschmackserlebnis kein lukullisches Highlight. Vater löffelte das Zeug stoisch in sich hinein. Aber an seinen hastigen Schluckbewegungen erkannte ich, dass er seine gesamte Selbstbeherrschung aufbieten musste, um den Schein zu wahren.

„Esst, Kinder!", befahl Maman.

Ich kostete vorsichtig einen halben Löffel, und musste feststellen, dass der Geschmack nicht ganz dem äußeren Erscheinungsbild der Mahlzeit entsprach … leider. Der Brei schmeckte noch scheußlicher, als er aussah. *Sie will uns vergiften!*, war mein erster Gedanke.

Doch dann wurde mir bewusst, dass Maman vermutlich zum ersten Mal in ihrem Leben selbst gekocht hatte. In ihrem Elternhaus hatte Anne sie rundum versorgt. Und natürlich hatte sie nie allein gelebt, sondern war erst mit der Heirat zu Hause ausgezogen. Dann aber hatten sich die Hausangestellten um die Mahlzeiten gekümmert. Für Maman hatte nie die Notwendigkeit bestanden, selbst zu kochen, und sie hatte auch nie Interesse daran gezeigt, es zu erlernen.

So kam es, dass Maman unsere Mahlzeiten meist vom nächstgelegenen Imbiss holte, und das, obwohl wir sehr sparsam leben mussten.

Wir Geschwister blieben meist zu Hause. Aus Furcht vor den Drogenhändlern wagten meine Schwestern und ich kaum, die winzigen Räume zu verlassen, in denen wir lebten. Nur für die Schule gingen wir aus dem Haus.

Auf Dauer machten mich die Zustände der Unterkunft und die Perspektivlosigkeit depressiv. Die hygienischen Zustände in den winzigen Räumen waren furchtbar. Ich war ständig mit der Jagd auf Ungeziefer und dem Versuch beschäftigt, für etwas Ordnung zu sorgen. Nachts lagen wir auf dünnen Matratzen dicht an dicht nebeneinander auf dem Boden, wie das Gemüse in einem Kebab.

Irgendwie gelang es meiner Mutter, Spenden aufzutreiben. Armenische Christen stellten sie uns zur Verfügung. Wir bekamen Teppiche, Decken, Kisten und später sogar einen alten Kühlschrank gespendet. Um warmes Wasser zu bekommen, stellte Maman eine Öllampe unter einen Krug.

Für mich war das alles nur schwer zu ertragen. Uns war es doch so gut gegangen, und nun lebten wir unter ärmlichen Bedingungen in beengten Räumen, dicht an dicht mit Menschen, die mir Angst machten. Wir waren angewiesen auf die Almosen anderer, noch dazu von Ungläubigen. Unsere große Familie, in der wir einst einen guten Status gehabt hatten, zeigte sich nun in Zeiten der Not wenig hilfsbereit. Mein Bruder, dessen Revolutionseifer wesentlich dazu beigetragen hatte, dass wir in diesen Schwierigkeiten steckten, unterstützte uns kaum. Auch meine ältere Schwester, die einen sehr reichen Mann geheiratet hatte, schien sich nun ihrer Verwandtschaft zu schämen und mied den Kontakt.

Wir hatten überlebt, aber unser bisheriges Leben hatten wir verloren. Ich fühlte mich so ungeheuer verletzlich.

Ich war damals ein unsicherer, verängstigter Teenager, der die Menschen nicht besonders mochte und sein Selbstbild aus seiner gesellschaftlichen Stellung und der eigenen Frömmigkeit zog. Nun war mir nur noch die Frömmigkeit geblieben. Ich betete zu Allah. Ich fragte, womit wir diese Strafe verdient hätten. Eine Antwort bekam ich nicht, aber insgeheim gab ich Maman die Schuld. Mein Vater war ein sehr frommer Mann, ich selbst eine treue Muslima, nur Maman betete kaum und machte ständig so merkwürdige Sachen.

In dieser für uns persönlich ohnehin schon schwierigen Zeit verschärfte sich die politische Situation dramatisch. Seit einiger Zeit war das Säbelrasseln zwischen dem Irak und dem Iran immer lauter geworden. Die Wurzeln dieses Konflikts waren uralt, vielleicht konnte man sie sogar bis zu den Kriegen zwischen Babylon und Persien im Altertum zurückverfolgen. Immer wieder hatten diese beiden Reiche um die Vorherrschaft im Nahen Osten gerungen. Im Zentrum der aktuellen Auseinandersetzung stand die rohstoffreiche iranische Provinz Chuzestan, in der überwiegend Araber lebten.

Durch die islamische Revolution, der viele tatsächlich oder vermeintlich Schah-treue Offiziere zum Opfer gefallen waren, war der

Iran militärisch geschwächt. Saddam Hussein, der Präsident des Irak, sah die Gelegenheit gekommen, sich als Führungsfigur der arabischen Welt zu etablieren. Er unterstützte offen separatistische Bewegungen in der Provinz.

Ajatollah Chomeini hingegen war die säkulare Baath-Partei Saddam Husseins zuwider. Er bezeichnete den irakischen Präsidenten als antiislamisch und rief alle irakischen Muslime zum Sturz des Regimes auf. Es sollte nicht bei Wortgefechten und Propagandaschlachten bleiben.

Am 22. September 1980 erschütterten schwere Detonationen die Luft. Die irakische Luftwaffe bombardierte den Flughafen von Teheran. Doch nicht nur das, auch in fünf weiteren Städten fielen Bomben. Zugleich rückte die irakische Armee mit 100 000 Mann in die Provinz Chuzestan ein.

Es war der Beginn eines achtjährigen Krieges, der zwischen 800 000 und einer Million Todesopfer fordern sollte.

Plastikschlüssel zum Paradies

Der Plan des irakischen Präsidenten, den Iran in einem Blitzkrieg zu überrumpeln und Chuzestan einzunehmen, misslang. Aus dem Blitzkrieg war ein blutiger Stellungskrieg geworden, der immer mehr Opfer forderte. Die Bombardierung der zivilen Bevölkerung im Hinterland hatte nicht den erhofften Erfolg; es gelang nicht, die Menschen gegen das Revolutionsregime aufzuwiegeln, ganz im Gegenteil. Der Angriff von außen führte zu einem Schulterschluss. Die unter dem Schah-Regime ausgebildete Armee kämpfte Seite an Seite mit den Religionswächtern gegen den Irak.

Nicht zuletzt aus diesem Grund bezeichnete Ajatollah Chomeini diesen grausigen Krieg als Gottesgeschenk. Durch die äußere Bedrohung konnten die Revolutionäre im Inneren ungehindert ihren Gottesstaat aufbauen und ihre politischen Gegner vernichten. Der eher gemäßigte Präsident Banisadr, der versucht hatte, die Macht der Mullahs zu beschneiden, wurde abgesetzt – offiziell wegen politischer Inkompetenz und mangelhafter Führung der iranischen Streitkräfte.

Mithilfe der Volksmudschahedin gelang es ihm, als Frau verkleidet das Land zu verlassen. Sein Nachfolger wurde der Chomeini bedingungslos ergebene Mohammed-Ali Radschā'i.

Das politische System, das die islamische Revolution hervorgebracht hatte, führte im Grunde genommen das Prinzip der Scheindemokratie fort, welches auch das verhasste Schah-Regime ausgezeichnet hatte. Es gab ein demokratisch gewähltes Parlament und somit auch eine formell demokratisch legitimierte Regierung. Die eigentliche Macht lag jedoch außerhalb der Einflusssphäre des Volkes. War es zuvor der Schah gewesen, der in Wahrheit die Zügel in den Händen gehalten hatte, so war es nun der sogenannte Wächterrat.

Dieses Gremium bestimmt noch heute die Geschicke des Landes.

Die zwölf Sitze des Wächterrats werden dabei zur Hälfte von Geistlichen und zur Hälfte von Juristen besetzt. Die geistlichen Mitglieder werden vom Obersten Religionsführer direkt ernannt. Die sechs Juristen werden aus verschiedenen Rechtsgebieten vom Parlament gewählt. Allerdings stehen nur diejenigen Kandidaten zur Wahl, die vom obersten Richter genehmigt wurden. Der oberste Richter wiederum wird vom Obersten Religionsführer ernannt. Dieses Prinzip der Wahlfreiheit zwischen vorher festgelegten Kandidaten findet sich konsequent im gesamten politischen System wieder, denn der Wächterrat ist es letztlich, der entscheidet, welche Kandidaten sich dem Volk zur Wahl stellen dürfen und welche nicht.

Von außen betrachtet hatte Chomeini somit keine politische Macht inne, in Wahrheit jedoch hielt er alle Zügel fest in der Hand.

Der Widerstand dagegen war vergleichsweise gering. Denn es gab ja eine äußere Bedrohung, gegen die man zusammenstehen musste. Vor diesem Hintergrund schürten die Religionswächter den Hass auf Amerika, das laut Propagandamaschinerie in Wahrheit hinter dem Angriff Saddam Husseins stand. Zwar hatte man bislang nicht einen einzigen amerikanischen GI unter den irakischen Streitkräften entdeckt, doch das änderte nichts an der ideologischen Herangehensweise. Der Krieg gegen den Irak galt als Krieg gegen die Ungläubigen. Jeder gefallene Soldat war demnach ein Märtyrer. Und so fehlte es an der Front nicht an Freiwilligen. Der Aufbau der iranischen Verteidigungslinien wurde bestimmt vom Ausmaß des Fanatismus, der die Kämpfer auszeichnete. Die regulären Truppen bedienten die Artillerie in der Regel von den hinteren Frontlinien aus. Sie hatten sich in Schützengräben verschanzt. Davor kämpften die Pasdaran und an allervorderster Front wurden die *Basidschi*[13] eingesetzt.

Die meisten von ihnen waren Jugendliche, die man systematisch in den Schulen angeworben hatte. Sie erhielten eine kurze militärische Ausbildung. Sobald sie sich freiwillig meldeten, durften sie mit Erreichen der Volljährigkeit auch ohne Erlaubnis der Eltern an die Front ziehen. Bereits 1980 war die Volljährigkeit auf 15 Jahre festgelegt worden. Diese Freiwilligen, die nach westlichen Maßstäben nichts anderes als Kindersoldaten waren, wurden im Verlauf des Krieges immer wichtiger. Ihre Aufgabe bestand darin, als lebende Minenräumer den kämpfenden Truppen voranzugehen. Sie gingen sehenden Auges in den Tod, denn man hatte ihnen das Paradies versprochen, wenn sie als Märtyrer fielen.

Das Regime hatte eine halbe Million Plastikschlüssel aus Taiwan liefern lassen. Jeder Basidschi bekam einen solchen Schlüssel um den Hals gehängt; er sollte ihm das Tor zum Paradies öffnen, sobald er starb. Zudem trugen die Jungen ein Stirnband mit der Aufschrift: *Allahu Akbar* – Gott ist groß. Bewaffnet waren sie in der Regel nicht, das war nicht nötig.

---

13 *Basidsch-e Mostaz'afin* – Mobilisierte der Unterdrückten

Den Eltern, deren Kinder auf diese Weise starben, wurden Prämien versprochen.

In Scharen fielen die jungen Freiwilligen im Krieg und Leiche um Leiche wurde nach Hause geschickt. Die Trauerzüge mit den Gefallenen wollten kein Ende nehmen. Auch einer meiner Cousins starb als Basidschi in diesem schrecklichen Krieg. Man brachte uns jedoch keine Leiche zurück, das war offensichtlich nicht möglich gewesen. Seine Eltern bekamen nur eine Kette, anhand derer man ihn identifiziert hatte.

Die Medien waren voll von Nachrichten über die Geschehnisse an der Front. Doch die Menschen in Teheran blieben darüber hinaus weitgehend von den direkten Folgen des Krieges verschont. Es gab nur wenige, überwiegend glimpflich verlaufende Luftangriffe auf die Stadt. Indirekte Folgen des Krieges waren die Rationalisierung von Benzin, Heizöl und Lebensmitteln.

Es waren düstere, bedrückende Tage. Ich versuchte, Halt in der Religion zu finden. Ich betete viel und begann auch gemeinsam mit meiner Familie, Wallfahrten zu unternehmen. Wir pilgerten meist zu Fuß, manchmal auch mit dem Maultier zur Grabstätte des Imamzade Davood, eines islamischen Heiligen, dessen Verehrung gerade zu dieser Zeit zunehmend an Bedeutung gewann. Das Mausoleum lag in der Nähe von Teheran.

Obwohl ich mich streng an die Regeln des Islam hielt, fand ich in all dem nur wenig Trost.

Dann geschah etwas, das während der nächsten Jahre meines Lebens wie ein Damoklesschwert über mir hängen sollte.

Hin und wieder besuchte uns mein älterer Bruder Amir in unserer Unterkunft. Dabei freundete er sich mit einem der jungen Männer an, die ebenfalls in dem großen Haus wohnten. Sein Name war Saaid. Er war Pasdar, und ich mochte ihn nicht besonders, da er mir unheimlich war. Aber das war nicht so schlimm. Es gab einige Männer im Hof, die mir unheimlich waren.

Das eigentliche Problem war sein jüngerer Bruder Wahid.

Ein verhängnisvoller Antrag

Wenn ich mit meinem Bruder auf dem Hof war, begegnete ich auch hin und wieder Saaid und dessen jüngerem Bruder Wahid. Er war ein hübscher Junge, ein Turkmene, nur ein Jahr älter als ich. Er hatte helle Haut, grüne Augen und blondes Haar. Das war in meiner Heimat ungewöhnlich; später erfuhr ich, dass seine Vorfahren aus Russland eingewandert waren.

Zweimal wechselte Wahid ein paar belanglose Worte mit mir. Dabei sprach er sehr leise und bekam ein feuerrotes Gesicht.

Ich dachte mir nichts dabei. Bis Maman eines Tages zu mir kam. Sie machte ein ernstes Gesicht. „Flor, Saaid und Wahid haben mit mir gesprochen." Sie räusperte sich. „Wahid liebt dich."

Ich starrte sie an. „Er liebt mich?!", entfuhr es mir.

Wie konnte er so etwas sagen?, dachte ich, als Maman nickte. Er kannte mich doch überhaupt nicht! Ich hatte ihn erst ein- oder zweimal auf dem Hof gesehen. Im Grunde wusste ich fast nichts über ihn, außer dass er die Wirren der Revolution gemeinsam mit seinem Bruder gut zu nutzen gewusst hatte. Als die reichen Schah-Anhänger flohen, hatten die beiden Brüder so einiges beiseitegeschafft. Der Junge war kriminell, mir vollkommen fremd und überhaupt nicht mein Typ. Ich wusste nicht, was ich sagen sollte.

Maman sah mein Schweigen. Ihr Lächeln misslang. „Die beiden haben mir erklärt, dass in vier Wochen eure Verlobung stattfinden wird."

Mir fiel die Kinnlade herunter. „Verlobung …?", krächzte ich.

Sie nickte.

„Aber … ich kenne diesen Jungen nicht. Ich will ihn nicht heiraten!"

Maman nickte. „Ich verstehe dich, Flor. Aber denke noch einmal darüber nach. Was früher zählte, gilt heute nichts mehr. Diese Leute haben jetzt das Sagen. Und … Wahid scheint ein netter Junge zu sein."

„Ich werde ihn nicht heiraten!", stieß ich hervor. Zornig wandte ich mich um und verließ den Raum. Wie kam dieser Junge auf die wahnwitzige Idee, dass ich ihn heiraten wolle? Wir waren doch gerade erst aus Mahabat geflohen. Meine Familie und ich wären beinahe ausgelöscht worden. Wir hatten alles verloren. Ich hatte noch nicht einmal angefangen, diese Schicksalsschläge zu verkraften, und nun … sollte ich einen wildfremden sechzehnjährigen Kriminellen heiraten?!

Maman teilte Wahid meine Entscheidung mit. Und bald tauchten er und sein Bruder wieder auf. Endlich hatte Wahid den Mut, mit mir zu sprechen. Er wirkte noch immer sehr schüchtern und ein Teil meines Zorns verrauchte.

„Wahid, ich kann dich nicht heiraten …" Ich sah, wie er blass wurde. „Wir sind noch viel zu jung …", versuchte ich es diplomatisch.

„Es ist doch egal, wie alt wir sind", entgegnete er trotzig.

„Nein, ist es nicht … Ich kenne dich doch gar nicht."

„Das wird sich noch ändern!"

„Aber … ich will nicht, dass sich das ändert", erwiderte ich. „Verstehst du? Ich will nicht!"

Ich sah die Enttäuschung in seinem Gesicht und den Zorn, der in seinen Augen aufglomm. Seine Reaktion war nicht gerade romantisch. „Was willst du machen?", fuhr er mich an. „Du bist ein Flüchtling, du bist arm, du kannst nicht studieren. Wie stellst du dir denn deine Zukunft vor?"

Ich presste schweigend die Lippen zusammen.

„Ich kann für dich sorgen. Ich kann dir ein gutes Leben bieten." Seine Augen wanderten an mir vorbei über den verdreckten Hof. Unwillkürlich wandte ich mich um und folgte seinem Blick. Ich sah den Schmutz und das Ungeziefer. Ich hörte einen lärmenden Streit, der durch ein offenes Fenster auf den Hof drang, und roch den fauligen Gestank des abgestandenen Wassers.

„Ich kann dich hier rausholen!", sagte er leise und eindringlich.

Ich blickte ihn an. Er meinte es ernst. Gemeinsam mit seinem Bruder hatte er wirklich genug beiseitegeschafft, um mir einen gewissen Wohlstand zu ermöglichen.

„Nein!", sagte ich. „Ich will nicht."

Schweigend gingen wir auseinander. Aber ich spürte, dass er nicht so schnell aufgeben würde.

Mein Bruder war wütend auf mich, als er erfuhr, dass ich Wahid erneut eine Abfuhr erteilt hatte. Aber ich fragte mich: Warum eigentlich? Was hatte ich falsch gemacht? Ich hatte nichts dazu beigetragen, dass dieser Junge sich in mich verliebt hatte. Und ich hatte seinen Antrag auch nicht abgelehnt, um ihn zu verärgern oder zu demütigen. Ich liebte ihn nicht – das war alles.

Einige Tage später schickte mich meine Mutter auf den Hof, um das Geschirr zu waschen. Als ich auf dem Boden hockte und mit kaltem Wasser die Plastikschüsseln abspülte, stand auf einmal Saaid neben mir. Ich sprang erschrocken auf … und erstarrte.

Er hatte seine Kalaschnikow von der Schulter genommen und hielt sie locker in den Händen. Die Mündung der Waffe zielte wie zufällig auf meine Brust. Ich sah, dass sein Finger auf dem Abzug lag. „Hör mir ganz genau zu, Flor, ganz genau. Ich werde nicht zulassen, dass du die Ehre meiner Familie beschmutzt!" Er sprach nicht laut, aber seine Stimme jagte mir einen Schauer über den Rücken. „Du wirst meinen Bruder heiraten. Du wirst dich bei ihm entschuldigen und ihm eine gute Frau sein. Denn wenn du dich weigerst, werden du und deine gesamte Familie sterben." Er hob die Waffe ein wenig. „Hast du das verstanden?"

Meine Kehle war wie zugeschnürt. Kein Wort kam über meine Lippen. Ich konnte nur stumm nicken.

Wie fast jedes Mädchen hatte ich mir ausgemalt, wie meine Zukunft aussehen würde. Ich hatte davon geträumt zu studieren, Anwältin zu werden und einen wunderbaren Mann zu heiraten, den ich von Herzen liebte. Doch meine Träume wurden nun durch einen Mann zerstört, der glaubte, er könne sich die Welt mit Gewalt so zurechtbiegen, wie es ihm gefiel.

Ich frage mich, wie er immer wieder entsteht, dieser unausrottbare Glaube an die Allmacht der Kalaschnikow. Vielleicht war er darauf zurückzuführen, dass er den sich ohnmächtig Fühlenden einen Anschein von Macht verleiht. Saaid hatte gesehen, wie der mächtige Schah vor diesen Waffen geflohen war. Selbst die unheimliche Herrschaft der SAVAKi war zerbrochen worden. Und nun hatten die Pasdaran das Sagen. Nun konnte Saaid bestimmen, was richtig und was falsch war. Warum also sollte er nicht bestimmen können, dass dieses widerspenstige fünfzehnjährige Mädchen seinen Bruder zu heiraten hatte?

Ich wollte nicht sterben und wollte auch nicht, dass meiner Familie etwas geschah. Also beugte ich mich vor der Macht der

Kalaschnikow und willigte ein, Wahid zu heiraten. Wirkliche Macht, Macht, die Menschen tatsächlich verändert, die Liebe schafft und Gutes hervorbringt, hatte ich zu diesem Zeitpunkt noch nicht kennengelernt.

Ich habe nicht viele Erinnerungen an den Tag meiner Verlobung mit Wahid. Ich weiß nur noch, dass ich mich schrecklich fühlte und von Kopf bis Fuß in Schwarz gekleidet war.

Danach ging ich weiter zur Schule, als wäre nichts gewesen. Damit widersetzte ich mich den Erwartungen der neuen Machthaber.

Verlobte oder verheiratete junge Frauen sollten nicht zur Schule gehen, sie sollten ihre häusliche Rolle ausfüllen. Irgendeine Mitschülerin musste mitbekommen haben, dass es da jetzt einen Mann in meinem Leben gab. Auf jeden Fall verbreiteten sich schon bald Gerüchte in meiner Schule. Das ausgefallenste lautete, dass ich eine geschiedene Frau war und bereits ein Kind hatte.

Die Schule wurde zu einer Qual, die lärmende Enge der Flüchtlingsunterkunft zehrte an meiner Kraft, und die Zukunft kam mir wie eine riesige düstere Nebelwand vor, die jegliches Sonnenlicht zu verschlucken drohte. So zog ich mich immer mehr in mich zurück. Meine Familie beobachtete meine zunehmend depressive Stimmung teils mit Sorge und teils mit Ärger.

„Was hast du, Flor?", sagte man mir. „Du könntest es weitaus schlechter treffen. Du wirst hier rauskommen und ein gutes Leben führen."

Und meine Schwester meinte: „Was beschwerst du dich? Er sieht doch gut aus und er liebt dich wirklich."

Innerhalb eines halben Jahres sah ich meinen Verlobten genau zweimal. Ich weiß nicht, wo er die ganze Zeit über war und was er so trieb.

Als wir uns das zweite Mal trafen, suchte ich das Gespräch unter vier Augen. „Wahid, ich weiß, dass du mich liebst. Aber ich liebe dich nicht. Es tut mir sehr leid, aber ich kann daran nichts ändern. Und deshalb werde ich dich nicht heiraten!" Noch bevor er etwas erwidern konnte, fuhr ich fort: „Ich habe darüber nachgedacht. Du kannst allen sagen, dass *du* die Verlobung gelöst hast. Auf diese Weise wird deine Ehre nicht beschmutzt! Ich allein werde die Schande tragen müssen."

Wahid war blass geworden, als ich ihm dies mitgeteilt hatte. Er spürte wohl, wie ernst es mir war.

Ich war erleichtert, als er, ohne viel zu sagen, ging. Ob ich irgendetwas anders gemacht hätte, wenn ich gewusst hätte, was dann geschehen würde? Ich weiß es nicht.

Am nächsten Tag – es war früh am Morgen und ich lag noch im Bett – zerriss etwas das graue Nebelgespinst meiner Träume. Es war eine Stimme, sich überschlagend und heiser vor Hass: „Flor, ich bringe dich um!"

Die Tür zu unseren winzigen Zimmern hatte kein Schloss, sie wurde aufgestoßen und knallte mit lautem Krachen an die Wand. Schritte polterten über den harten Boden. Ich hörte aufgeregte Rufe. Hastig warf ich die Decke zurück und wollte aufspringen, da wurde schon die Mündung einer Kalaschnikow an meine Stirn gedrückt. Es war Saaid, seine Augen glühten vor Hass.

„Wenn er stirbt, ist es ganz allein deine Schuld!", fauchte er.

In diesem Moment tauchte mein älterer Bruder auf, der gerade zu Besuch bei uns war. Er stürzte sich auf Saaid und hielt ihn fest. „Lauf, Flor!", rief er. „Lauf!"

Ich hatte nie ein besonderes enges Verhältnis zu Amir. Wir hatten nur wenig gemein. Aber an diesem Tag rettete er mir das Leben! Ich floh aus dem Haus und versteckte mich.

Später fand Amir mich und brachte mich heimlich in seine Wohnung. Erst jetzt erfuhr ich, was geschehen war. Wahid war direkt nach unserem Gespräch nach Hause gegangen. Dort hatte er eine Pistole genommen und sich in den Bauch geschossen. Die Verletzungen waren grausig. Man sagte mir, dass die Bauchdecke so weit aufgerissen war, dass Teile seiner Gedärme herausgetreten waren. Man hatte ihn sofort ins Krankenhaus gebracht. Eine erste Notoperation hatte er überstanden, aber er befand sich noch immer in akuter Lebensgefahr.

Kopfschüttelnd sah mein Bruder mich an. „Was hast du dir nur dabei gedacht, Flor?"

Ich erwiderte nichts. Was hätte ich auch sagen sollen?

„Ein paar Tage kannst du hierbleiben. Aber eines solltest du wissen: Wenn Wahid stirbt, wird Saaid dich überall finden."

Er verließ den Raum. Meine Schwägerin betrachtete mich mit verkniffenem Lächeln. Ich war kein besonders willkommener Gast.

Die nächsten Tage verbrachte ich mit bangem Warten. Ich fragte mich, ob ich wirklich schuld war an der Situation, in der sich Wahid nun befand. Aber ich wusste nicht, was ich falsch gemacht hatte. Ich wusste nur, dass meine Lebensperspektive nun noch düsterer und ausgeloser geworden war als zuvor.

Wahid starb auch in den nächsten Tagen nicht. Allerdings befand er sich noch immer auf der Intensivstation und weitere schwere Operationen standen ihm bevor.

Mein Bruder brachte mich zurück in die Flüchtlingsunterkunft. „Du bleibst hier!", befahl mein Vater. „Keine Schule mehr. Ich verbiete dir, diese Räume zu verlassen oder auch nur ans Fenster zu treten."

Und so hockte ich in der muffigen Enge dieser Räume, ohne frische Luft, ohne Sonnenlicht und ohne Hoffnung. Ich konnte mein Gefängnis nicht verlassen, denn ich wusste: *Wenn Saaid dich sieht, wird er dich töten!*

Monate gingen ins Land, während derer sich Wahids Zustand kaum besserte. Immer wieder musste er operiert werden, und jedes Mal bestand die Gefahr, dass er auf dem OP-Tisch starb. Bei jeder Operation wurde mir aufs Neue bewusst: *Wenn dieser Junge nicht überlebt, stirbst du mit ihm.*

Ich fing an, Gott zu hassen und alle Menschen mit ihm. Eine furchtbare Hoffnungslosigkeit lag auf mir. Irgendwann dachte ich: *Hier kommst du niemals wieder raus! Du wirst den Rest deines Lebens auf diesen wenigen Quadratmetern verbringen. Hier wirst du sterben!*

Und dann kam ein entfernter Verwandter zu Besuch. Sein Name war Nasser Vaziri. Er war Mitte zwanzig und arbeitete als Ingenieur in der Nähe von Saveh, einer Stadt im Nordwesten Irans, die etwa 130 Kilometer von Teheran entfernt liegt.

In der Wüste

Nasser Vaziri war gebildet und finanziell gut gestellt. Anders als Wahid war er kein Kind mehr, sondern ein studierter Mann mit einem sehr guten Job und besten Karriereaussichten. Und dennoch verliebte er sich in mich – einen verschlossenen, traurigen Teenager, voller Furcht und Zorn auf die Menschen.

Warum er es tat? Das ist schwer zu sagen. Es lag nicht daran, dass wir besonders intensive Gespräche geführt hätten. Ich könnte auch nicht behaupten, dass es eine besondere Seelenverwandtschaft zwischen uns gegeben hätte oder dass uns die gleichen Zukunftsträume verbunden hätten. Wir hatten nichts gemeinsam. Aber vielleicht war genau das der Grund, warum er mich auswählte.

Nasser Vaziri war ein großer, hagerer Mann mit dunklen Augen. Er trat sehr selbstbewusst auf und erzählte viel von sich und seinen Erfolgen. Ich fürchte, dass er nicht in erster Linie auf der Suche nach einem Gegenüber war, sondern eher auf der Suche nach einem Mädchen, das sich ihm unterordnete, ihn bewunderte und ihm gehorchte. Aber vielleicht gefiel ihm auch bloß mein Gesicht und er sah in mir die Frau seiner Träume.

Was auch immer der Grund war: Er behauptete, es sei Liebe auf den ersten Blick gewesen. Es fällt mir schwer zu beschreiben, was ich damals fühlte, als er mir einen Heiratsantrag machte. Ich war mit der Situation komplett überfordert. So etwas wie Liebe zu empfinden war für mich vollkommen unmöglich. Ich kannte diesen Mann nicht! In mir war einfach nur Leere.

Alle hielten es für eine Ehre, dass er um meine Hand anhielt, obwohl ich meine Familie in eine so schwierige Situation gebracht hatte. Mich nochmals zu verweigern, das konnte ich meiner Familie nicht antun. Außerdem schien er mir meine einzig realistische Chance zu sein, lebend hier herauszukommen. All meine Teenagerträume waren ausgeträumt. Nun musste ich nur noch eine einzige nüchterne Entscheidung treffen: *Entweder du heiratest diesen Mann oder du wirst irgendwann in diesem Hof erschossen werden.* Ein Ertrinkender greift nach jedem Strohhalm. Und so sagte ich Ja.

Vielleicht, so dachte ich mir, würde sich ja irgendwann so etwas wie Zuneigung entwickeln.

Innerhalb einer Woche waren wir verlobt. Mein Verlobter reiste nach Saveh zurück. Wir beschlossen, die Verlobung geheim zu halten, um Wahids Familie nicht noch mehr zu provozieren.

Ich wäre gern wieder zur Schule gegangen, trotz all der Gerüchte, die dort umgingen. Der Unterricht hätte mir geholfen, an irgendetwas anderes zu denken als an meine bevorstehende Ehe mit Nasser Vaziri. Doch leider war ich an dieses Haus gefesselt.

„Flor, was ist denn los?", sprach Maman mich an. „Du sitzt hier, als würdest du Trauer tragen. Freust du dich denn gar nicht?"

„Maman, ich liebe ihn nicht."

Meine Mutter nickte langsam. „Es ist nicht so, wie du dir es erträumt hast. Das verstehe ich. Aber glaube mir, man muss nicht verliebt sein, um eine gute Ehe zu führen. Du wirst sehen, wenn du erst einmal verheiratet bist –"

„Aber ich will ihn nicht heiraten!", entfuhr es mir.

„Flor!" Maman war entsetzt. Ich konnte es ihr ansehen. „Hör auf, so zu reden. Es war deine Entscheidung! Du hast Ja gesagt. Weder dein Vater noch ich haben dich dazu gezwungen."

„Aber –"

„Kein Aber! Was mit Wahid geschehen ist, ist schlimm genug. Ich weiß, du kannst nichts dafür, dass er so dumm war, sich in den Bauch zu schießen, aber jetzt befindest du dich in einer ganz anderen Situation. Du musst zu deinem Wort stehen! Wenn du jetzt dein Versprechen brichst, ist dein Ruf ruiniert. Man wird dich für psychisch krank halten, Flor. Willst du das?"

Ich schüttelte den Kopf. „Nein", sagte ich leise. Aber in Wirklichkeit war ich schon krank. Mein Leben war überrollt worden von Ereignissen, auf die ich keinen Einfluss hatte. Nichts hatte mich darauf vorbereitet. Meine Seele suchte verzweifelt nach einem Halt und griff doch immer wieder ins Leere. So blieb mir nichts anderes übrig, als mich immer mehr in mich selbst zurückzuziehen und zu hoffen, dass die rauen Wogen des Unglücks über mich hinwegspülen und irgendwann verebben würden.

Nasser Vaziri und ich heirateten in Saveh. Wir hatten Angst vor Wahids Familie und wollten bis zum Schluss kein Risiko eingehen. Ich trug ein Brautkleid und einen Schleier. Aber vor allem trug ich eine tiefe Leere in mir.

Ich empfand nicht viel, nur eine vage Furcht, als der Mullah aus dem Koran las und die rituellen Worte auf Arabisch sprach, in denen er bezeugte, dass er die Vollmacht hatte, die Ehe zu schließen. Dann nannte er auch die Höhe der sogenannten Morgengabe, die in meinem Falle 100 000 Toman betrug.[14] Nach islamischem Recht

---

14 Das entsprach ungefähr einem Wert von 45 000 DM. Unter Einberechnung des Kaufkraftverlustes entspricht das heute grob geschätzt einer Summe von ca. 47 000 Euro.

sollte dieses Geld im Falle einer Scheidung an mich ausgezahlt werden.

Nun war ich offiziell verheiratet. Dennoch vollzogen wir die Ehe noch nicht. Ich reiste als Jungfrau gemeinsam mit meiner Familie nach Teheran zurück, wo ich ein paar Wochen blieb, damit meine Mutter Zeit hatte, meine Mitgift vorzubereiten.

Zurück in der Enge der Flüchtlingsunterkunft verspürte ich Reue und eine tiefe Traurigkeit. Ich wusste, dass ich einen Fehler begangen hatte, aber es gab kein Zurück.

Ich wurde später, als ich aus meiner Heimat geflohen war, oft gefragt, ob ich denn als junges Mädchen zwangsverheiratet worden sei. Und ich antwortete stets wahrheitsgemäß: „Nein, ich wurde nicht zwangsverheiratet. Aber ich hatte keine andere Wahl!"

Schließlich war es so weit. Ich zog zu meinem Mann nach Saveh, einer alten, traditionsreichen Stadt, die früher unter dem Namen Saba[15] bekannt gewesen war. Marco Polo war einst auf seinen Reisen hier vorbeigekommen und hatte das Grabmal der sogenannten heiligen drei Könige besucht, die angeblich von dieser Stadt aus zum Stall nach Bethlehem aufgebrochen waren.

Saveh war eine fromme, streng schiitische Stadt. Ich war sehr erschrocken, als ich feststellte, dass die Wohnung meines Mannes nicht in der Stadt selbst lag, sondern weit außerhalb. Die Gegend um Saveh war eine staatlich geförderte Wirtschaftsregion, weshalb die Firma meines Mannes dort mitten in der Wüste ein Haus für die höheren Angestellten hatte bauen lassen. Insgesamt gab es 16 Wohneinheiten für Ingenieure und leitende Mitarbeiter der Firma.

---

15 Saveh hat nichts mit dem antiken Königreich Saba zu tun. Dieses Reich, aus dem die berühmte Königin von Saba bis nach Jerusalem reiste, um den weisen König Salomo kennenzulernen, lag vermutlich im heutigen Jemen.

Der Anblick, der sich mir dort bot, war an Trostlosigkeit kaum zu überbieten. Im Umkreis von zehn Kilometern gab es nichts als Sand. Ich hatte versucht, dem Gefängnis der Flüchtlingsunterkunft zu entfliehen, und nun war ich wieder in einem Gefängnis gelandet. Wieder war ich an eine Wohnung gebunden, die ich nicht allein verlassen konnte. Der große Unterschied war allerdings, dass ich hier nicht einmal meine Familie bei mir hatte.

Als ich ankam, hörte ich wütende Stimmen auf dem Flur: „Kurden und Sunniten raus!"

Es war ein Schock. Mitten in der Wüste, fern meiner Familie mit einem Mann, den ich nicht liebte, ja nicht einmal richtig kannte. Und nun diese Feindschaft!

Als mein Mann abends von der Arbeit nach Hause kam, erzählte ich ihm davon.

Er lächelte milde. „So etwas sollen meine Nachbarn gerufen haben? Das glaube ich nicht."

„Doch", erwiderte ich. „Die hassen mich!"

„Das bildest du dir nur ein."

„Nein, das tue ich nicht. Ich weiß, wie das ist, glaube mir. Woher wissen sie überhaupt, dass ich kurdischer Abstammung bin?"

Er zuckte die Achseln. „Ich habe keine Ahnung. Natürlich waren ein paar Freunde bei unserer Hochzeit dabei. Vielleicht haben sie es weitererzählt. Es ist ja kein Geheimnis. Aber wie unsere Nachbarn davon erfahren haben sollen, weiß ich nicht."

Wie sich später herausstellte, gab es eine sehr konservative Muslima im Haus, die es sich offenbar zur Aufgabe gemacht hatte, die anderen Mitbewohner gegen mich aufzuhetzen.

Im Grunde war mir diese Situation vertraut. Egal, wo ich im Iran gelebt hatte – immer war ich eine Fremde gewesen. Offenbar besitzen viele Menschen die besondere Gabe, das Fremde in anderen

Menschen zu sehen. Aber so schlimm wie in diesem Haus in der Wüste war es noch nie gewesen.

Der Vollzug der Ehe brachte keine größere Nähe zwischen mir und meinem Mann. Ich blieb einsam, auch wenn er zu Hause war. Das allerdings war ohnehin die meiste Zeit nicht der Fall. Er verließ morgens das Haus und kam erst spätabends wieder. In der Zwischenzeit hockte ich allein in der Wohnung und starrte die Wände an. Ich hatte kein Telefon und kein Fernsehen. Ich war allein mit meiner Verzweiflung und meiner Einsamkeit. Und in diesen einsamen Stunden fragte ich Allah: „Was habe ich getan? Ich bin doch erst sechzehn Jahre alt, mein Leben hat noch gar nicht richtig angefangen. Wofür bestrafst du mich? Was habe ich Böses getan? Zeige es mir! Zeige mir, was ich getan habe, damit ich Buße tun kann." Ich betete viel und weinte noch mehr. Oft konnte ich nachts nicht schlafen. Dann stand ich auf und richtete meine Gebete an Allah.

Wenn ich aus dem Fenster starrte und die leblose Wüste um mich herum sah, dann schien sie mir manchmal ein Spiegelbild meines eigenen Lebens zu sein. Da war nichts dort draußen, kein Grün, keine Hoffnung, nur der Wind, der tobte und heulte und mir Angst machte.

Drei Monate lebte ich so mit meinem Mann zusammen. Und es zeigte sich immer deutlicher, dass diese Ehe absurd war. Er verstand mich nicht und ich verstand ihn nicht. Es gab kein gemeinsames Leben, nur Enttäuschung, die auf der einen Seite zu Angst und auf der anderen zu Frustration führte.

Er wusste, dass ich nachts in diesem einsamen Haus Angst hatte, und er machte sich einen Spaß daraus, mich zu erschrecken. Vermutlich ahnte er nicht, wie groß meine Furcht tatsächlich war. Woher sollte er auch wissen, wie ein weiblicher Teenager empfindet?

In jedem Fall trugen seine groben Scherze nicht dazu bei, dass ich mich besser fühlte.

Irgendwann fing Nasser Vaziri an, mich zu schlagen. Er hatte sich diese Ehe anders vorgestellt, und das Bild, das er sich von mir gemacht hatte, erwies sich mehr und mehr als Trugbild. Immer deutlicher trat zutage, dass wir aus völlig unterschiedlichen familiären Hintergründen kamen. Meine Mutter war eine sehr starke, emanzipierte Person. Mit diesem Frauenbild und der Vorstellung von einer gleichberechtigten Partnerschaft war ich groß geworden. In seiner Familie hatte Nasser Vaziri Frauen jedoch nie als gleichberechtigtes Gegenüber kennengelernt. Sie hatten sich in jeder Hinsicht unterzuordnen. Ihre eigentliche Aufgabe bestand darin, ihrem Mann Befriedigung zu verschaffen und ihm Söhne zu schenken. Aus meiner Sicht unterschieden sie sich damit nur marginal von modernen Sklavinnen.

Ich hatte schreckliches Heimweh und bat ihn, meine Familie besuchen zu dürfen. Doch er wollte das nicht. Ich sagte ihm, dass es mir schlecht gehe. Ich musste mich selbst demütigen, bitten und betteln. Aber schließlich ließ er sich erweichen und wir fuhren nach Teheran.

Als ich in die Arme meiner Mutter floh, flüsterte ich ihr zu: „Maman, er bringt mich um! Du darfst mich nicht zurückschicken."

Meine Mutter zog mich in einen Nebenraum. „Flor, was tust du uns an? Wahid ist wieder im Krankenhaus. Ihm geht es sehr schlecht. Wir rechnen jede Sekunde damit, dass er stirbt. Und jetzt willst du dich von deinem Ehemann scheiden lassen?!"

„Ich kann nicht zurück ..."

„Flor, sieh dir unsere Situation an. Wir haben alles verloren. Wir sind arm. Wir sind Niemande. Du kannst nicht noch diese Schande über uns bringen! Du bist doch unser klügstes Kind."

„Maman", schluchzte ich, „ich weiß, dass ich Fehler gemacht habe. Aber er ist nicht der Richtige. Ich wollte doch nur raus hier. Aber jetzt bin ich wieder gefangen, genauso wie zuvor. Nein, noch viel schlimmer, denn dort bin ich ganz allein. Er ist furchtbar zu mir. Mir geht es schlecht. Ich muss mich ständig übergeben. Ich kann gar nichts essen. Wenn ich Essen nur rieche, wird mir übel."

Meine Mutter legte mir die Hände auf die Schultern und sah mich an. „Dir ist schlecht, sagst du?"

Ich nickte schluchzend.

Ich glaube, meine Mutter ahnte schon, was das zu bedeuten hatte. Noch am selben Tag brachte sie mich ins Krankenhaus – ich war im zweiten Monat schwanger.

Das war angesichts meiner Situation ein Schock. Ich war völlig überfordert. Ich dachte nur: *Ich kann das nicht! Ich kann dieses Kind nicht zur Welt bringen.*

In meiner Verzweiflung wandte ich mich erneut an meine Mutter: „Maman, ich brauche Geld."

Sie sah mich stirnrunzelnd an. „Wofür?"

„Für das Krankenhaus." Ich senkte den Blick. „Ich kann dieses Kind nicht zur Welt bringen."

„Flor, sieh mich an", sagte Maman sanft, aber bestimmt. „Du weißt, was das Gesetz dazu sagt.[16] Du würdest damit die gesamte Familie in Gefahr bringen."

„Ja, ich weiß. Aber ich kann nicht –"

„Hör mir zu, Flor. Es geht nicht nur um die Gesetze und die

---

16 Abtreibung ist im Iran strengstens verboten. Nach der Revolution war ein Kinderboom politisch gewollt und wurde durch Subventionen unterstützt. Sieben bis acht Kinder pro Familie waren fast normal. Nicht zuletzt dadurch ist das Durchschnittsalter im Iran heute sehr niedrig. Zwei Drittel der Iraner sind unter 40 Jahren und mehr als die Hälfte ist unter 30.

Gefahr für die Familie. Was hat dir das Kind getan? Es ist unschuldig."

„Maman, sieh dich doch mal um!?", entgegnete ich verzweifelt. „Schau dir diese furchtbare Situation an! Haben wir eine Zukunft? Es ist Krieg! Wir könnten jeden Tag sterben. Soll ich in dieser Situation ein Kind in die Welt setzen?"

„Es tut mir leid, Flor. Ich werde dir nicht helfen, das Kind abzutreiben. Aber ich werde alles dafür tun, dass du hierbleiben kannst."

Heute bin ich meiner Mutter unendlich dankbar, dass sie so hartnäckig blieb. Aber damals war ich verzweifelt.

Ich war schwanger, und nun war ich wieder zurück an jenem Ort, dem ich doch eigentlich hatte entfliehen wollen.

In den Augen der Nachbarn trug ich die Schuld daran, dass Wahid mit furchtbaren Schmerzen um sein Leben rang. Vielleicht hatten sie ja recht? Vielleicht war das nun die Strafe Gottes für mein Fehlverhalten? Doch wenn das der Fall war, warum fühlte es sich dann so ungerecht an?

Als Nasser Vaziri erfuhr, dass ich nicht mit ihm zurückkehren wollte, wurde er sehr zornig. Er war kurz davor, Gewalt anzuwenden.

Aber Maman griff ein. „Lass sie. Flor ist schwanger. Ihr geht es schlecht." Meine Mutter zog alle Register: „Du musst wissen, wir Frauen sind unausstehlich, wenn wir schwanger sind. Du würdest keine Freude an ihr haben. Lass sie lieber hier. Wenn das Baby da ist, kannst du sie wieder mit zu dir nach Hause nehmen."

Schließlich ließ er sich überreden und fuhr ohne mich ab. Allerdings ließ er auch keinen einzigen Rial da, um mich zu unterstützen.

Sahar

Anfangs war ich erleichtert, als mein Mann fort war und ich wieder bei meiner Familie sein konnte. Doch dieses Gefühl der Erleichterung währte nicht lange.

Schon bald holte mich die Erkenntnis ein, wie ausweglos mein Leben doch war. Ich war wieder hier, an jenem Ort der Trostlosigkeit, dem ich doch unbedingt hatte entfliehen wollen. Doch mein Fluchtweg hatte sich als katastrophaler Fehlgriff erwiesen und nun war ich ein weiteres Mal eine Gefangene. Ein Fluch schien auf meinem Leben zu lasten.

Dieselben vier Wände starrten mich an. Es war wie ein Albtraum. *Hast du ernsthaft gehofft, du könntest hier rauskommen?*, fragte eine höhnische Stimme in mir. *Du wirst hierbleiben, hier in diesen Räumen, bis Wahid stirbt und man dir eine Kugel in den Kopf jagt. Und wenn du nicht erschossen wirst, dann wird dich irgendeine Krankheit dahinraffen. Hier kommst du nie wieder raus!*

Die Trostlosigkeit jenes Ortes brannte sich so tief in meine Seele ein, dass sie mich auch Jahrzehnte später, als ich längst in Europa lebte, in meinen Albträumen heimsuchte. Dann saß ich wieder eingesperrt in diesem Zimmer. Und alles fühlte sich so wirklich an.

Ich war mir bewusst, dass ich eigentlich viel älter war, als Pastorin eine Gemeinde leitete und eine erwachsene Tochter hatte. Aber in diesen Träumen kam es mir so vor, als wäre all das nie geschehen. Interessanterweise ging es auch meinen Schwestern, die jetzt in Skandinavien leben, ganz ähnlich. Dieser Hof in Teheran war uns viele Jahrzehnte lang auf unheimliche Weise präsent. Wir alle dachten: *Hier werden wir sterben.*[17]

Ich weiß nicht, warum Gott zuließ, dass sie mich so lange verfolgten. Vielleicht, weil sie mir auf diese Weise sehr eindrücklich vor Augen malten, welchen ungeheuren Segen ich erfahren durfte und wie gut es tut, hinauszugehen und etwas für die Menschen tun zu können.

Zurück in der Flüchtlingsunterkunft war ich wieder vollkommen abhängig von der Unterstützung durch meine Familie. Wir lebten noch immer hauptsächlich von dem, was wir aus Mahabad herausgeschmuggelt hatten. Dabei mussten wir übermäßig viel für Lebensmittel ausgeben, denn meine Mutter war auch nach all den Monaten noch immer eine lausige Köchin. Wenn sie es versuchte, kochte sie meist viel zu viel, und das Ergebnis war kaum genießbar. Wir mussten das meiste davon wegschmeißen. Angesichts unserer knappen Ressourcen war dies eine Katastrophe. Als Alternative blieb nur der nächste Imbiss, was jedoch auf Dauer zu teuer war. Also beschloss ich, selbst kochen zu lernen. Schlimmer konnte es eigentlich nicht werden.

Meine Mutter überließ mir diese Aufgabe gern und auch der Rest der Familie signalisierte dankbare Zustimmung. Anfangs waren die Gerichte, die ich fabrizierte, nicht viel besser als das, was meine Mutter zustande brachte. Aber nach und nach lernte ich, wie

---

17 Inzwischen hat sich allerdings etwas geändert. Als ich spürte, wie sehr mich dieser Ort noch verfolgte, bat ich Gott, mir die Träume zu nehmen. Ich bin sehr dankbar, dass sie inzwischen fast gar nicht mehr auftreten.

man auch mit spärlichen Zutaten durch kleine Variationen etwas Leckeres zubereiten konnte.

Auf diese Weise hatte ich etwas Sinnvolles zu tun und konnte meine Familie ein wenig entlasten.

Mit voranschreitender Schwangerschaft fiel mir das Kochen allerdings zunehmend schwerer, zumal meine Ansprüche an Sauberkeit und Ordnung nicht unbedingt dem der restlichen Familie entsprachen. Insofern verbrachte ich viel Zeit mit Putzen und der Jagd nach Ungeziefer.

Meine Mutter hörte auch in dieser Phase ihres Lebens nicht auf, anderen zu helfen. Obwohl wir selbst arm waren, brachte sie immer wieder Menschen mit nach Hause, denen es noch schlechter ging. Einmal brachte sie eine Frau mit, die sie vor dem Krankenhaus aufgegabelt hatte. Diese hatte nicht mehr genug Geld gehabt, um nach Hause zu kommen. Die Frau übernachtete bei uns, und am nächsten Tag zog sie mit genug Geld für eine Fahrkarte, Proviant und einem Packen voller Kleidung, für die Maman unseren spärlichen Kleiderschrank geplündert hatte, wieder los.

Zweimal besuchte mich mein Mann während der Schwangerschaft. Er wollte mich dazu bewegen, wieder mit ihm nach Saveh zu ziehen. Seine Werbungsversuche endeten jedoch beide Male damit, dass er mich schlug. Das zweite Mal war ich bereits im sechsten Monat und es wäre beinahe zu einer Fehlgeburt gekommen. Ich bin Gott sehr dankbar, dass er das Kind in meinem Bauch bewahrte.

Die meiste Zeit über hatten wir jedoch keinerlei Kontakt. Ich versuchte, mich auf das Leben als Mutter einzustellen. Aber Angst und Sorgen nagten an mir. Was hatte ich meinem Kind schon zu bieten? Ein Leben hier, in diesem Gefängnis? Und wie würde mein Mann reagieren, wenn das Baby da wäre? Würde er darauf bestehen, uns sofort zurückzuholen?

Im Hof wurde über mich getuschelt. Ich brachte, daran bestand kein Zweifel, meiner Familie Schande.

Als die Entbindung kurz bevorstand, erfuhr Nasser Vaziri davon. Eine Tante, die ebenfalls im Hof wohnte, hatte ihm erzählt, dass es so weit sei. Sie war nicht böse, aber ausgesprochen schwatzhaft – eine perfekte Informationsquelle für meinen Mann.

Nachdem Maman mich ins Krankenhaus gebracht hatte, tauchte plötzlich Nasser Vaziri dort auf. Er konnte kaum erwarten, dass sein Erstgeborener das Licht der Welt erblickte. Sein Sohn – für ihn bestand kein Zweifel daran, dass ich einen Jungen zur Welt bringen würde – sollte den Namen seines verstorbenen Onkels tragen: Mujahid. Der jüngere Bruder meines Mannes war von der islamischen Regierung hingerichtet worden und in meinem Sohn sollte zumindest sein Name weiterleben.

Doch mein Mann wurde enttäuscht: Ich gebar eine Tochter.

Als er am Abend erneut ins Krankenhaus kam, waren ihm seine Frustration und die Enttäuschung anzusehen. Er zeigte keinerlei Interesse daran, seine Tochter zu sehen.

Dann sagte ich irgendetwas, das seinen Zorn hervorrief. Er packte mich, um mich aus dem Bett zu ziehen. Ich schrie, und er fing an, auf mich einzuschlagen.

„Lassen Sie sofort die Frau in Ruhe oder ich rufe die Polizei!" Erleichtert bemerkte ich die resolute Krankenschwester, die plötzlich im Zimmer stand.

Nasser Vaziri fuhr herum und verließ abrupt das Krankenhaus.

„Alles in Ordnung?", fragte die Schwester mich.

„Ja." Ich wischte mir hastig die Tränen aus dem Gesicht. „Ich würde gern meine Tochter sehen." Mit ihr kam etwas Sonne in mein Leben. Ich hatte jemanden, der mich brauchte und dem ich Gutes tun konnte. Das war wunderbar.

Ein oder zwei Tage später konnte ich das Krankenhaus verlassen. Es war ein seltsames Gefühl, das kleine Wesen mit an diesen schrecklichen Ort zu nehmen. Heimlich schlichen wir uns in unser Zimmer.

Ich liebte meine Tochter aufrichtig und ich spürte auch ihre bedürftige Liebe zu mir. Doch gleichzeitig fühlte ich mich auch als Versagerin. Was hatte ich ihr schon zu bieten? Ein Leben in einem Gefängnis? Meine Sorgen wurden nicht geringer, denn nun hatte ich nicht nur Angst um mich selber, sondern auch noch Angst um sie.

Ein paar Tage später tauchte Nasser Vaziri wieder auf. Da er nach iranischem Gesetz das alleinige Sorgerecht hatte, musste er die Geburtsurkunde für meine Tochter beantragen.

Dieses Mal zeigte er sich freundlicher. Er hatte wohl ein paar Tage gebraucht, um sich daran zu gewöhnen, dass sein erstes Kind eine Tochter war.

Mein Mann hielt die Kleine mit beiden Händen so, dass sie auf seinem Schoß saß. Das war keine besonders optimale Haltung für eine Neugeborene, aber die Kleine schlummerte fest, und so sagte ich nichts. Dann eröffnete er mir, dass er beschlossen habe, unsere Tochter nach seiner Exfreundin Maneli zu nennen.

Ich starrte ihn an, als habe er den Verstand verloren. „Das ist nicht dein Ernst?!"

Verblüfft hob er die Brauen. „Selbstverständlich ist das mein Ernst."

„Du wirst meine Tochter nicht nach deiner Exfreundin benennen! Ihr Name ist Sahar!"

Zorn blitzte in seinen Augen auf. „Das hast du nicht zu entscheiden!"

„Sie ist genauso meine Tochter, wie sie deine ist!", erwiderte ich trotzig.

Er sprang wütend auf. Die Kleine fing an zu weinen.

„Pass doch auf!", rief ich erschrocken. „Du tust ihr weh!"

„Wenn du alles besser weißt, nimm du sie doch!", brüllte er. Und mit diesen Worten warf er das kleine wimmernde Bündel in die Luft.

Ich glaube, noch nie in meinem Leben, weder davor noch danach, habe ich mich so schnell bewegt. Irgendwie gelang es mir, meine Tochter aufzufangen. Ich presste die Kleine an mich.

„Was ist los?" Meine Mutter kam hinzu.

Nasser Vaziri stürmte wutschnaubend an ihr vorbei.

Unter Tränen berichtete ich Maman, was geschehen war. Sie nickte nur und ging hinaus zu meinem Mann. Sie redete lange mit ihm. Später erzählte sie mir, was sie besprochen hatten.

Offenbar hegte mein Mann immer noch den Wunsch, mich zurückzugewinnen. Meiner Mutter gelang es, ihm zu verdeutlichen, dass seine Vorgehensweise nicht besonders Erfolg versprechend war. „Wenn du Flor wirklich zurückhaben möchtest, solltest du versuchen, zumindest etwas zu tun, das ihr gefällt", erklärte sie.

Und tatsächlich ließ sich Nasser Vaziri darauf ein. Meine Tochter bekam den Namen, den ich ausgesucht hatte: Sahar.

Als mein Mann nach Saveh zurückfuhr, blieb sie bei mir. Doch da mein Mann ihre Geburtsurkunde mitgenommen hatte, konnten wir keine Lebensmittelkarte beantragen, und finanzielle Unterstützung erhielten wir auch nicht. Vielleicht war das seine Rache, vielleicht machte er sich aber auch einfach keine Gedanken darüber, wie es uns ergehen würde.

Doch damit konnte ich leben.

Irgendwann sah er ein, dass er mich nicht zurückgewinnen konnte, und er willigte in die Scheidung ein. Damals hatte er schon eine Beziehung zu einer zweiten Frau, die er dann kurz nach der

Scheidung heiratete. Ich wusste jedoch nichts davon. Es wäre mir auch gleichgültig gewesen. Ich hoffte nur, er würde uns einfach vergessen und irgendwann ganz aus unserem Leben verschwinden. Da ahnte ich noch nicht, wie sehr ich mich täuschen sollte.

Doch zunächst ging das Leben weiter wie gehabt. Ich blieb eine Gefangene, beschränkt auf die wenigen Quadratmeter, die uns als Flüchtlinge zur Verfügung standen.

Von den 100 000 Toman Morgengabe, die urkundlich festgesetzt waren und mich im Falle einer Scheidung versorgen sollten, sah ich keinen einzigen Rial. Abgesehen davon, dass mein Exmann gar nicht so viel Geld gehabt hätte, war ich es gewesen, die sich getrennt und die Scheidung gewünscht hatte. Damit hatte ich nach Ansicht meines Mannes mein Recht auf Unterstützung verwirkt.

Ich versuchte gar nicht, darum zu kämpfen. Aber dass er keinerlei Unterstützung für seine Tochter zahlte, war hart. Doch auch hier schwieg ich, aus Angst, dass er sonst fordern würde, Sahar solle bei ihm leben.

Der Krieg gegen den Irak ging mit unvermittelter Härte weiter. In den Grenzgebieten wurde erbittert gekämpft. Kermanschah, die Heimatstadt meiner geliebten Großmutter, in der ich so viele glückliche Ferienwochen verbracht hatte, lag dicht an der irakischen Grenze und damit im Frontgebiet. Sie war schwer verwüstet worden. Oma Anne hatte fliehen müssen und lebte nun ebenfalls bei uns in der Flüchtlingsunterkunft. Allerdings hatte sie ein eigenes kleines Zimmer bekommen, in dem ich sie oft besuchte. Ich war froh, sie bei mir zu haben. Wir verbrachten viel Zeit miteinander. Aber ich spürte auch, dass es ihr gesundheitlich nicht gut ging, und das machte mir Sorgen.

Als Sahar anderthalb Jahre alt war, geschah etwas, mit dem ich nicht mehr gerechnet hatte. Wahid wurde endgültig aus dem

Krankenhaus entlassen. Er hatte seinen Suizidversuch tatsächlich überlebt und war vollständig genesen. Und dann tat er etwas, wofür ich sehr dankbar bin. Er sprach mich frei.

Natürlich wusste er, dass ich inzwischen geheiratet hatte und Mutter geworden war. Und er hatte offenbar viel Zeit gehabt nachzudenken. In jedem Fall verkündete er seinem Bruder und allen anderen selbsternannten Rächern: „Flor hat nichts Böses getan. Sie wollte mich von Anfang an nicht heiraten. Dieser Schuss in den Bauch war meine eigene Dummheit. Wenn jemand Flor etwas antut, bekommt er es mit mir zu tun."

Nun endlich war ich keine Gefangene mehr. Ich konnte dieses schreckliche Haus verlassen und mit meinem Kind spazieren gehen.

Obwohl ich verstandesmäßig wusste, dass die akute Gefahr vorüber war, ließ mich die Angst nicht los. Zu tief hatte sich mir das Gefühl eingeprägt, verfolgt zu werden. Instinktiv rechnete ich noch immer damit, dass mir jemand eine Kugel in den Rücken jagen würde, sobald ich die Straße betrat.

Als Sahar zwei Jahre alt war, hatte ich sie abgestillt. Aus meinem Baby war ein aufgewecktes Kleinkind geworden. Leider konnte Oma diese spannende Entwicklungszeit ihrer Urenkelin kaum genießen. Sie wurde krank, und als es Winter wurde, musste sie ins Krankenhaus. Wir machten uns große Sorgen. Zum Jahresende hin ging es ihr immer schlechter. Und dann, kurz vor Neujahr, erlitt sie einen Schlaganfall und verstarb. Statt zu feiern, trauerten wir.

Ausgerechnet an diesem Tag kam mein Exmann zu Besuch. Er tauchte auf, als wir uns gerade bereit machten, zum Friedhof zu fahren.

Nun zeigte er sich von einer anderen Seite. Er war freundlich, und da wir nicht länger verheiratet waren, erhob er auch keine

Ansprüche auf mich. Es gelang ihm sogar recht gut, eine gewisse Vertrautheit mit Sahar herzustellen. Er erzählte Maman, dass er inzwischen wieder verheiratet sei. Mir begegnete er sehr freundlich und sogar mitfühlend.

Er sah, wie aufgelöst ich war. Ich hatte meine Oma sehr geliebt und war unendlich traurig. Er nahm Sahar an der Hand und sagte: „Ich komme mit zum Friedhof. Und wenn du damit einverstanden bist, werde ich mich während der Beerdigung um unsere Tochter kümmern. Ich sehe doch, wie schlecht es dir geht."

Ich warf einen Blick auf Sahar. Sie schien sich in seiner Nähe nicht unwohl zu fühlen. „Gut." Ich nickte. „Danke für deine Hilfe."

Der Gang zum Friedhof fiel mir unendlich schwer. Ich konnte mir einfach nicht vorstellen, nie wieder Omas Stimme zu hören oder ihren Blick auf mir zu spüren. Immer wenn ein Lächeln auf ihre Lippen getreten war, hatte ihr Gesicht geleuchtet.

Meinen Vater hatte ich bewundert. An der zupackenden, etwas raubeinigen Art meiner Mutter hatte ich mich lange Zeit gerieben, bis ich sie zu achten gelernt hatte. Doch warmherzige Liebe, wie jedes Kind sie braucht, hatte ich bei Anne gespürt, meiner geliebten Großmutter.

Es war kaum zu ertragen, dass diese Liebe einfach erloschen sein sollte, so wie eine Kerze erlischt. Mit tränennassen Augen folgte ich den Männern, die das in helle Tücher gewickelte Bündel trugen, das vor Kurzem noch meine Großmutter gewesen war.

Als wir vom Friedhof zurückkamen, war ich erschöpft und noch immer unendlich traurig. Ich empfand Dankbarkeit, dass Nasser Vaziri sich um Sahar gekümmert hatte.

Auch jetzt erschien er mir noch überraschend fürsorglich. „Flor, ich sehe doch, wie traurig du bist. Gönn dir noch etwas Zeit. Sahar und ich haben uns prima verstanden. Ich kümmere mich eine

Woche lang um unsere Tochter, dann bringe ich sie dir zurück. Was hältst du davon?"

Ich warf einen Blick auf Sahar. Sie spielte unbekümmert zu den Füßen ihres Vaters. Die Vorstellung, sie eine Zeit lang nicht zu sehen, versetzte mir einen Stich. Auf der anderen Seite war ich voller Trauer und glaubte, noch eine heilige Pflicht vor mir zu haben. Nach meiner damaligen Überzeugung war ein kleiner Teil der Seele meiner Großmutter an den Kleidern, die sie getragen hatte, haften geblieben. Daher wollte ich unbedingt all ihre Sachen im Hof mit kaltem Wasser waschen und zum Trocknen aufhängen, damit ihre Seele gehen konnte. Als fromme Muslima wollte ich diese Pflicht übernehmen. Es würde mir schwerfallen, mich in dieser Zeit um Sahar zu kümmern. Also stimmte ich schweren Herzens zu.

Eine Woche lang nahm ich Abschied von Anne und erfüllte alle meine religiösen Pflichten.

Doch ich vermisste Sahar schmerzlich und konnte kaum erwarten, sie wiederzusehen. Der Tag, an dem ich sie wieder in meine Arme schließen wollte, verging, aber Nasser Vaziri tauchte nicht auf.

„Maman, er hat mir Sahar nicht zurückgebracht!"

Meine Mutter ergriff sofort die Initiative. „Was erlaubt sich dieser Mann eigentlich? Ich rufe da sofort an und kläre das!"

Sie ging zu dem kleinen Laden, von dem aus wir Telefonate führen konnten. Als sie zurückkam, war ihr Gesicht eine Spur blasser. „Flor, er hat gekündigt!"

„Was?", stammelte ich.

„Die Leute in seiner Firma haben keine Ahnung, wo er jetzt lebt und arbeitet."

Sofort schossen mir die Tränen in die Augen. Ich war wie erstarrt und vollkommen handlungsunfähig.

„Ich regele das!", sagte Maman knapp. Einen Tag später fuhr sie nach Saveh und zog Erkundigungen ein. Da seine dortige Wohnung seinem bisherigen Arbeitgeber gehört hatte, war er inzwischen ausgezogen. Niemand konnte ihr sagen, wohin Nasser Vaziri gegangen war. Niemand hatte meine Tochter gesehen. Meine Mutter kam mit leeren Händen zurück und sagte: „Flor, ich habe ihn nicht gefunden."

Es war, als würde sich der Boden unter meinen Füßen auftun und mich verschlingen. Ich hatte das Gefühl, als würden Dunkelheit und Kälte mich umschlingen und das letzte bisschen Leben aus mir herauspressen. Sahar war meine einzige Freude im Leben und nun war sie fort.

Ich weiß nicht, wie viele Tränen ich vergoss, wie viele Nächte ich wach lag und keinen Schlaf finden konnte. Immer wieder sah ich ihr kleines Gesicht vor meinem inneren Auge, sah ihre schönen dunklen Augen, die vollen Wangen und das kindliche Lächeln. Ich war verzweifelt. Anders als in Deutschland gab es in meiner Heimat keine Behörde, an die ich mich hätte wenden können. Iran befand sich im Krieg. Die Zeiten waren chaotisch. Nasser Vaziri hatte alle Papiere, Sahar war seine leibliche Tochter. Niemand würde infrage stellen, dass sie vollkommen legitim bei ihm lebte.

Ich taumelte wie eine lebende Tote durch den Tag. Immer wieder nahm ich die Kleider meiner Tochter zur Hand, drückte sie an mich, sog ihren Duft ein und brach in Tränen aus.

Monate zogen ins Land und ich wurde schwer depressiv. Ich war nicht länger in der Lage, irgendetwas zu tun, und aß kaum noch etwas.

Nach sechs Monaten, die mir vorkamen wie ein halbes Leben, hielt meine Mutter es nicht mehr aus. Sie fuhr erneut nach Saveh und begann, Nachforschungen anzustellen. Dabei erfuhr sie zumindest, dass Nasser Vaziri in eine andere, noch größere Stadt umgezogen war. Ihre Aussichten auf Erfolg waren minimal. Doch Maman blieb hartnäckig. Tagelang klapperte sie die Firmen ab und suchte nach meinem Exmann. Sie sprach sogar Leute auf der Straße an.

Offenbar wurde sie dabei beobachtet, denn irgendwann sprach eine Frau sie an: „Mutter, wonach suchen Sie?"[18]

Und Maman erzählte ihre Geschichte. „Mein Schwiegersohn hat meine Enkelin entführt. Seit einem halben Jahr schon ist sie verschwunden. Und meine Tochter ist so unglücklich, dass ich Sorge habe, sie stirbt."

Ein entschlossener Ausdruck trat in das Gesicht der Frau. „Ich helfe Ihnen! Kommen Sie mit!" Sie nahm meine Mutter mit nach Hause und setzte ihre Ankündigung sofort in die Tat um. Ich glaube, da hatten sich zwei verwandte Seelen gefunden. Beide Frauen hatten die gleiche selbstbewusste und zupackende Art.

Der Mann dieser wunderbaren Frau war ebenfalls Ingenieur. Über ihn hatte sie viele Kontakte und konnte in Erfahrung bringen, in welchen Unternehmen Nasser Vaziri möglicherweise eine Anstellung gefunden hatte. Stundenlang telefonierte die Frau und dann wurde sie tatsächlich fündig.

Nachdem sie erst einmal herausgefunden hatte, wo Nasser Vaziri arbeitete, war es nicht mehr schwierig, an seine Privatadresse zu kommen. Jedem Datenschutzbeauftragten in Deutschland würden vermutlich die Haare zu Berge stehen, aber in meiner Heimat hatte man ein sehr entspanntes Verhältnis zum Thema Datenschutz, wofür ich in diesem Fall überaus dankbar war.

---

18 Korrekterweise müsste hier eigentlich „Ihr" stehen, denn fremde und ältere Menschen werden im Iran grundsätzlich mit „Ihr" angesprochen. Da die Verwendung der Höflichkeitsanrede „Ihr" in Deutschland jedoch seit über 200 Jahren nicht mehr in Mode ist, verwende ich der besseren Lesbarkeit wegen das deutsche „Sie".

Meine Mutter fuhr mit ihrer Verbündeten sofort zu meinem Mann nach Hause. Als sie klingelte, öffnete die neue Frau meines Mannes die Tür.

„Ja? Was wollen Sie?"

Meine Mutter sah an ihr vorbei und entdeckte Sahar, die auf den nackten Fliesen des Flurs lag und schlief.

Da stieg eine unbändige Wut in Maman auf: „Was bist du nur für eine Frau?", schrie sie. „Würdest du mit deinem eigenen Kind so umgehen?!"

„Wer sind Sie überhaupt?", erwiderte die Frau verdattert.

„Ich bin die Oma!", fauchte Maman. Dann schob sie die Frau einfach beiseite, ging ins Haus und kam mit Sahar auf den Armen wieder heraus.

Die Frau brauchte nicht lange, um sich zu fangen. Sie rief sofort meinen Exmann an, dessen Firma ganz in der Nähe lag.

Meine Mutter und ihre Freundin waren noch nicht weit gekommen, als sie von einem Pasdar aufgehalten wurden.

„Halt, stehen bleiben!"

„Das ist die Frau!", keuchte mein Mann, der hinter dem Pasdar hereilte. „Sie entführt gerade mein Kind!"

„Was fällt Ihnen ein!", schimpfte der Religionswächter. „Geben Sie diesem Mann auf der Stelle seine Tochter zurück!"

Doch Maman ließ sich nicht einschüchtern. „Dieser Mann dort sollte sich schämen! Vor sechs Monaten hat er meiner Tochter das Kind weggenommen. Sie leidet furchtbar darunter!"

Der Pasdar schwieg verdutzt.

„Was dieser Mann Ihnen gesagt hat, ist eine Lüge!", fuhr Maman fort. „Er hat dieses Kind entführt, nicht ich!" Wenn meine Mutter mit dem Herzen für etwas brennt, dann kann sie ungeheuer überzeugend sein.

Nachdem er sich von seiner Verblüffung erholt hatte, wandte sich der Religionswächter nun an meinen Exmann. „Ist das wahr? Sie haben der Mutter das Kind weggenommen?"

„Aber … ich bin der Vater!", stammelte Nasser Vaziri.

„Die Frau hat recht!", schimpfte der Pasdar. „Sie sollten sich schämen! Wie können Sie es wagen, der Kleinen und seiner Mutter so etwas anzutun?!" Dann wandte er sich an Maman: „Gehen Sie! Bringen Sie das Kind zurück zu Ihrer Tochter!"

Ich habe viele schreckliche Dinge gesehen. Aber in all der Finsternis leuchtete immer wieder das Licht der Güte auf. Eine Güte, die von Gott ausstrahlt und die Seelen der Menschen berührt.

Ich kann nicht beschreiben, wie unfassbar groß mein Glück war, als meine Mutter einen Tag später mit meiner Tochter wiederkam. Wir Orientalen haben keine großen Schwierigkeiten, unsere Gefühle herauszulassen, aber dieser Vulkan an Emotionen, der in mir ausbrach, riss mich beinahe mit sich fort. Ich schrie und weinte. Die Tränen rannen mir wie Wasser über das Gesicht, während ich gleichzeitig lachte. Ich dankte Allah und schlug mir selber ins Gesicht, weil ich nicht wusste, wohin mit meinen Gefühlen.

Wochenlang konnte ich kaum fassen, dass meine kleine Tochter wirklich wieder bei mir war. Oft lag ich nachts wach, betrachtete ihr kleines Gesicht, lauschte ihrem Atmen, roch ihren Duft und nahm mein Glück mit allen Sinnen auf.

Aber, auch das muss ich ehrlich zugeben, diese schwere Zeit ging an keinem von uns spurlos vorüber.

Auch meine Tochter brauchte einige Zeit, um zu begreifen, dass sie wirklich wieder bei mir war. Offenbar hatte mein Mann ihr immer wieder erzählt, dass ich gestorben sei, dass sie lernen müsse, mich zu vergessen, und dass nun seine zweite Frau ihre Maman sei.

Wie sehr all die Lügen meines Exmannes diese kleine Seele verunsichert haben mussten, wurde mir bei einer im Grunde ganz harmlosen Episode bewusst.

Meine Mutter grub ein Stück Erde im Hof um, damit sie dort eine Kleinigkeit anpflanzen konnte.

Sahar stand auf der Treppe, sah das und rief: „Nicht machen. Nicht! Maman kommt wieder raus!"

Das schockierte mich. Denn obwohl Sahar neben mir stand, hatten sich die Lügen ihres Vaters so tief in sie hineingegraben, dass sie auch jetzt noch einen Schatten auf ihre Seele warfen.

Doch auch an mir war dieses halbe Jahr nicht spurlos vorübergegangen. Zwar war ich überglücklich, Sahar wieder bei mir zu haben, doch die tiefe Niedergeschlagenheit und die Verzweiflung, die mich überwältigt hatten, waren nicht vollkommen verschwunden. Sie hatten sich nur zurückgezogen, gerade so weit, dass ich sie nicht jederzeit spüren konnte. Wie geduldige Raubtiere warteten sie in der Dunkelheit, bereit zuzuschlagen, sobald die Schatten das Licht der Sonne wieder verdecken sollten.

Der ferne Gott

Wie zu erwarten, war Nasser Vaziri nach all den Ereignissen sehr wütend auf uns. Dieser Vorfall hatte seine Ehre beschmutzt. Er stellte zunächst auch jeglichen Kontakt ein, wofür ich sehr dankbar war.

Nach und nach versuchte ich, mein Leben in den Griff zu bekommen. Ich besuchte die Abendschule und machte mich auf die Suche nach einer Arbeitsstelle.

Äußerlich ging es aufwärts. Aber innerlich ging es mir nicht gut. Ich haderte mit Gott und begann, alles, was ich über ihn gelernt hatte, infrage zu stellen.

Allah, an den zu glauben ich gelehrt worden war, schien mir unendlich weit entfernt. Wenn es ihn gab, was ich zunehmend mehr bezweifelte, schien er sich nicht für mich zu interessieren. Was bedeutete ich ihm schon? Nichts!

Wir unternahmen auch weiterhin Wallfahrten. Ich erinnere mich noch daran, wie wir einmal eine ganze Nacht lang durchliefen. 40 Kilometer waren wir unterwegs, bis wir schließlich das Mausoleum des Imamzade Davood erreichten. Am Morgen nach unserer Ankunft erlitt einer der anderen Pilger einen schweren epileptischen Anfall.

Nachdem ich die rituellen Waschungen durchgeführt hatte, stand ich am Grab des Heiligen und verspürte eine tiefe Enttäuschung. *Was soll das alles?*, schoss es mir durch den Kopf. *Der Mann ist tot. Ein Toter kann mir nicht helfen.* Die Bitterkeit wuchs und schon bald konnte ich meine Zweifel nicht mehr für mich behalten.

Mein Vater war ein frommer Muslim. Stets war er mein Vorbild gewesen; wenn jemand Antworten auf meine Fragen geben konnte, dann er. „Ich verstehe Allah nicht", verkündete ich ihm. „Warum beten wir stets auf Arabisch? Ist Gott etwa Araber? Versteht er mich sonst nicht? Ist er nicht der Gott aller Menschen? Kann er nicht alle Sprachen dieser Welt verstehen?"

Ich erinnere mich noch an den Blick meines Vaters. Mit großen Augen starrte er mich an.

„Warum sollen wir dreimal oder sogar fünfmal am Tag das Gleiche wiederholen?", fuhr ich fort. „Ist Gott etwa taub? Und falls nicht, wird ihm das nicht langweilig, wenn er immer das Gleiche hört?"

Mein Vater schnappte nach Luft. Die anfängliche Irritation über die unerwarteten Äußerungen seiner Tochter verwandelte sich allmählich in Entsetzen. „Das ist Sünde, was du da sagst! Eine Muslima redet nicht so!" Er sah mich an, als rechne er damit, mich jeden Moment wie eine Wahnsinnige durch den Raum toben zu sehen. „Du stellst gefährliche Fragen!"

„Nein!", erwiderte ich trotzig. „Ich stelle einfach nur Fragen. Du bist doch ein weiser Mann und ein frommer Muslim. Warum antwortest du mir nicht? Du warst immer mein Vorbild. Warum hilfst du mir nicht zu verstehen?"

Ich konnte meinem Vater ansehen, wie er sich innerlich verschloss und die Verbindung zu mir kappte. „Ich kann dir dabei nicht helfen", erwiderte er kühl. „Du musst tun, was Gott uns sagt! Der Islam ist die einzig wahre Religion. Mehr brauchst du nicht zu verstehen!"

An diesem Tag verlor ich endgültig mein Vertrauen. Ich verlor das Vertrauen in meinen Vater, der seine Tochter lieber für wahnsinnig erklärte, als sich ihren Fragen zu stellen. Und ich verlor das Vertrauen in einen Gott, der Dinge forderte, die mir unsinnig erschienen, und der offenbar nicht bereit war, meinen Zweifel zu ertragen.

Erst später sollte ich einen ganz anderen Gott kennenlernen, einen Gott, der mit mir geht – auch in die Tiefe hinein. Einen Gott, der Zweifel ertragen kann und den Verzweifelten nicht fallen lässt.

Dem fordernden Gott, der trotz all meiner Bemühungen, eine fromme Muslima zu sein, nur schwieg und mich ständig zu bestrafen schien, diesem Gott kehrte ich schließlich den Rücken.

Das Ganze war ein längerer Prozess. Im Grunde verlor ich bereits mit 17 Jahren meinen Glauben. Aber die Furcht vor Allahs Strafe saß tief. Erst später – mit 21 Jahren – gestand ich mir ein, dass ich Atheistin war. Ich kam zu dem Schluss, dass es keinen Gott gab! Er war lediglich ein Hilfskonstrukt für dumme Menschen oder für solche, die zu schwach waren, um im Leben klarzukommen. Aber ich war kein schwacher Mensch. Ich brauchte Gott nicht!

So dachte ich zumindest. Aber tief in mir, ganz tief, brauchte ich Gott, so wie jeder Mensch ihn braucht, und ich sehnte mich nach ihm. Aber es war nicht die Sehnsucht nach dem fernen, strafenden Gott, vor dem ich immer Angst haben musste, sondern die Sehnsucht nach dem Gott, der mich sieht, der mich kennt und der mich in seine Arme schließt.

In dieser Zeit, als ich innerlich bereits meinen Glauben an Allah verloren hatte, fand ich eine Anstellung und damit auch die

Perspektive auf ein etwas besseres Leben. Meine Familie kümmerte sich um Sahar, während ich als Sekretärin in einem Büro für Export-/Import-Geschäfte arbeitete.

Die Tätigkeit war vergleichsweise übersichtlich. Ich saß im Vorzimmer der Firmeninhaber, musste Geschäftsbriefe tippen, Listen schreiben und Telefonate entgegennehmen. Es kamen immer wieder Männer vorbei, die sich dann im Büro miteinander unterhielten. Aber welche Geschäfte sie im Einzelnen machten, wurde mir nicht gesagt. Ich war ja nur die Sekretärin. Mein Gehalt bekam ich ebenfalls nur unregelmäßig, aber das war in dieser Zeit nicht allzu ungewöhnlich.

Irgendwann fiel mir auf, dass ständig ein junger Mann auftauchte, der sich in meinem Büro auf einen Stuhl setzte und mich die ganze Zeit beobachtete. Ich teilte ihm dann mit, er solle später wiederkommen, wenn der Chef wieder da wäre, aber er lächelte nur freundlich und meinte: „Nein, nein, ist schon okay. Ich warte hier."

Meist ließ ich ihn zunächst gewähren, aber oft wurde es mir dann irgendwann zu dumm. Er beobachtete genau, was ich tat, und hörte alle Telefonate mit. Ich kam mir vor wie im Zoo. Wenn mir seine Gegenwart zu sehr auf die Nerven ging, gab ich ihm zu verstehen, dass er mich bei der Arbeit stören würde. Irgendwann gelang es mir dann immer, ihn hinauszukomplimentieren. Natürlich wollte ich die Geschäftspartner meines Arbeitgebers nicht abschrecken, aber bei diesem Typen war ich mir nicht sicher, ob er überhaupt Geschäfte machen wollte.

Und ich sollte recht behalten.

Als ich eines Tages zur Arbeit kam, warteten bereits ungewöhnlich viele Männer im Büro. Sie gaben sich als Kunden aus, aber mit Ausnahme des seltsamen jungen Mannes, der ständig in meinem

Büro gesessen und mich beobachtet hatte, kannte ich keinen von ihnen.

Gleich darauf stellte ich fest, dass Unterlagen fehlten. Ich wartete auf meinen Chef, um ihn darauf anzusprechen, doch er kam nicht. Stattdessen betrat ein anderer Kunde den Raum. Er wurde augenblicklich festgenommen. Bei den wartenden Männern handelte es sich nämlich um Polizisten, die eine Razzia durchführten.

Schockiert musste ich feststellen, dass ich all die Monate für eine Scheinfirma gearbeitet hatte. Meine Chefs waren Drogenhändler, die ihre Ware aus der Türkei einschmuggelten.

Monatelang hatte die Polizei das Büro observiert. Auch ich hatte permanent unter Beobachtung gestanden. Die Männer wussten alles, was ich getan und gesagt hatte. Sogar auf dem Weg von und zur Arbeit hatte man mich beobachtet.

Unversehens fand ich mich in einem Verhör wieder. Die Polizisten befragten mich und ich beteuerte immer wieder meine Unschuld. „Ich wusste davon nichts!", stammelte ich. „Wirklich nicht … Ich war doch nur die Sekretärin. Meine Aufgabe war es, Briefe zu schreiben und Listen mit Waren aufzustellen."

Die Mienen der Männer waren unergründlich. Ich wusste, welche Macht sie hatten, und ich wusste, dass auf Rauschgifthandel die Todesstrafe stand.

Nach der Revolution hatten Männer wie der sogenannte Blutrichter Ajatollah Chalchali das Sagen. Für ihn war Rauschgifthandel antirevolutionär und somit ein grundsätzlich todeswürdiges Verbrechen. Ohnehin gab es für ihn nur zwei Arten von Menschen: gottesfürchtige Muslime oder satanische Individuen. In Schnellverfahren ließ er Hunderte von Menschen hinrichten. Einem 16-jährigen Angeklagten, der seine Unschuld beteuerte, sagte er einmal: „Gut, mein Junge, wenn du wirklich so unschuldig bist, wie du angibst, kannst du in das Paradies eingehen. Bist du aber schuldig, so wie ich meine, erhältst du nur deine gerechte Strafe."[19] Zweifel daran, ob seine Todesurteile auch berechtigt gewesen waren, kamen ihm nie. Allenfalls hatte er andere Sorgen: „Ich bin zu nachsichtig im Umgang mit den teuflischen Individuen gewesen. Viele Angeklagte hätten ein Todesurteil verdient, doch ich habe es nicht ausgesprochen. Emotionen haben mich übermannt – das geht mir nicht aus dem Sinn. Ich fühle, dass Gott mir diese Nachsichtigkeit nicht verzeihen wird."[20]

Selbst wenn ich nur im Entferntesten Kontakt mit dem Drogenhandel gehabt hätte, würde mich das in große Gefahr bringen. Aber ich hatte sogar für diese Menschen gearbeitet. Ich zitterte vor Angst.

Schließlich sagte der junge Mann, der mich als verdeckter Ermittler beobachtet hatte, zu seinen Kollegen: „Sie ist unschuldig. Ich kenne sie. Sie weiß nichts." Ein anderer Polizist sah mich ganz seltsam an und fügte hinzu: „Aber wir können Sie trotzdem hinrichten! Wir werden sowieso alle töten, auf eine mehr oder weniger kommt es nicht an."

Ich hatte das Gefühl, als würde sich mir der Magen umdrehen. *Meine Tochter!*, schoss mir in den Sinn. *Was wird aus meiner Tochter werden?*

Plötzlich schmeckte ich Galle auf der Zunge, und dann erbrach ich mich, mitten im Büro.

Die Männer fluchten. Sie ließen mich in ein Krankenhaus bringen, allerdings weniger aus Fürsorge als vielmehr, um festzustellen, ob ich Drogen genommen hatte. Als man nichts feststellen konnte, ließ man wenig später die Anklage gegen mich fallen.

---

19 https://de.wikipedia.org/wiki/Sadegh_Chalchali
20 Ulrich Encke, *Vom Kaiserreich zum Gottesstaat*, Norderstedt 2010, S. 97

Im Nachhinein stellte sich heraus, dass die Ankündigung meiner Hinrichtung wohl eine Art Scherz gewesen war. Vielleicht entwickelt man ja einen derartig perversen Sinn für Humor, wenn man bei der Geheimpolizei arbeitet. Ich habe keine Ahnung. In jedem Fall hatte sich die Aussage des Beamten für mich völlig real angefühlt. In meiner damaligen Situation war dieses Erlebnis ein neuerlicher verheerender Schlag.[21]

Kaum hatte ich versucht, mich aus der Perspektivlosigkeit meines Daseins zu befreien, wurde ich erneut in einen dunklen Strudel der Ausweglosigkeit hinabgerissen. Es kam mir so vor, als würde ich in einer endlosen Spirale festsitzen. Kaum war ich einer Gefahr entronnen, lauerte der Tod schon an einer anderen Stelle.

Ich fiel in ein tiefes Loch der Hoffnungslosigkeit. Damals wusste ich es noch nicht, und auch meine Familie konnte die Symptome nicht richtig zuordnen, aber ich war krank, ernsthaft krank.

---

21 Zu dem jungen Polizisten, der mich monatelang observierte, während ich ohne mein Wissen für eine Scheinfirma der Drogenmafia arbeitete, gibt es noch eine weitere Geschichte zu erzählen:
Als meine Unschuld offiziell festgestellt wurde, schlachtete meine Mutter ein Lamm. Auch der junge Polizist war eingeladen. Er kam und aß von dem Lamm. Der Kontakt zu ihm brach auch in den nächsten Jahren nicht ab. Im Laufe der Zeit wurde er sogar ein Freund der Familie. Er betrachtete mich irgendwann als seine kleine „Adoptivschwester" und ich hatte großes Vertrauen zu ihm.
Als ich zum Glauben an Jesus fand, machte ich auch ihm gegenüber kein Geheimnis daraus. Er verriet mich nicht.
Er war ein sehr integrer, unbestechlicher Mann, und das wurde ihm zum Verhängnis. Er ließ sich nicht auf Bestechungen ein, was ganz offensichtlich höherrangigen korrupten Kadern ein Dorn im Auge war. Als er eines Morgens zu Fuß auf dem Weg zur Arbeit war, brauste ein Kleinbus aus einer Seitenstraße und überfuhr ihn. Unser Freund war sofort tot. Jedem von uns war bewusst, dass dies kein Unfall gewesen war.

Das Tal der Todesschatten

Als ich meine Zweifel an Allah geäußert hatte, hatte mein Vater den Verdacht geäußert, dass ich geisteskrank sei. Und er lag vielleicht gar nicht so falsch damit. Zwar war ich nicht verrückt geworden, doch meine Seele war krank.

Die Symptome einer Depression waren schon länger bei mir festzustellen, aber nun brach alles wie eine finstere Sturmflut über mich herein. Das Scheitern meines Versuchs, ein einigermaßen normales Leben zu führen, und die neuerliche Todesdrohung ließen mich noch tiefer in dem Sumpf versinken, aus dem ich mich hatte befreien wollen.

Äußerlich lebte ich mein Leben weiter wie bisher. Ich kümmerte mich um meine Tochter und erledigte den Haushalt. Aber in mir war alles wie in dichten Nebel eingehüllt. Ich empfand nichts mehr. Alles war einer tiefen Leere gewichen. Einer Leere, die so allumfassend und gewaltig war, dass sie sogar die Liebe zu meiner Tochter in sich aufzusaugen schien.

Alles, was ich tat, war inhaltsleer geworden. Ich fühlte mich vollkommen nutzlos und reagierte nur noch automatisch, wie eine Maschine, die ein eingespeichertes Programm abspielt. Die Spirale destruktiver Gedanken sog mich immer tiefer in die Dunkelheit.

Ob ich existierte oder nicht, spielte überhaupt keine Rolle. Selbst meine Tochter wäre ohne mich besser dran. Irgendwann würde ich sowieso sterben. Hier in dieser Flüchtlingsunterkunft würde ich meinen letzten Atemzug tun. Man würde mich in weiße Tücher hüllen und zu Grabe tragen. Genau wie jenen Mann, der vor einiger Zeit in diesem Hof einen Herzinfarkt erlitten hatte, oder die alte Frau, die vor Kurzem an Tuberkulose gestorben war.

Man würde vielleicht ein paar Tränen vergießen, aber dann einfach weitermachen. Was für einen Unterschied machte es, ob ich lebte oder starb? Der Tod wartete sowieso auf mich.

Warum sollte ich ihn länger warten lassen?

Zu jener Zeit litt ich unter Appetitlosigkeit und schlief nur sehr schlecht. Dass auch dies Symptome meiner Depression waren, genauso wie die Gefühle der Leere, der Sinnlosigkeit und Todessehnsucht, erkannte ich nicht.

Nicht selten wird es uns Menschen zum Stolperstein, wenn wir unseren Gefühlen die absolute Deutungshoheit über die Realität geben. Aber bei einer Depression ist dies besonders verhängnisvoll.

Der Leatherman sollte mir helfen. Wie bereits beschrieben, war er ein Handwerker, der seinen kleinen Laden ein paar Seitenstraßen entfernt hatte. Und er konnte nicht nur alles Mögliche reparieren, er war auch ein Meister darin, Dinge auf dem Schwarzmarkt zu besorgen. Nachdem er mir schon einmal Medikamente gegen meine Appetitlosigkeit besorgt hatte, nutzte ich seine Verbindungen ein zweites Mal. Nun hatte ich „Diazepam" von ihm bekommen, genug, um dieser unerträglichen Leere zu entrinnen. So dachte ich jedenfalls.

Als der Moment gekommen war, küsste ich meine schlafende Tochter und entschuldigte mich bei ihr. Dann warf ich einen letzten

Blick auf meine tief schlafende kleine Schwester und schluckte die Tabletten.

Was dann geschah, erfuhr ich erst später. Parvaneh, deren Schlaf tief genug schien, um ein Erdbeben zu verschlafen, erwachte. Offenbar verursachte die Menge der eingenommenen Medikamente bei mir starke Magenschmerzen, sodass ich laut stöhnte. Ich selbst kann mich daran nicht erinnern. Parvaneh erschrak furchtbar, als sie mich dort liegen sah. Sie rannte hinaus und rief die Nachbarn um Hilfe. Auch Sahar erwachte und versuchte laut weinend, ihre Mama aufzuwecken. So erblickte ich ihr kleines Gesicht, als das Licht mich aus der Dunkelheit rief und ich erwachte.

Sobald die Nachbarn bemerkten, dass ich noch am Leben war, fuhren sie mich in die nächstgelegene Klinik. Dort pumpte man mir den Magen aus.

Mehrere Tage blieb ich dort, angeschlossen an Infusionsschläuche und kaum bei Bewusstsein. Es dauerte fast eine Woche, bis ich so weit entgiftet war, dass die Ärzte mich nach Hause entließen.

Es fällt mir heute leicht zu beschreiben, wie ich mich damals fühlte. In jenem besonderen Moment, als ich aus der Dunkelheit zurückkehrte und das weinende Gesicht meiner Tochter sah, versprach ich Gott, nie wieder den Versuch zu unternehmen, mich heimlich aus dem Leben davonzuschleichen. Um keinen Preis wollte ich meine Tochter noch einmal im Stich lassen. Und an dieses Versprechen hielt ich mich. Aber weder hatte ich meinen Glauben zurückgewonnen noch hatte sich an meiner Situation irgendetwas geändert.

So lebte ich Jahr um Jahr als alleinerziehende Mutter in einer Flüchtlingsunterkunft. Ich hatte keine Ausbildung und keine Arbeit. Ich hatte nichts, was mir Hoffnung und Perspektive gab. Ich versuchte einfach nur, äußerlich und innerlich zu überleben.

Einen Großteil der aus Mahabad herausgeschmuggelten Wertgegenstände hatten wir inzwischen verkauft. Noch immer kämpfte
meine Mutter vergebens um eine Entschädigung. Keiner von uns
glaubte daran, dass wir auch nur einen Rial sehen würden. Aber
wenn es um Gerechtigkeit ging, konnte Maman sehr hartnäckig sein.
Doch zumindest in einer Hinsicht stellte sich eine Verbesserung
ein. Anfangs hatten wir fast ausschließlich von Erspartem gelebt.
Wir hatten uns nicht getraut, die Rentenansprüche meines Vaters
einzufordern, da wir damit die Aufmerksamkeit der Pasdaran
auf seine Offizierstätigkeit gelenkt hätten. Doch nun war genug
Zeit verstrichen. Der Iran war im Krieg gegen den Irak auf die
Unterstützung durch die Armee angewiesen. Mein Vater hatte die
entsprechenden Anträge gestellt und erhielt nun seine Rente. Diese
Einnahmen und die Lebensmittelkarten der Regierung reichten
aus, um uns über Wasser zu halten.

Meine Mutter hatte einige wenige Schmuckstücke behalten können. Ich war Anfang 20, als sie mir einen Ring gab – ein hübsches
Erbstück, mit dem sie mich wohl ein wenig aufmuntern wollte. Leider war der Ring jedoch zu groß für meine Finger, und so spazierte
ich eines Tages ins armenische Viertel, um mir das Schmuckstück
bei einem der zahlreichen Juweliere anpassen zu lassen.

Der armenische Ladenbesitzer nahm den Auftrag entgegen und
fragte mich nach meinem Namen, um den kleinen Abholzettel
auszufüllen.

Ich sagte: „Flor Namdar."

„Oh", der Mann blickte auf, „sind Sie Armenierin?"

„Ich? Nein!" Seine Frage überraschte mich nicht nur, ich fühlte
mich fast beleidigt. Doch statt ihm zu sagen, dass ich Perserin sei
oder Kurdin, erwiderte ich spitz: „Ich bin eine Muslima." Das war
gelogen. Zu diesem Zeitpunkt glaubte ich an gar nichts mehr. Ich

war Atheistin. Doch mein Ehrgefühl hatte sich interessanterweise noch nicht auf meinen verloren gegangenen Glauben eingestellt. Muslima zu sein war mir anerzogen worden. Und das damit verbundene Gefühl, auf der richtigen Seite zu stehen und nicht auf derjenigen der Ungläubigen, hatte sich tief in mein Selbstverständnis eingegraben.

Dieses Phänomen konnte ich nicht nur bei mir selbst beobachten. Immer wieder begegnen mir Menschen, die im Islam groß wurden, aber ihren Glauben in keiner Weise praktizieren. Doch wenn sie gefragt werden, bezeichnen sie sich ganz selbstverständlich und mit Stolz als Muslime.

Die harmlose Frage des Armeniers brachte mich völlig durcheinander. Dabei war sie lediglich auf meinen ungewöhnlichen Vornamen zurückzuführen, der weder persisch noch arabisch, sondern christlich war.

Als ich wieder zu Hause war, blickte ich in den Spiegel. *Welchen Eindruck hinterlässt du?*, ging mir durch den Kopf. *Sieht man dir an, dass du deinen Glauben verloren hast? Wissen alle, dass du in deinem Herzen keine Muslima mehr bist? Was ist nur aus dir geworden?*

Der Mann hatte gedacht, ich sei eine Christin. Das war vollkommen absurd! *Aber,* so fragte ich mich auf einmal, w*er sind diese Christen eigentlich? Woran glauben die?*

Natürlich hatte ich von Kindheit an gelernt, dass sie Ungläubige seien und die Wahrheit des Islam nicht anerkennen würden. Aber wer diese Menschen wirklich waren, erschloss sich mir dadurch nicht.

Das Christentum hatte etwas mit Jesus zu tun. So viel war mir klar. Auch im Koran stand einiges über Jesus. Er sei ein Prophet gewesen, jemand, der Gott nah gewesen war. Als Kind hatte ich einen Film über ihn gesehen, in dem er Kranke geheilt hatte. Mehr wusste ich nicht.

Seltsamerweise wurden die Fragen in mir nicht kleiner, ganz im Gegenteil. Es gab keinen besonderen Anlass, nur diese völlig harmlose Frage eines Juweliers, und doch konnte ich nicht mehr aufhören, über Jesus nachzudenken. Das Drängen in mir wurde beinahe übermächtig. Ich musste einfach mehr über ihn erfahren. Es fiel mir schwer, den Termin zur Abholung des Ringes abzuwarten. Und als ich den Laden betrat, fragte ich nicht als Erstes nach dem Schmuckstück, sondern nach seinem Glauben. „Woran glaubt ihr Christen?"

Der Mann starrte mich verblüfft an. „Äh …", stammelte er. „Was hat es mit diesem Jesus auf sich?", fuhr ich fort. „Kannst du mir das erklären?"

„Nun … ich bin zwar Armenier, aber als besonders fromm würde ich mich nicht bezeichnen. Ich gehe zweimal im Jahr in den Gottesdienst, zu Weihnachten und Ostern –"

„Ja, ja", unterbrach ich ihn, „aber kannst du mir sagen, was ihr Christen glaubt?"

Er schüttelte den Kopf. „Es tut mir leid, ich kann dir das wirklich nicht erklären …" Er verstummte. „Aber Jesus ist wunderbar!", fügte er nach kurzem Zögern hinzu.

Das reichte mir nicht. Ich ließ nicht locker und so kam er schließlich hinter seinem Ladentisch hervor und meinte: „Komm mit. Die Kirche ist ganz in der Nähe. Unser Pfarrer kann dir das besser erklären!" Er hängte ein Schild an die Ladentür, schloss ab und führte mich ein paar Gehminuten weiter zur nächstgelegenen Kirche.

Ich bin mir sicher, dass der Juwelier alles andere als ein missionarischer Mensch war. Er hatte alles Mögliche im Sinn, nur nicht den Gedanken, mich zu seinem Glauben bekehren zu wollen.

Aber mein Drängen musste so stark gewesen sein, dass er gar keine andere Chance gehabt hatte, als mich zu seiner Gemeinde zu führen.

Ich glaube nicht, dass ich aus Zufall an diesen Ort gekommen war. In ganz Teheran, einer Stadt mit damals etwa 6 Millionen Einwohnern und einer Fläche fast so groß wie Berlin, gab es zu dieser Zeit nur zwei persischsprachige Gemeinden – eine Pfingstgemeinde und eine evangelische Gemeinde. Alle anderen Kirchen waren armenischsprachig oder assyrisch. Und diese evangelische Gemeinde war nur acht Fußminuten von dem kleinen Juweliergeschäft entfernt.

Wir betraten das Gemeindebüro und der Armenier kam sofort zur Sache: „Pastor, diese Frau stellt mir lauter Fragen über den christlichen Glauben, die ich nicht beantworten kann. Hilfst du ihr weiter?"

Der Pastor bedachte mich mit einem langen Blick. Man hätte meinen können, er müsste eigentlich begeistert sein, dass jemand Fremdes sich so für seinen Glauben interessierte, und ihn daher mit offenen Armen empfangen. Aber wenn dies der Fall war, gelang es ihm ausgezeichnet, das zu verbergen. Bedächtig faltete er die Hände auf der Tischplatte und dann fragte er mich vorsichtig: „Hast du vor, ins Ausland zu gehen?"

„Ins Ausland?" Ich war völlig verblüfft. Was hatte das mit meiner Frage zu tun? „Nein!", erwiderte ich. „Wozu denn? Ich habe kein Geld. Außerdem wüsste ich gar nicht, wohin ich gehen sollte. Ich bin hier, weil ich mehr über Jesus erfahren will!"

Der Pastor nickte langsam. Dann fragte er: „Möchtest du einen Armenier oder Assyrer heiraten?"

„Nein!", rief ich irritiert aus. „Wie kommen Sie denn darauf? Ich will nur wissen, wer Jesus war!"

„Oh … also gut." Der Pastor stand auf. „Wenn du möchtest, kannst du gern am Sonntag zu unserem nächsten Gottesdienst kommen."

Ich war verblüfft über die Art und Weise, wie dieser Mann meine Fragen beantwortete. Aber mein Eifer blieb ungebrochen. Ich ließ mir den Zeitpunkt nennen, verabschiedete mich und ging nach Hause.

Das war mein erstes Gespräch über den christlichen Glauben. Heute sehe ich in diesen Ereignissen drei große Wunder. Das erste Wunder war meine ungeheure Neugier auf Jesus, die durch die harmlose Frage des Juweliers ausgelöst worden war. Das zweite Wunder lag in der Vielzahl der Umstände verborgen, die mich zu dieser nahe gelegenen persischsprachigen Kirche führten. Und das dritte Wunder war nötig, damit ich durch diese vermeintlich unsinnigen Fragen des Pastors nicht völlig abgeschreckt wurde. Ich bin sehr dankbar, dass ich ihn damals nicht wirklich verstand und auch nicht weiter darüber nachdachte.

Offenbar hatte der Pastor schon des Öfteren die Erfahrung gemacht, dass die Menschen sich nur für das Christentum interessierten, wenn sie einen christlichen Partner heiraten wollten oder einen Grund suchten, politisches Asyl im Ausland zu beantragen. Er hatte sich einfach nicht vorstellen können, dass meinen Fragen echtes Interesse und tiefes inneres Sehnen zugrunde lagen.

Ein Buch für den Alltag

Als es endlich Sonntag wurde, war ich schrecklich aufgeregt. Ich konnte es kaum erwarten, mehr von Jesus und dem Glauben der Christen zu erfahren. Das war angesichts des Anlasses, der mein Interesse daran geweckt hatte, schwer nachvollziehbar. Hätte man mich gefragt, worin meine gespannte Erwartung begründet war – hätte ich ihm keine Antwort geben können.

Heute glaube ich, dass es Gott selbst war, der meine Seele berührte und mich zu sich zog. Er hatte die Sehnsucht tief in mich hineingelegt und unaufhaltsam trieb sie mich in seine Arme.

Ich war wild entschlossen, den Gottesdienst der Christen zu besuchen. Es gab nur ein Problem: Meine Mutter hatte immer Angst um meine Schwestern und mich. Wenn wir unsere Unterkunft verließen, mussten wir sagen, wohin wir gingen und wann wir zurückkommen würden.

Nun konnte ich ihr doch nicht sagen, dass ich zu einem christlichen Gottesdienst gehen wollte. Also behauptete ich, dass ich meine ältere Schwester besuchen wolle.

„Dann bleib doch am besten über Nacht", schlug Maman vor.

Ich geriet ins Schwitzen. „Äh ... nein, so lange will ich gar nicht bleiben, Maman. In ein paar Stunden bin ich wieder zu Hause."

Maman warf mir einen fragenden Blick zu, aber dann ließ sie mich ziehen.

Voll gespannter Erwartung machte ich mich auf den Weg zur Kirche. Dabei war ich mir überhaupt nicht bewusst, in welche Gefahr ich mich damit begab. Man musste erst einen Hof durchqueren, bevor man die Kirche betreten konnte. Ich zögerte einen Moment, dann sah ich einige Leute fröhlich plaudernd an mir vorbeiziehen. Sie hatten sich schick angezogen, wirkten aber überhaupt nicht ernst oder feierlich. Lachend betraten sie den Hof. Ich folgte ihnen.

Ich weiß gar nicht, wie ich beschreiben soll, was in mir geschah, als sich die Hoftür hinter mir schloss und ich auf diesem einfachen Hof stand. Mir schien es fast, als hätte ich eine andere Welt betreten. Auf mich wirkte es so, als hätte ich mit dieser Tür auch eine Welt voller Traurigkeit und Tod hinter mir gelassen, und hier war plötzlich an völlig unscheinbarer Stelle ein Ort voller Freude und Lebenslust. Obwohl mich niemand kannte, wurde ich freundlich begrüßt. *Ui!*, dachte ich. *Wo bin ich hier gelandet?*

Vorsichtig sah ich mich in dem Hof um, aber weit und breit entdeckte ich keine Waschmöglichkeit. Schließlich fragte ich eine ältere Frau, die mir besonders freundlich vorkam: „Entschuldigung. Ich würde gern in die Kirche, aber ich bin unrein." Im Islam sind die rituellen Waschungen vor dem Betreten der Moschee äußerst wichtig.

„Ach, kommen Sie nur rein", sagte die Frau lächelnd. „Gott liebt Sie so, wie Sie sind."

Oh, dachte ich, *diesen Gott will ich kennenlernen.* Mutig betrat ich das Gebäude. Alle gingen in einen großen Saal. Ich lugte hinein und fragte: „Darf ich hier auch rein, ohne gewaschen zu sein?"

„Natürlich. Gott sieht doch unsere Herzen. Das Äußere spielt keine Rolle."

Ich war überrascht und zugleich fasziniert. Bislang hatte ich immer sehr darauf geachtet, dass ich äußerlich sauber und rein blieb. Die heiligen Waschungen waren untrennbar mit dem Glauben verbunden, den ich von Kindheit an kennengelernt hatte. Der Koran durfte niemals berührt werden, ohne dass man sich vorher die Hände gewaschen hatte.

Die Frau lud mich ein, mich neben sie zu setzen. „Wenn wir während der Liturgie aufstehen, müssen Sie nicht aufstehen. Bleiben Sie ruhig sitzen und sehen Sie sich alles in Ruhe an."

Ich verfolgte den Gottesdienst. Die Frau hatte ein abgegriffenes Buch in der Hand. Während des Gottesdienstes las sie immer wieder darin und anschließend ließ sie es neben sich auf die Bank plumpsen.

Neugierig flüsterte ich: „Was für ein Buch lesen Sie denn da?"

„Oh, das ist die Bibel", entgegnete sie leichthin.

Ich sog erschrocken die Luft ein. So ging die Frau mit ihrem heiligen Buch um?! Kein gläubiger Muslim würde es wagen, so mit dem Koran umzugehen.

Offenbar bemerkte die ältere Dame mein Entsetzen. „Das ist nur ein Buch", sagte sie lächelnd. „Es besteht aus Papier und Druckerschwärze wie jedes andere Buch auch. Das Entscheidende ist der Inhalt. Er allein ist wichtig. In der Bibel kann ich nachlesen, was Jesus gesagt und getan hat, und noch vieles andere, was mir im Leben hilft. Ich lese ständig darin." Sie lachte. „Wenn ich mir jedes Mal davor meine Hände waschen würde, hätte ich ein Problem."

Sie reichte es mir. „Es ist ein Buch für den Alltag."

Vorsichtig nahm ich das Buch entgegen. Und als ich hineinblickte, stellte ich zu meiner Überraschung fest, dass es auf Persisch verfasst war. Ich hatte immer gelernt, dass es unmöglich sei, eine Übersetzung des Korans anzufertigen. Nur der arabische Koran sei der wahre Koran. Es gibt auch heute noch nicht wenige Menschen, die davon ausgehen, dass es segensreicher sei, die arabischen Buchstaben zu betrachten, ohne sie zu verstehen, als eine Übersetzung zu lesen, die durch die notgedrungene Interpretation der Sprache die wahren Worte der Heiligen Schrift verfälsche.

Und nun das hier: eine heilige Schrift für den Alltag. Ein Gott, der meine Sprache spricht – das war absolut neu für mich!

Der Pastor begann zu predigen. Ich glaube, Gott hat ihm die Worte für diese Predigt extra für mich ans Herz gelegt. Er sagte: „Gott liebt dich! Er hat aus Liebe zu dir seinen Sohn geopfert. Mit seinem Blut sind alle deine Sünden weggewaschen. Du kannst zu ihm zurückkehren – jederzeit."

Das ist die uralte Botschaft des Christentums, und ich war völlig fasziniert davon, auch wenn ich noch nicht alles so richtig verstand.

Die Gedanken kreisten in meinem Kopf: *Gott liebt mich? Hat er das schon immer getan? Ich habe es nie gefühlt. Und wie genau soll das gehen: eine Rückkehr zu Gott?*

Ich war wie benommen. Gott war für mich immer unnahbar gewesen und fremd – ein Gott, der sich nicht für mich interessierte, sondern dafür, dass die Leute sich an seine Vorschriften hielten. Gott war für mich so fern gewesen wie die Galaxien am anderen Ende des Universums. Und mit einem Mal war alles anders.

Es waren nicht die Worte allein, die mich so berührten. Es war das unerklärliche Bewusstsein, dass er tatsächlich hier war, hier in diesem Raum. Gott war nicht fremd, er war mir so nah, dass es mir den Atem verschlug: Er kannte mich, ja, mehr als das: *Gott liebt dich!*

Immer wieder hallte dieser Satz in mir wider, während die fröhlichen Lieder mein Herz hüpfen ließen.

Ich hatte eine völlig neue Welt betreten.

Nach dem Gottesdienst kaufte ich mir heimlich eine Bibel. Als ich nach Hause lief, wollten meine Füße tanzen!

Ich hatte noch lange nicht alles begriffen, aber ich nahm mir vor: *Diesem Gott will ich vertrauen.* Nicht irgendwann, sondern jetzt sofort. Ich wusste, dass Gott die Wahrheit liebt, also beschloss ich, nicht mehr zu lügen. Kaum war ich zu Hause angekommen, fragte ich: „Maman, weißt du, wo ich heute war?"

Meine Mutter sah mich vorwurfsvoll an, als würde ich sie für dement halten, und brummte: „Natürlich, bei deiner Schwester."

„Nein, Maman", rief ich begeistert. „Ich war in der Kirche!"

Meiner Mutter entglitten die Gesichtszüge: „Flor, was tust du?" Sie schlug sich vor Entsetzen ins Gesicht. „Was machst du nur wieder?! Ständig bringst du uns in Schwierigkeiten! Alle sind durch dich in Gefahr. Wir müssen immer Angst um dich und um uns selber haben."

„Maman, es war wunderbar!", platzte es aus mir heraus. Bis zu diesem Tag hatte ich das Lachen verlernt. Mein Herz hatte nicht mehr gewusst, was Fröhlichkeit ist. Es war, als würde ein längst versiegter Brunnen in mir plötzlich zu sprudeln beginnen. Meine Füße wollten ständig tanzen!

Maman blickte mir ins Gesicht. Ich spürte, dass sie die Veränderung in mir wahrnahm. Auf sie musste es fast so wirken, als hätte ich zum ersten Mal in meinem Leben Drogen genommen.

Sie kniff die Augen zusammen und fragte: „Warst du wirklich in der Kirche?"

„Ja, Maman, es war so schön. Ich habe so etwas noch nie erlebt. Sie haben herrliche Lieder gesungen und –"

„Flor", unterbrach meine Mutter mich. Ihr Gesicht war sehr ernst. „Du weißt, bis hierhin habe ich dich immer unterstützt. Ich habe alles mitgemacht. Aber jetzt …" Sie schüttelte den Kopf.

Ich konnte in ihren Augen lesen, was sie dachte: Wenn ein Muslim konvertierte, dann war das Abfall vom Islam, und darauf stand die Todesstrafe! Ich setzte mein eigenes Leben aufs Spiel und auch meine Familie brachte ich in große Gefahr.

„Du kannst nicht hierbleiben", sagte Maman leise. „Du musst gehen!"

Ich nickte. „Ja, Maman, das verstehe ich." Dann drehte ich mich um, ging zu dem schmalen Kleiderschrank, den ich mir mit meinen Schwestern teilte, und begann, meine Sachen zusammenzupacken. Ich verstand meine Mutter wirklich. Auch wenn ich in diesem Moment keine Furcht verspürte, wusste ich doch, dass ich mein Leben und das meiner Familie aufs Spiel setzte.

Während ich meine spärliche Garderobe sorgfältig zusammenlegte, fragte ich mich, wohin ich denn gehen sollte. Ich musste mich doch auch um meine Tochter kümmern. Mein Bruder würde mich ganz sicher nicht aufnehmen wollen. Auch meine Schwester nicht. Ich hatte keine Lösung, aber trotz aller Fragen stand mir die Freude noch immer ins Gesicht geschrieben.

Meine Mutter sah das. Sie sah meine Überzeugung, meine Begeisterung, und schließlich meinte sie leise: „Flor, hör auf." Ich wandte mich um.

Maman sah sehr blass aus. „Du bleibst hier. Aber rede mit niemandem darüber!"

„Maman", erwiderte ich, „heute habe ich beschlossen, nicht mehr zu lügen." Der Islam hält die Möglichkeit der Notlüge offen.[22] Aber das wollte ich nicht. Also sagte ich: „Wenn man mich

---

22 Nach dem sogenannten Taqīya-Prinzip ist es dem Muslim erlaubt, bei Gefahr den eigenen Glauben zu verheimlichen. Dies gilt sowohl für Schiiten als auch für Sunniten. Welcher Art diese Gefahr sein darf, wird unterschiedlich interpretiert. In jedem Fall aber gilt dies dann, wenn das eigene Leben in Gefahr ist.

fragt, sage ich die Wahrheit. Aber wenn man nicht fragt, werde ich schweigen."

Maman nickte langsam. „Bleib hier. Aber bitte denk nicht nur an dich, sondern auch an dein Kind!"

Später erzählte mir meine Mutter, dass sie meine Begeisterung nur für eine religiöse Phase gehalten hatte; eine Art überschäumende Reaktion aufgrund meiner Depression. Sie ging fest davon aus, dass diese Phase auch wieder vorübergehen würde. In diesem Fall sollte sie jedoch nicht recht behalten.

Um meine Mutter zu beruhigen und ihr entgegenzukommen, schlug ich alle meine Bücher in Zeitungspapier ein. Da ich schon immer viel gelesen hatte, fiel es nicht auf, dass ich nun ständig in der Bibel las. Innerhalb einer Woche las ich das Neue Testament. Ich kann nicht behaupten, dass ich alles verstand. Aber ich war von diesem Jesus und dem Gott, den er unseren Vater nannte, begeistert. Er sagte sogar *Abba* zu ihm, also Papa. Er nannte Gott so, wie ich meinen Vater niemals hatte nennen dürfen.

Ich war völlig fasziniert davon, dass ich einfach so zu ihm beten konnte und dass Gott mich sein Kind nannte. Ich hatte das Gefühl, als würde die betonharte Schale, die mein ganzes Leben umschlossen hielt, die es eng, kalt und dunkel gemacht hatte, plötzlich zerbröckeln und aufbrechen.

Ich besuchte weiter die Gottesdienste und sog jedes Wort, jedes Lied und jede Geste in mich auf, die mir Gottes Nähe vermittelten. Jeden Tag bat ich Gott, einen Fehler von mir wegzunehmen. Das, was Gott nicht gefiel, wollte auch ich nicht mehr in meinem Leben haben. Dafür wollte ich kämpfen.

Das Schwert

Ich war völlig fasziniert von der Bibel und las ständig darin. Man sah mich kaum noch ohne dieses in Zeitungspapier eingeschlagene Buch vor der Nase.

Ich hatte wie gesagt schon immer viel gelesen, aber offensichtlich bemerkten meine Geschwister, dass ich mich veränderte. Merkwürdigerweise sprach niemand mit mir selbst, stattdessen gingen sie zu meiner Mutter: „Maman, wir müssen aufpassen. Da stimmt etwas nicht. Flor liest irgendwelche gefährlichen Bücher."

„Ich weiß, was sie liest", entgegnete meine Mutter. „Ihr braucht euch keine Gedanken darüber zu machen."

Auch mein Vater erkundigte sich: „Was liest dieses Mädchen?"

Maman lächelte beruhigend. „Ich habe alles im Griff. Mach dir keine Sorgen. Sie will ihren Horizont erweitern."

Auch wenn sie es gut zu verbergen wusste, hatte sie große Angst. Sie hoffte, dass diese christliche Phase endlich enden würde – dennoch hinderte sie das nicht daran, mich zu unterstützen.

Doch eines Tages, als ich vom Hof zurück in unser Zimmer kam, stand meine ältere Schwester Donja vor meinem Schrank. In den Händen hielt sie ein in Zeitungspapier eingeschlagenes Buch. Sie blickte zu mir. Ihre Lippen waren zusammengepresst.

„Das ist die Bibel!", stieß sie hervor. Sie war eine gläubige Muslima und eine Anhängerin der Volksmudschahedin. Sie folgte dabei einer Ausrichtung, die versuchte, Islam und Marxismus zu verbinden.[23] Meine Schwester zog dabei vor allem an, dass diese Gruppierung sich sozial sehr engagierte. Sie versuchten, etwas für die Ärmsten im Land zu tun. Auch Donja ging von Haus zu Haus und erledigte Einkäufe für ältere Menschen. „Du liest in der Bibel!", rief sie vorwurfsvoll.

„Ja", erwiderte ich.

„Flor, du musst sofort damit aufhören!"

„Das kann ich nicht!", entfuhr es mir.

Sie sah mich fragend an, und ich gestand ihr, dass ich regelmäßig zur Kirche ging. Die Worte sprudelten nur so aus mir heraus. Ich beschrieb ihr, was die Gottesdienste mir bedeuteten und was ich über Gott erfahren hatte. Ich versuchte, ihr deutlich zu machen, was Jesus getan hatte und was es bedeutete, Gott Vater nennen zu können.

„Flor?", unterbrach sie mich.

„Ja?"

„Kann ich mitkommen?"

Einen Moment lang blickte ich sie verdutzt an. Dann nickte ich.

„Natürlich! Das nächste Mal gehen wir gemeinsam zur Kirche."

Donja kam mit mir zum Gottesdienst. Sie besuchte zum allerersten Mal eine Kirche … und sie wurde Christin.

Bislang waren wir uns nicht besonders nah gewesen. Aber von diesem Tag an änderte sich das.

Natürlich bemerkte Maman diese Veränderung. Sie zog mich zur Seite. „Flor, wir hatten vereinbart, dass du alles für dich behältst!"

---

23 Im Laufe der Zeit radikalisierte sich diese Gruppierung und wurde zusehends gewalttätiger.

„Maman", ich hob entschuldigend die Hände, „sie hat gefragt."
Meine Mutter seufzte. Schon bald machte es in meiner Familie die Runde: „Donja und Flor gehen zur Kirche."

Khatun, meine jüngere Schwester, die zuvor meine Lieblings-schwester gewesen war, war nicht bereit, das zu akzeptieren. „Ich werde dich zur Vernunft bringen!", schwor sie. Ihre Methoden waren allerdings zweifelhaft. Sie fing an, Donja und mich zu schi-kanieren. Dabei schreckte sie auch vor Gewalt nicht zurück. Sie schlug uns, doch wir schlugen nicht zurück. Einmal war sie so rasend vor Wut, dass sie einen Spiegel nach uns warf. Er zersprang in tausend Stücke. Gott sei Dank wurde niemand verletzt.

Es war verrückt: Eigentlich war Khatun eine moderne Frau ge-wesen, viel moderner als Donja und ich. Aber als sie hörte, dass wir Christen geworden waren, verwandelte sie sich plötzlich in eine fromme Muslima. Sie legte den Tschador an, fing an, zu fasten und zu beten. Meine Lieblingsschwester Khatum wurde zu einer erbitterten Feindin.

Als sie sich verlobte, wurde es noch schlimmer. Ihr zukünftiger Mann war ein sehr strenger Muslim und hetzte sie noch mehr auf. Dabei richtete sich ihr Hass besonders gegen mich. Ein ganzes Jahr lang musste ich immer meine Bücher bei mir tragen, wenn ich zur Gemeinde ging, denn Khatum hatte gedroht: „Ich gehe zu den Pasdaran. Ich werde ihnen zeigen, was du liest. Und die werden dich hinrichten!"

Diese Gefahr war absolut real. Da ich eine Abtrünnige war, be-stand durchaus die Gefahr, dass man mich hingerichtet hätte.

Es war ein schlimmes Jahr. Als meine Tante und mein Onkel he-rausfanden, dass Donja und ich Christen geworden waren, hetzten sie ebenfalls gegen uns. Und mich machten sie dabei als Wurzel allen Übels aus. Denn ich hatte ja auch Donja vom wahren Glauben abgebracht. Sie sagten, ich hätte die Familie verdorben. Von Anfang an wäre ich verdorben gewesen, schon als Kind. Zwar hatte ich damals den Anschein erweckt, vernünftig und klug zu sein. In Wirklichkeit sei ich jedoch schon immer psychisch krank gewesen.

Mein Vater spielte zu dieser Zeit in meinem Leben keine größere Rolle mehr. Er interessierte sich sowieso nicht viel für seine Töchter. Eine schwere Nierenerkrankung machte ständige Krankenhausbesuche erforderlich, und als er eine seiner Nieren verlor, musste er regelmäßig zur Dialyse.

Als er hörte, dass ich Christin geworden war, sagte er nur: „Du bist nicht länger meine Tochter."

Das waren harte Worte. Obwohl mein Vater und ich uns nicht mehr so nah waren, machten sie mich traurig. Aber irgendwann sagte ich ihm auch: „Du behauptest jetzt, du seist nicht mehr mein Vater. Aber in Wirklichkeit warst du noch nie mein Vater. Du warst immer nur der Sarhang, der Offizier, der um jeden Preis geachtet und respektiert werden wollte. Nun hast du deine Tochter verstoßen. Aber ich habe einen Vater im Himmel und ich bin glücklich."

Er schüttelte nur den Kopf und wandte sich ab.

Es war schwer, Ablehnung, Verachtung und sogar Hass in der eigenen Familie zu ertragen. Donja und ich erfuhren genau das, was Jesus vor 2 000 Jahren mithilfe eines eindrücklichen Bildes vermittelt hatte, als er die Auswirkungen des Bekenntnisses zu ihm mit einem Schwert verglich, das Familien entzweien werde.

Jesus warnte seine Jünger: *Lebt nicht in der falschen Vorstellung, ich sei gekommen, um das Leben bequem und ungefährlich zu machen. Nein, an mir werden sich die Geister scheiden, und dieser Bruch wird mitten durch Familien hindurchgehen. Da wird der Sohn gegen seinen Vater aussagen, eine Tochter ihre Mutter ins Gefängnis*

bringen, eine Schwiegertochter von der Schwiegermutter an Gerichte
ausgeliefert werden. Wohlmeinende Familienmitglieder können eure
ärgsten Feinde werden.[24]

Was Donja und mich letztlich davor bewahrte, verraten zu werden, war die unerschütterliche Unterstützung meiner Mutter. Sie
stand hinter uns und vor meiner Mutter hatten alle Respekt.
Aber die Anfeindungen in meiner Familie waren nicht das, was
diese Zeit am meisten prägte. Am meisten prägte Donja und mich
die Begeisterung dafür, unseren Vater im Himmel gefunden zu
haben.

Meine Schwester und ich besuchten ein Jahr lang die Gemeinde.
Dabei mussten wir sehr vorsichtig sein. Wir nahmen nie den direk-
ten Weg in die Gemeinde, sondern jeden Sonntag einen anderen
Umweg. Und wir achteten darauf, ob uns jemand folgte.

Nach dem Gottesdienst erhielten wir eine Art Gemeindeun-
terricht. Vom Islam zum christlichen Glauben zu konvertieren
war eine ernste Angelegenheit und kein Schritt, den man auf die
leichte Schulter nehmen durfte. Wir sollten wissen, worauf wir uns
einließen.

Deshalb studierten Donja und ich die Bibel, bis wir den Inhalt
des Neuen Testaments und große Teile des Alten Testaments kannten. Insgesamt lernten wir 50 Bibelverse auswendig. Zum Schluss
legten wir vor der Gemeinde eine Prüfung ab und dann wurden
wir getauft.

Manchem hier im Westen mag dies merkwürdig vorkommen.
Vielleicht erscheint das Ganze zu streng und künstlich verkopft.
Natürlich ist das Vertrauen in Jesus zunächst einmal eine Her-

---

24 Matthäus 10,34–36, nach der Übertragung „Willkommen daheim" von Fritz Ritzhaupt,
Asslar, Gerth Medien, 2009

zensentscheidung, die jeder Einzelne ganz persönlich trifft. Aber Glaube ist wie jede Beziehung immer ganzheitlich. Der Glaube betrifft Herz und Verstand ebenso wie das konkrete Handeln eines Menschen.

Dieser lange Unterricht diente unter anderem dazu, Donja und mich vor einer unbedachten, spontanen Entscheidung zu bewahren, die möglicherweise nur auf schwammigen spirituellen Gefühlen beruhte, nicht aber den ganzen Menschen betraf. Und er bewahrte die Gemeinde vor Menschen, die es nicht ehrlich meinten.

Wir waren nur eine kleine Gruppe, als wir getauft wurden, aber wir alle meinten es ernst und taten diesen Schritt im Bewusstsein der möglichen Folgen.

Sahar begleitete mich, wenn wir in den Gottesdienst gingen; sie besuchte gern die Sonntagsschule für Kinder. Aber auch sie musste dies vor allen anderen geheim halten. Es ist furchtbar, wenn schon kleine Kinder eine solche Unfreiheit erleben müssen. Aber meine Tochter war klug und tapfer. Wir hatten ein geheimes Zeichen, wenn es um Dinge ging, die kein anderer wissen durfte: Wir legten unsere Handflächen gegeneinander und verschränkten die Finger. Alles, was mit diesem Zeichen besiegelt wurde, blieb allein uns beiden vorbehalten.

Ich kann kaum beschreiben, was es für mich bedeutete, Gott als meinen himmlischen Vater zu entdecken, als meinen Papa, der mich sieht, so wie ich bin, und der mich auch dann noch von Herzen liebt, wenn ich ihn enttäusche. Diese vorbehaltlose, unendlich tiefe Liebe veränderte mich. Aus einer verbitterten Frau, die sich stets in sich selbst zurückgezogen hatte und die Menschen nicht mochte, wurde jemand, der die Menschen liebte. Auf einmal entdeckte ich, dass ich Freude daran hatte, mit anderen Menschen zusammen zu sein und ihnen zu helfen.

Statt auf andere herabzusehen, lernte ich die Menschen wertzu-
schätzen, jeden auf seine Weise.

Unser Pastor hatte daran keinen geringen Anteil. Er entdeckte
Gaben in mir, die mir überhaupt nicht bewusst waren. Fast gegen
meinen Willen ernannte er mich zur Jugendleiterin. Ängstlich ließ
ich mich auf diese Arbeit ein und ich gewann Freude daran. Aber
damit nicht genug. Schon bald darauf wurde ich Schatzmeisterin,
Mitarbeiterin in der Frauengruppe und Chormitglied.

Bei jeder Aufgabe hatte ich starke Zweifel. Aber er ermutigte
mich auf seine sehr direkte Art und Weise. „Du kannst das, Flor.
Gott hat dir diese Gaben gegeben, lass sie nicht ungenutzt verküm-
mern."

Noch heute bin ich ihm sehr dankbar dafür. Wenn er mich damals nicht mit sanfter Gewalt dazu gebracht hätte, mich selbst zu
entdecken – ich wüsste nicht, wo ich heute stehen würde.

Auch zu Hause blieben die Veränderungen, die in mir vorgingen, nicht unbemerkt. Vor allem meiner Mutter fiel auf, dass ich
ein anderer Mensch geworden war. Jahrelang hatte sie beobachten
müssen, wie ihre Tochter immer unglücklicher und depressiver
geworden war. Sie hatte erleben müssen, dass ihre eigene Tochter
sich beinahe umgebracht hätte. Und nun sah sie, dass ich voller
Freude war, dass ich Frieden hatte und vergeben konnte. All dies
ging nicht spurlos an ihr vorüber.

Da ich meine Arbeit als Sekretärin verloren hatte und meine
Geschwister entweder aus dem Haus waren oder noch zur Schule
gingen, war ich oft allein mit meiner kleinen Tochter und meiner
Mutter daheim.

„Nun", sagte sie eines Tages, „wenn du ohnehin die ganze Zeit
in diesem Buch versunken bist, kannst du mir genauso gut auch
daraus vorlesen."

Und das tat ich.

Meine Mutter hörte aufmerksam zu. Sie war fasziniert von Jesus und dem, was er getan hatte. Vor allem das konkrete Gebot der Nächstenliebe berührte sie. Als ich ihr das Gleichnis vom barmherzigen Samariter vorlas, entfuhr es ihr: „Aber das ist doch das, was mir schon immer wichtig war. Es scheint fast, als wäre ich schon immer Christ gewesen, ohne dass ich es wusste."

Und irgendwann geschah tatsächlich das Wunder und auch meine Mutter kam zum Glauben an Jesus und besuchte regelmäßig die Gottesdienste. Das hatte auch deshalb eine besondere Brisanz, weil sie eine *Sayyida* war, eine leibliche Nachkommin Muhammads.

Bei meiner Taufe war Maman allerdings nicht dabei. Denn bei der Taufe wird die innere Abkehr vom Islam offensichtlich, was von vielen strengen Muslimen als Verrat an Allah aufgefasst wird. Die Taufe im Iran ist lebensgefährlich. Deshalb verschwieg ich meiner Mutter diesen Termin, um sie nicht zu gefährden.[25]

Dass Maman nun auch Christin geworden war, veränderte die Situation. Ihr Ansehen in der Verwandtschaft war so groß, dass sich niemand gegen sie wandte. Und damit wurde die Situation auch für Donja und mich etwas erträglicher.

Es schien, als wäre Frieden in unsere Familie eingekehrt.

---

25 Die Situation hat sich mittlerweile nicht verbessert. Schon seit einigen Jahren ist das Taufen im Iran verboten.

„Ich brauche dich nicht"

Ich genoss die Zeit in der Gemeinde und hatte viel Freude an den Aufgaben, die ich dort übernahm. Aber finanziell ging es uns weiterhin nicht gut.

Sahar wurde älter und war bei Maman gut aufgehoben, wenn ich unterwegs war. Ich beschloss, dass es an der Zeit sei, mir wieder eine Anstellung zu suchen. Und nach einigem Suchen wurde ich auch fündig: In einem Büro wurde eine Sekretärin gesucht. Ich bewarb mich und erhielt eine Zusage. Das Büro war für die damalige Zeit topmodern ausgestattet und verfügte über Computer und Faxgeräte. Auch das Unternehmen war über jeden Zweifel erhaben. Es stand nicht zu befürchten, dass ich erneut an eine Scheinfirma der Drogenmafia geraten war. Man bot mir ein Monatsgehalt von 7 000 Toman[26] an, was eine großartige Summe war.

Alles schien zu passen. Dann kam jedoch ein junges Mädchen, das in meine Jugendgruppe ging, auf mich zu und fragte: „Kannst du Schreibmaschine schreiben, Flor?"

„Ja, warum fragst du?"

---

26 Das entspricht einem Monatsgehalt von ca. 730 US-Dollar.

„Könntest du dir vorstellen, das gesamte Alte Testament in persischer Übersetzung in den Computer einzugeben?"

Ich sah sie mit großen Augen an.

„Du würdest auch Geld dafür bekommen. Man würde dich pro Seite bezahlen."

„Und für wen sollte ich das tun?"

Das Mädchen lächelte. „Für die Bibelgesellschaft."

Wie sich herausstellte, war ihr Vater der Leiter der iranischen Bibelgesellschaft, die damals tatsächlich noch offiziell geduldet wurde.

Die damalige Bibelübersetzung war 120 Jahre alt und sollte in ein moderneres Persisch übertragen werden. Nun suchte man jemanden, der die alte Übersetzung in den PC eintippte, damit man sie überarbeiten konnte. Der eingetippte Text wurde ausgedruckt und handschriftlich überarbeitet. Die Überarbeitungen mussten dann wieder in den Computer eingegeben werden.

Die Bibelgesellschaft hatte nicht viel Geld. Selbst wenn ich mit Überschallgeschwindigkeit getippt hätte, wäre ich wohl nicht auf ein Gehalt von 7 000 Toman gekommen.

Aber das Angebot war in ganz anderer Hinsicht für mich attraktiv.

Es wäre meine Aufgabe, die Bibel zu lesen. Ohne Angst dürfte ich die Texte studieren. Das Alte Testament war mir damals noch nicht sonderlich vertraut. Was für eine großartige Chance, dies zu ändern! Außerdem würde ich nur bis 14 Uhr arbeiten und hätte mehr Zeit für meine Tochter.

Ich zwang mich, die Vor- und Nachteile gegeneinander abzuwägen, aber im Grunde hatte ich mich schon entschieden.

Ich ließ den lukrativen Job sausen und wurde Mitarbeiterin der Bibelgesellschaft.

Ich arbeitete mit Begeisterung und schrieb im Schnitt elf Seiten am Tag. Das war mehr, als die Bibelgesellschaft kalkuliert hatte. Ich wurde zu teuer. Sie mussten mein Gehalt reduzieren. Statt einer Seitenpauschale boten sie mir einen Tageslohn an. Schließlich einigten wir uns auf 2 500 Toman pro Monat. Das war nur gut ein Drittel dessen, was mir die andere Firma gezahlt hätte. Aber mir war es recht. Die Arbeit selbst war mir mindestens genauso viel wert wie der Lohn.

Ich mochte meine Kolleginnen und Kollegen, musste allerdings feststellen, dass die Sekretärin des Büros mir mit Ablehnung begegnete. Zuerst dachte ich, ich hätte sie versehentlich gekränkt oder anderweitig verärgert. Dann jedoch stellte ich fest, dass sie auch dem Leiter gegenüber sehr unfreundlich auftrat.

Die Frau war eine Assyrerin und trug einen tief sitzenden Groll gegen alle Konvertiten in sich. Ich weiß nicht, woher dieses Misstrauen kam, aber sie machte keinen Hehl daraus, dass sie ehemaligen Muslimen nicht traute. Vielleicht hatte sie schlimme Erfahrungen machen müssen. In jedem Fall hatte sie bewusst oder unbewusst das Credo der Mullahs übernommen, das besagte: *Einmal Muslim, immer Muslim!*

Mein Chef war schon seit 25 Jahren Christ – welchen Zweifel konnte sie daran haben, dass er es ernst meinte? Aber ihr Misstrauen saß tief. Und ich bekam es als Neubekehrte besonders deutlich zu spüren.

Die ersten Monate in der Bibelgesellschaft waren hart. Aber dann geschah etwas Besonderes. Gott berührte das Herz dieser verbitterten Frau.

Eines Tages kam sie zu mir. Ihr Gesicht war tränennass. „Flor", schluchzte sie, „ich muss mit dir reden."

Wir zogen uns ein wenig zu zurück.

„Heute Nacht hatte ich einen Traum", berichtete sie mir. „Ich war in der Gemeinde und ich sah dich und deine Schwester Donja vorne am Altar stehen. Ein ganz besonderer Glanz lag auf euch. Und dann fingt ihr an zu singen, und euer Gesang war so schön und voller Heiligkeit, als würde sich der Himmel auftun und die Stimmen der Engel zu uns herabdringen. Ich fing an zu weinen, mitten im Traum, denn ich spürte, dass Gott durch dieses Bild zu mir gesprochen hatte." Sie legte ihre Hand auf meine Schulter. „Es tut mir leid, dass ich so unfreundlich war. Nun weiß ich: Gott hat dich und deine Schwester auserwählt, er hat etwas ganz Besonderes mit euch vor."

Ich war so froh. An diesem Tag fand ich eine neue Schwester. Im Stillen staunte ich über Gottes Eingreifen. Immer wieder schafft er es, die Grenzen in unseren Köpfen zu durchbrechen. So wie er schon vor knapp 2 000 Jahren die Denkblockaden eines Petrus durchbrach, der sich einfach nicht vorstellen konnte, dass Jesus nicht nur für seine jüdischen Brüder und Schwestern gekommen war, sondern für alle – für jeden einzelnen Menschen auf dieser Welt.

Dreieinhalb Jahre arbeitete ich für die Bibelgesellschaft und es war eine wunderbare Zeit. Aber auch wenn ich mich veränderte und vieles sich zum Besseren wandelte, manches blieb auch unverändert.

Als Sahar älter wurde, tauchte auch ihr Vater wieder häufiger in unserem Leben auf. Ich fürchtete mich vor ihrem siebten Geburtstag, denn nach iranischem Recht gehören Jungen ab dem zweiten Lebensjahr und Mädchen ab dem siebten Lebensjahr in das Haus des Vaters.

Mein Exmann zeigte sich vergleichsweise freundlich, und ich versuchte, ihn im Licht meines neuen Glaubens zu sehen. Hatte nicht auch er eine zweite Chance verdient? Ich wollte nicht, dass

Sahar miterleben musste, dass zwischen ihren Eltern Krieg herrschte. Aber ich war mir wohl bewusst, dass die iranische Rechtswirklichkeit auf seiner Seite stand.

Wie befürchtet, bestand mein Exmann auf seinem Recht. Als Sahar sieben Jahre alt war, nahm er sie mit zu sich nach Arak, wo er inzwischen lebte. Gegenüber meiner Tochter hatte ich nie schlecht über meinen Exmann gesprochen. Immerhin war er ihr Vater, und ich wollte nicht, dass sie Angst vor ihm hatte. Außerdem dachte ich mir, dass es für Sahar besser wäre, wenn ich mich freundlich und versöhnlich zeigte. Nur so hatten wir die Chance, uns wiederzusehen.

Meine Tochter ging ohne Angst und neugierig mit ihm. Aber mir brach es das Herz, sie ziehen zu lassen.

Sahar kam in die Schule und ich war nicht bei ihr. Das war ungeheuer schmerzhaft. Aber ich riss mich zusammen und versuchte, bei unseren wöchentlichen Telefonaten möglichst fröhlich und ermutigend auf sie einzuwirken.

Doch es war schrecklich. Schon sehr schnell stellte sich heraus, dass die neue Frau meines Exmannes mich hasste und dies auf grausame Art und Weise an meiner Tochter ausließ. Durch das Telefon hindurch hörte ich, wie sie meine Tochter schlug. Sahar am Telefon weinen zu hören war unerträglich.

Ich flehte die Frau an, meine Tochter gerecht zu behandeln. „Bitte hör auf, sie zu schlagen. Warum tust du das? Sie ist ein unschuldiges Kind. Meinetwegen hasse mich! Beschimpfe mich, so viel du willst, aber tu meiner Tochter nichts an."

Ich versuchte, Sahar aus der Ferne Gutes zu tun. Ich kaufte ihr Kleidung und Süßigkeiten, schickte ihr Pakete.

Aber die Situation verschlimmerte sich zunehmend. Nach ein oder zwei Monaten hielt ich es nicht mehr aus, ich musste sie besuchen. *Diese Frau bringt mein Kind um!*, ging mir immer wieder durch den Kopf.

Ich fuhr nach Arak und flehte meinen Exmann an: „Bitte gib mir Sahar zurück. Deine Frau hasst sie und schlägt sie immer wieder. Du darfst nicht zulassen, dass deine Tochter so leidet! Ich hatte wirklich gehofft, dass sie es gut bei dir haben wird. Du hattest deine Chance. Aber sieh doch selbst, es geht einfach nicht."

Mein Exmann tobte vor Wut. Er brüllte jedes Argument nieder und fing an, mich unflätig zu beschimpfen und seine Frau ebenfalls.

Ich sah ein, dass ihm weder mit Argumenten noch mit Appellen an die Liebe zu seiner Tochter beizukommen war, und musste unverrichteter Dinge wieder abziehen. Nie werde ich vergessen, wie meine Tochter mich ansah, als ich zur Tür ging. Ihre Augen schienen verzweifelt zu fragen: „Maman, gehst du wirklich? Lässt du mich hier allein zurück?"

„Sahar, ich kann nichts machen", flüsterte ich mit gebrochener Stimme.

Es wurde immer schlimmer. Jedes Mal, wenn ich dort anrief, beschimpfte mich diese Frau. Aber schlimmer noch, sie hörte nicht auf, Sahar zu schlagen.

Ich spürte, wie der Hass in meinem Herzen aufloderte. Aber ich wollte das nicht. Jeden Abend betete ich: „Herr, ich will, dass du mir diesen Hass nimmst. Ich hasse diesen Mann und diese Frau. Sie sind meine Feinde, sie tun meiner Tochter Böses. Aber ich will für sie beten, so wie du es uns gesagt hast."

Es war eine schwere Prüfung. Ich wollte christlich handeln, aber meine geliebte Tochter musste leiden.

Und dann dämmerte mir, dass ich sehr wohl gegen den Hass in meinem Herzen ankämpfen konnte und dennoch nicht tatenlos zusehen musste, wie meine Tochter litt.

Ich sprach mit meiner Mutter. „Maman, ich kann nicht länger zulassen, dass sie Sahar misshandeln. Bitte, lass uns gemeinsam nach Arak gehen und sie dort rausholen."

„Flor, wie stellst du dir das vor? Du weißt doch, wie er ist. Er mag sich uns gegenüber jähzornig und gewalttätig zeigen. Aber er ist auch sehr geschickt darin, andere Leute zu manipulieren. Er hätte es in seinem Beruf nicht so weit gebracht, wenn er nicht überzeugend auftreten könnte. Du weißt, wer in unserem Land das Sagen hat. Die Mullahs werden auf seiner Seite sein."

Maman hatte recht. Unsere Position war denkbar schlecht. Ich hatte meinen Mann verlassen und war eine geschiedene Frau. Für diese Männer war ich wie eine Hure.

„Wirst du trotzdem mit mir kommen?", fragte ich.

„Natürlich", entgegnete meine Mutter. „Was soll die alberne Frage?"

Wir fuhren nach Arak und tatsächlich ließen sie uns in die Wohnung. Da Maman dabei war, beherrschte sich mein Exmann und fing nicht gleich an, mich zu beschimpfen.

Sahar freute sich zutiefst, ich konnte es sehen. Dennoch umarmte sie mich nicht. Sie zitterte.

„Willst du mich nicht umarmen?", fragte ich vorsichtig.

Sie schüttelte den Kopf.

„Willst du mit mir nach Hause kommen?"

Wieder schüttelte sie den Kopf. „Nein. Ich brauche dich nicht!"

Mir brach das Herz.

Maman trat neben mich. „Sei nicht dumm, Flor", raunte sie mir zu. „Er hat sie bedroht. Nimm das nicht ernst."

Ich versuchte, Nasser Vaziri und seine Frau zu überzeugen. Aber alles Argumentieren, alles Bitten und Flehen ging ins Leere. Sie wollten Sahar unbedingt bei sich behalten.

Als ich mich von meiner Tochter verabschiedete, wisperte ich ihr zu: „Warte auf mich, Sahar, in zwei Tagen werde ich wiederkommen, und dann fliehen wir zusammen. Aber das bleibt unter uns!" Sie legte ihre kleine Hand auf meine und wir verschränkten unsere Finger. Eine Welle des Glücks durchlief mich. Diese kleine Geste sagte alles. Sie war unser vertrautes Geheimzeichen. Nun wusste ich, wie es wirklich um sie stand. Maman hatte recht gehabt, ihr Vater musste sie bedroht und ihr eingeschärft haben, dass sie auf keinen Fall mit mir gehen durfte. Was meine Tochter wirklich empfand, hatte sie mir mit dieser Geste verraten.

Am nächsten Morgen ging ich in die Grundschule meiner Tochter und suchte die Klassenlehrerin auf. Ich stellte mich als Sahars Mutter vor.

Sie sah mich überrascht an. „Sie sind Sahars Mutter? Und wer ist die Frau, die sie sonst immer bringt?"

„Das ist die Stiefmutter!", erklärte ich. Es waren nicht viele Worte nötig, um die Situation zu erklären.

Schon nach wenigen Sätzen unterbrach mich die Frau: „Jetzt verstehe ich, warum dieses Kind immer so traurig ist und nie konzentriert am Unterricht teilnimmt. Es scheint immer, als wäre Sahar alles egal. Sie träumt, guckt aus dem Fenster und ist innerlich gar nicht anwesend. Ihre Hausaufgaben werden nie korrigiert und nie wird unterschrieben, wenn sie ihre Klassenarbeiten mit nach Hause bringt. Mehrmals habe ich die Familie angeschrieben und darum gebeten, dass Sahar besser unterstützt wird, aber es gab nie eine Reaktion."

Mir kamen die Tränen, als ich hören musste, wie sehr meine Tochter unter der Situation leiden musste.

Die Lehrerin sah mich an. „Wissen Sie was? Ich gebe Ihnen einen Brief, in dem ich meine Sichtweise der Entwicklung meiner

Schülerin ausführlich darlege." Sie legte ihre Hand auf meinen Arm. „Ich werde Ihnen helfen, Ihr Kind zurückzubekommen!"

Staunend sah ich sie an. Das war ungeheuer mutig von ihr. Sie riskierte damit ihren Arbeitsplatz.

Am nächsten Tag fuhren meine Mutter und ich in einem Taxi zum Haus meines Exmanns. Wir warteten in einiger Entfernung und beobachteten, wie meine Tochter aus der Tür trat. Sie schaute sich suchend um.

Meine Mutter stieg aus dem Auto und ging auf sie zu. Sie trug einen Tschador. Als sie bei der Kleinen angekommen war, verbarg sie Sahar unter dem weiten Gewand und brachte sie zum Taxi. Noch nie hatte ich dieses unförmige Kleidungsstück so sehr geschätzt wie an diesem Tag.

Unbehelligt fuhren wir los und kehrten nach Teheran zurück.

Zu Hause angekommen, rief ich als Erstes meinen Exmann an. Ich wollte nicht, dass Sahar bei ihm lebte, aber ich wollte auch nicht, dass er glaubte, sie hätte einen Unfall gehabt oder wäre entführt worden.

„Mach dir keine Sorgen", sagte ich. „Sahar ist bei mir. Ich habe sie wieder zu mir genommen, und glaube mir, ich werde bis zum letzten Atemzug um sie kämpfen! Sie wird niemals an diesen schrecklichen Ort zurückkehren. Sie bleibt bei mir!"

Am nächsten Morgen hörte ich Geschrei auf dem Hof der Flüchtlingsunterkunft: „Diebe, Entführer, Menschenhändler!"

Es war klar, was das zu bedeuten hatte. Ich genoss in diesem Haus ohnehin einen schlechten Ruf. Nun gab sich Nasser Vaziri alle Mühe, mich als Schwerverbrecherin hinzustellen.

Ich warf einen Blick aus dem Fenster und sah meinen Exmann auf dem Hof stehen und drohend die Faust schütteln. Er hatte ein ganzes Polizeiaufgebot mitgebracht und die Schaulustigen ließen nicht auf sich warten. Eine ganze Menschentraube hatte sich bereits versammelt.

Ich sandte ein stummes Gebet zum Himmel und öffnete die Tür. Maman folgte mir, aber diesmal sprach ich für mich selbst. „Darf ich fragen, um was es geht?", wandte ich mich an den Polizisten, der das Sagen zu haben schien.

„Ihnen wird Kindesentführung vorgeworfen."

„Ich habe niemanden entführt. Sahar ist meine Tochter."

„Was?" Der Polizist war irritiert. „Aber dieser Mann behauptet, Sie hätten sein Kind entführt!"

„Der spinnt!", platzte es aus mir heraus. „Ich bin die Mutter!"

„Also ..." Der Mann blickte von mir zu meinem Exmann, der mich hasserfüllt anstarrte. „Nun gut. Dann muss ich Sie jetzt alle bitten, mich aufs Revier zu begleiten."

„Diese ganze Familie gehört zu den Anhängern des Schahs!", schrie Nasser Vaziri aufgebracht. „Der Vater dieser Frau hat als hoher Offizier für diesen Verbrecher gearbeitet! Sie sind alle Verräter der Revolution!" Er zog wirklich alle Register.

Hass kochte in mir hoch, aber ich wollte ihm nicht nachgeben. Immer wieder sagte ich mir: *Du bist Christin. Du willst christlich handeln.* Ich versuchte gar nicht erst, die Vorwürfe meines Exmanns zu entkräften. Stattdessen sah ich den Polizisten an und sagte: „Ich bin eine Mutter und Sahar ist mein Kind. Was meine Familie früher vielleicht getan hat, welche politischen Ansichten sie möglicherweise vertreten hat, all das spielt keine Rolle. Das ist meine Tochter und sie gehört zu mir!"

„Diese Frau gehört ins Gefängnis!", fauchte Nasser Vaziri.

Die Polizisten sprachen miteinander. Aus den Wortfetzen, die zu mir drangen, konnte ich heraushören, dass sie darüber nachdachten, mich bis zum Prozess in Haft zu nehmen.

Ich sah meinem Exmann in die Augen. „Schämst du dich nicht? Ich bin die Mutter deines Kindes! Ich war einmal deine Frau. Du sagtest einst, du würdest mich lieben! Und nun scheust du dich nicht, so etwas zu tun?!"

„Du hast mich nicht gewollt", zischte Nasser Vaziri. Hass war auf seinem Gesicht zu lesen. „Und nun werde ich dich ruinieren! Ich werde niemals zulassen, dass du glücklich wirst!"

„Das liegt nur in Gottes Hand und nicht in deiner", erwiderte ich. „Du hast keine Macht über mich!"

Die letzte Richterin

Die Polizisten nahmen uns allesamt mit aufs Revier. Man befürchtete, dass ich mit meiner Tochter fliehen würde, deshalb bestand die realistische Chance, dass sie mich bis zum Prozess in Untersuchungshaft stecken würden. Doch noch am gleichen Tag kam Achmed Miri, der Leiter der Bibelgesellschaft, und bürgte für mich. Als Pfand legte er die Besitzurkunde seines Hauses vor. Sein Vertrauen berührte mich sehr. Ich kam frei und Sahar durfte zunächst bei mir bleiben.

Der Prozess zog sich über Monate hin. Es gab viele Verhöre und Besuche bei Ärzten, die Stellungnahmen abgeben sollten. Und weil ich wusste, wie die Dinge liefen, zahlte ich die zuweilen nicht sonderlich subtil eingeforderten Bestechungsgelder. Meine Familie stand hinter mir. Wir mussten fast alles an Gold und Schmuck verkaufen, was wir noch hatten.

Einerseits hoffte ich auf ein baldiges Ende dieser quälenden Ungewissheit, anderseits sah ich dem Prozess mit Bangen entgegen. Ich war nicht naiv, mir war durchaus bewusst, wie schlecht meine Chancen standen. Ich war eine geschiedene Frau, eine Entehrte. Die Tradition und das iranische Recht standen auf der Seite meines Mannes. Und was noch entscheidender war: In diesem Land hatten die Mullahs das Sagen. Überall im Land waren die Richterstühle mit den getreuen Anhängern der Islamischen Revolution besetzt worden. Eine der bekanntesten Frauen des Landes, die Richterin und spätere Friedensnobelpreisträgerin Shirin Ebadi, die vor der Revolution den Senatsvorsitz im Teheraner Stadtgericht innehatte, wurde ihres Richteramtes enthoben, weil sie angeblich aufgrund ihrer weiblichen Emotionalität nicht in der Lage sei, die nötige Objektivität an den Tag zu legen.

Nasser Vaziri konnte darüber hinaus sehr eloquent auftreten. Was stand da wohl zu erwarten, wenn ein studierter und erfolgreicher Mann im Sorgerechtsstreit gegen eine geschiedene Frau mit zweifelhafter Vergangenheit antrat? Für wen würden die Mullahs mehr Verständnis aufbringen?

Ich hatte Angst. Aber ich vertraute auf Gott und, um ehrlich zu sein, vertraute ich noch ein bisschen mehr auf meinen listigen und mit allen Wassern gewaschenen Onkel.

Noch am Morgen des Prozesstages kam er zu mir und beruhigte mich: „Hab keine Angst, Flor. Ich habe den besten Anwalt, den man für so ein Verfahren kriegen kann. Er ist erfahren, gewieft und äußerst erfolgreich. Glaube mir, der wird diesen Wichtigtuer Nasser Vaziri noch im Gerichtssaal auseinandernehmen."

„Danke, Onkel."

„Wir sind eine Familie!", erwiderte er. „Wir müssen zusammenhalten."

Mit Maman und Sahar stand ich nervös vor der Tür des Gerichtssaals und wartete auf meinen Onkel und den Anwalt. Immer wieder blickte ich nervös auf die Uhr, doch er kam nicht.

Stattdessen erschien mein Exmann. Als er mich sah, bleckte er die Zähne, zeigte mit dem Finger auf mich und sagte: „Heute mache ich dich fertig! Ich ruiniere dich!"

„Gott ist bei mir", erwiderte ich, deutlich mutiger, als ich mich fühlte. „Er wird mir helfen! Du kannst mich nicht ruinieren!"

Er schnaubte und schüttelte den Kopf.

Die Zeiger der Uhr krochen unaufhaltsam vorwärts. Meine Finger, mit denen ich Sahars kleine Hand umfasst hielt, waren schweißnass. Innerlich flehte ich zu Gott, er möge doch meinen Onkel und meinen Anwalt rechtzeitig herschicken und mich nicht alleinlassen.

Schließlich war es so weit, die Türen des Gerichtssaals wurden geöffnet. Weder mein Onkel noch mein Anwalt waren erschienen. Ich war ganz auf mich allein gestellt. Mein Herz pochte, als ich den Saal betrat.

Wir wurden zu unseren Plätzen geführt, mussten jedoch gleich wieder aufstehen. Ich werde nie vergessen, wie es war, als sich die Tür für die Vertreter des Gerichts öffnete, und anstelle eines bärtigen Mullahs eine füllige kleine Frau hereinkam. Sie nickte uns knapp zu und setzte sich auf den Richterstuhl.

Mir blieb der Mund offen stehen. Diese Frau konnte nicht real sein. Zu diesem Zeitpunkt gab es eigentlich keine Richterinnen mehr. Das Recht wurde von den Mullahs gesprochen und diese hatten keine besonders schmeichelhafte Meinung von den weiblichen Fähigkeiten. Im Zweifelsfall waren sie immer auf der Seite der Männer. Langsam klappte ich den Mund wieder zu. Diese Frau war so etwas wie ein lebendes Fossil, die vermutlich letzte amtierende Richterin der Islamischen Republik Iran. Vielleicht hatte man sie einfach übersehen, weil sie für die politisch eher uninteressanten Familienangelegenheiten zuständig war.

Aber auch wenn sie eine Frau war, sie war eine Richterin, die den Gesetzen dieses Staates zu folgen hatte. Vielleicht war sie nicht ohne Grund im Amt geblieben?

Ich versuchte, meine zitternden Hände zu beruhigen, als sie meinem Exmann zuerst das Wort erteilte.

Wie zu erwarten, trat Nasser Vaziri sehr selbstbewusst auf. Er fing damit an, meine Familie zu beschimpfen und uns als Anhänger des Schahs zu diskreditieren.

Die Richterin sah ihn an und meinte knapp: „Ich bin wegen Ihres Kindes hier. Die Familiengeschichte Ihrer Frau interessiert mich nicht. Also hören Sie auf, mir Geschichten zu erzählen."

Nasser Vaziri klappte die Kinnlade herunter.

Die Richterin sah zu mir herüber: „Wollen Sie dieses Kind bei sich haben und großziehen?"

„Ja!", erwiderte ich nervös. „Natürlich, natürlich. Ich will mein Kind haben!"

„Aber sie kann mein Kind nicht erziehen!", rief mein Exmann dazwischen. „Sie arbeitet und hat gar keine Zeit, sich um meine Tochter zu kümmern. Meine Frau hingegen –"

„Aber meine Mutter ist zu Hause und meine Familie ebenfalls", unterbrach ich ihn rasch. „Sie werden sich um Sahar kümmern, während ich auf der Arbeit bin."

„Sie muss also arbeiten gehen", sagte die Richterin und blickte dabei meinen Exmann an. „Sind Sie bereit, Unterhalt zu zahlen, damit sie zu Hause bleiben und sich um das Kind kümmern kann?"

„Ich?", rief Nasser Vaziri aus. „Nein! Ich kann ihr kein Geld geben."

„Dann muss sie ja wohl arbeiten gehen!", erwiderte die Richterin. „Die Großmutter kann derweil auf das Kind aufpassen."

Das wollte mein Exmann nicht akzeptieren. Eine Weile ging es hin und her. Aber schließlich wandte sich die Richterin direkt an Sahar: „Wo möchtest du leben, Kleine, bei deiner Maman oder deinem Baba?"

Sahar sah zu mir auf und sagte mit fester Stimme: „Bei Maman!"

Das war ungeheuer mutig von ihr, denn mein Exmann hatte ihr furchtbare Angst eingejagt. Ich hatte sie vorher gefragt: „Warum hast du damals gesagt, dass du nicht zu mir willst und mich nicht brauchst?"

Sie hatte erwidert: „Baba hat mir gedroht. Er hat gesagt: Ich bring dich um, wenn du mir nicht gehorchst!"

Die Richterin nickte langsam. „Das Kind wird ab sofort bei der Mutter leben. Das Verfahren ist hiermit beendet."

In diesem Moment tat mein Exmann etwas sehr Unkluges. Er fing an, die Richterin wüst zu beschimpfen: „Das lasse ich mir nicht bieten! Sie wurden doch gekauft! Die haben Sie bestochen. Die bestechen sowieso jeden."

Die Richterin warf ihm einen eisigen Blick zu. „Entweder Sie halten jetzt sofort den Mund oder ich lasse Sie wegen Beleidigung des Gerichts ins Gefängnis werfen!"

Nasser Vaziri verstummte abrupt.

Ich war so glücklich, ich hätte fliegen können, als ich gemeinsam mit Sahar den Gerichtssaal verließ. *Danke, Gott!,* rief ich innerlich aus. *Danke! Danke!*

Draußen vor dem Gebäude traf ich meinen Onkel, der mich betreten ansah.

Ich hob die Brauen. „Na, herzlichen Dank, du bist ja sehr früh gekommen."

„Flor, es tut mir leid", stammelte er. „Es gab auf einmal tausend Schwierigkeiten. Irgendetwas hat den Anwalt aufgehalten und dann –"

Ich winkte lachend ab. „Es ist alles gut, Onkel. Sahar darf bei mir bleiben!" Ich schloss ihn in die Arme, während ich in meinem Herzen nicht aufhören konnte, Gott zu danken.

Ich wusste, dass viele in der Gemeinde für mich gebetet hatten. Wir alle hatten Gott um ein Wunder angefleht. Aber mein Glaube war so klein gewesen, dass ich mir dieses Wunder von einem gewieften Anwalt erhofft hatte.

Nun hatte Gott mir gezeigt, dass er so unendlich viel größer ist als meine kleinen Gedanken und Pläne.

Gefährliche Ehrlichkeit

Mit diesem Urteil brach eine gute Zeit in meinem Leben an. Sahar war bei mir, und ich brauchte keine Angst mehr zu haben, dass Nasser sie mir wegnehmen würde. Zwar hatten wir noch immer nicht viel Geld, aber dafür erfüllte mich meine Tätigkeit bei der Bibelgesellschaft umso mehr. Ich konnte ohne Gefahr die Bibel studieren und wurde sogar noch dafür bezahlt. Dabei wuchsen mir besonders die Psalmen ans Herz. In diesen jahrtausendealten Liedern begegneten mir Menschen, die in ihrem Leben tiefe Täler durchschritten hatten, die von Menschen enttäuscht worden waren und offen über ihre Ängste, ihre Zweifel und ihren Zorn sprachen. Doch in all dem ließen sie nicht ab von Gott und durften die Erfahrung machen, dass auch er nicht von ihnen abließ. Im gerichtlichen Streit um das Aufenthaltsrecht meiner Tochter hatte ich Gottes vorausschauende Fürsorge besonders erleben können und die Worte aus Psalm 18,2–4 sprachen mir aus dem Herzen:

Ich liebe dich, Herr! Du bist meine Kraft! Der Herr ist mein Fels, meine Festung und mein Erretter, mein Gott, meine Zuflucht, mein sicherer Ort. Er ist mein Schild, mein starker Helfer, meine

Burg auf unbezwingbarer Höhe. Ich preise dich, Herr! Wenn ich
zu dir um Hilfe rufe, dann werde ich vor meinen Feinden gerettet.

Mein Chef Achmed Miri, der Leiter der Bibelgesellschaft, entwickelte sich im Laufe der Zeit zu einem väterlichen Freund. Vielleicht verstanden wir uns deshalb so gut, weil auch er Perser und Konvertit war.

Ursprünglich sollte ich meinen Einstellungsunterlagen auch ein schriftliches Zeugnis beifügen, in dem ich beschreiben sollte, wie ich zum christlichen Glauben gefunden hatte. Aber es schien ständig Wichtigeres zu geben, sodass ich dieses Schreiben immer wieder hinausschob.

Da mein Chef mich aber gut kannte, drängte er mich auch nicht dazu. Aber nachdem der Rechtsstreit um das Aufenthaltsrecht meiner Tochter beigelegt worden war, fand ich endlich die Ruhe, dieses Zeugnis zu schreiben.

Ich gab es Achmed Miri und er fügte es meiner Personalakte bei. Dabei wirkte er nicht sonderlich bei der Sache.

„Ist alles in Ordnung?", fragte ich ihn.

„Wie?" Er blickte auf, als habe er gar nicht gehört, was ich gesagt hatte.

„Sie wirken so nachdenklich. Stimmt etwas nicht?", sagte ich und sah ihn besorgt an.

„Ich weiß nicht genau ..." Er verstummte. „Vielleicht ..."

Mehr war an diesem Tag nicht aus ihm herauszuholen. Aber später gestand er mir: „Ich werde beobachtet."

Ich spürte ein unangenehmes Kribbeln in der Magengegend.

„Geheimpolizei?"

Er nickte.

„Machen Sie sich Sorgen?"

Er seufzte. „Es ist schwer einzuschätzen, was das bedeutet. Im Grunde wundert es mich nicht, dass die Pasdaran ein Auge auf uns haben. Aber bislang lassen sie uns in Ruhe."

Der Iran hatte mit fast 200 anderen Staaten gemeinsam die Allgemeine Erklärung der Menschenrechte ratifiziert. In Artikel 18 hieß es darin: *Jeder hat das Recht auf Gedanken-, Gewissens- und Religionsfreiheit; dieses Recht schließt die Freiheit ein, seine Religion oder seine Weltanschauung zu wechseln, sowie die Freiheit, seine Religion oder seine Weltanschauung allein oder in Gemeinschaft mit anderen, öffentlich oder privat durch Lehre, Ausübung, Gottesdienst und Kulthandlungen zu bekennen.*

Der Iran interpretierte diesen Artikel allerdings auf seine eigene, sehr spezielle Art und Weise. Das Selbstverständnis des iranischen Staates findet sich gleich in Artikel 1 seiner Verfassung: Der Iran ist eine „Islamische Republik". In Artikel 2 wird deutlich gemacht, dass die Gesetze des Landes auf den Aussagen von Koran und Sunna beruhen. Die Würde und Freiheit des Menschen gilt nur zusammen mit seiner Verantwortung vor Allah, weswegen er sich der Führung heiliger Männer anvertrauen muss. Nach Artikel 14 sind auch die Menschenrechte aller Nichtmuslime zu respektieren, sofern sie den Islam nicht bekämpfen und sich nicht konspirativ gegen den Islam oder den Iran betätigen.

Bislang hatte man genau das der Bibelgesellschaft auch nicht unterstellt. Aber wir bewegten uns, wie man in Deutschland zu sagen pflegt, auf sehr dünnem Eis.

Als wochenlang nichts Besonderes geschah, entspannte ich mich. Ich genoss meine Aufgaben und die Zeit, die ich mit meiner Tochter verbringen konnte. Meine Arbeitsstelle lag in der Nähe ihrer Schule, sodass ich sie in der Pause abholen und gemeinsam mit ihr zu Mittag essen konnte.

Als ich eines Tages aus der Pause zurückkam, hielten sich fremde Männer im Büro auf. Ich wusste sofort, wen ich da vor mir hatte. Es herrschte eine fast mit Händen zu greifende Atmosphäre der Angst im Raum. Die bärtigen Männer, die unsere Unterlagen durchwühlten, barsche Fragen stellten und alle Computer und Disketten beschlagnahmten, auf denen wir unsere Unterlagen abgespeichert hatten, trugen ihre Macht wie einen unsichtbaren Mantel. Offenbar hatten die Pasdaran ihre Beobachterrolle aufgegeben.

Ich drückte mich möglichst unauffällig an den Leuten vorbei zu Achmed Miri. „Ist es ernst?", raunte ich ihm zu.

Er zuckte mit den Achseln. „Ich weiß es nicht. Sie wollen mich befragen und beschlagnahmen alle unsere Unterlagen."

Mein Chef wurde abgeführt. Besorgt betrachtete ich sein bleiches Gesicht.

„Sie können nach Hause gehen!", sagte einer der Pasdaran zu uns Mitarbeitern. „Dieses Büro ist ab sofort geschlossen!"

Mit bangem Herzen verließ ich gemeinsam mit den anderen den Raum. Was würde mit Achmed Miri geschehen?

Als ich die Treppe hinunterging, hielt mich einer der Revolutionswächter auf: „Sie sind Flor Namdar?", fragte er.

Ich nickte.

Mein persischer Nachname schien ihn zu irritieren. „Sind Sie Armenierin oder Assyrerin?"

Wenn ich mich jetzt als Angehörige einer dieser Volksgruppen ausgab, würde er mich wahrscheinlich ziehen lassen. Diese traditionell christlichen Völker lebten seit Jahrhunderten im Iran. Sofern sie nicht missionierten oder sich gegen den Staat wandten, behelligte man sie nicht. Aber ich wollte nicht lügen. Ich wollte zu Jesus stehen und ihm vertrauen. Also sagte ich: „Nein. Ich bin Perserin. Ich war eine Muslima, aber ich bin Christin geworden."

„Aha, danke schön." Der Mann lächelte. Aber es war kein freundliches Lächeln. Er zog ein Schriftstück und einen Stift aus einer Tasche. „Unterschreiben Sie das!"

Ich las mir das Dokument durch. Es war eine Erklärung, in der ich mit meiner Unterschrift besiegelte, dass ich dieses Haus nie wieder betreten würde. Mein Herz pochte laut, als ich ihm Stift und Dokument unverrichteter Dinge zurückgab. Aber ich spürte eine Kraft in mir, die mich selbst überraschte.

„Wenn Gott dieses Haus schließt, dann ist das so", sagte ich. „Aber wenn er es wieder öffnet, werde auch ich da sein. Ich werde das nicht unterschreiben."

Der Mann sah mich an.

Ich hielt seinem Blick stand.

„Sie hören von uns!", sagte er schließlich, und zu meiner großen Überraschung ließ er mich ziehen.

Ich trat hinaus auf die Straße. Nachdem ich ein paar Meter gegangen war, wurden mir die Knie weich. *Was hast du getan?*, schoss mir durch den Kopf. *Warum kannst du denn deine große Klappe nicht halten? Du hast ein Kind! Und jetzt hast du dich mit den Pasdaran angelegt!* Und dann fuhr mir die Erkenntnis wie ein feuriger Stich durchs Herz: Sie hatten mein Zeugnis! Ich hatte selbst gesehen, wie sie alle Unterlagen eingepackt hatten. In einer dieser Akten befand sich auch mein Bekenntnis, in dem ich schwarz auf weiß beschrieb, wie ich als Muslima zu Christus gefunden hatte. Hier hörte die Religionsfreiheit auf. Ein Muslim, der Christ wurde, fiel vom wahren Glauben ab. Er verriet den Islam und darauf stand die Todesstrafe. Dies war zwar nicht direkt im iranischen Gesetz verankert, fand sich aber in der Scharia und wurde durch eine Fatwa von Ajatollah Chomeini bestätigt. 1983 hatte man den protestantischen Pastor Mehdi Dibaj wegen seines 45 Jahre zuvor erfolgten Übertritts vom Islam zum Christentum zum Tode verurteilt. Zum damaligen Zeitpunkt befand er sich allerdings noch immer in Gewahrsam, weil sein Fall internationales Aufsehen erregt hatte.[27] Doch es war davon auszugehen, dass ich keine solche Aufmerksamkeit zu erwarten hatte. Abgesehen davon erfolgten die Hinrichtungen nicht immer in aller Öffentlichkeit. Manche Christen wurden auch einfach heimlich ermordet.

Als ich nach Hause kam, wunderte sich meine Mutter: „Was machst du denn so früh hier?"

„Maman, ich habe keine guten Nachrichten."

„Was ist passiert?"

„Die Pasdaran waren heute im Büro. Die Bibelgesellschaft wurde geschlossen und alle Akten wurden mitgenommen." Ich versuchte, die Ereignisse zu verharmlosen. „Ach ja, und es könnte sein, dass sie mich vielleicht auch abholen kommen."

Meine Mutter wurde auf der Stelle leichenblass. „Oh Flor, sie werden dich töten!"

„Vielleicht kommt es ja nicht so weit –"

„Rede keinen Unsinn!", unterbrach sie mich. „Die kommen garantiert. Sie werden dich abholen. Die ganze Familie gerät in Gefahr und dich werden sie hinrichten!" Sie packte mich am Arm. „Flor, wir müssen fliehen!"

Wir mussten sehr schnell handeln. Hals über Kopf flohen wir aus Teheran und zogen nach Karaj westlich der Hauptstadt. Dort wohnte meine 12 Jahre ältere Halbschwester Shaheen mit ihrem

---

27 Der armenische Bischof Haik Hovsepian Mehr initiierte internationale Proteste, die 1994 zur Freilassung Dibajs führten. Allerdings wurde das Todesurteil nicht aufgehoben. Nur drei Tage später wurde Haik Hovsepian Mehr entführt und ermordet. Dibaj wurde am 24. Juni 1994 entführt; elf Tage später fand man seine Leiche in einem Teheraner Stadtpark (https://de.wikipedia.org/wiki/Mehdi_Dibaj).

Mann. Sie war die zweite Frau eines sehr reichen und sehr from-
men Hadschi.[28]

Meine Mutter erhoffte sich hier wohl Unterstützung und familiären Zusammenhalt. Aber die Begeisterung meiner Halbschwester
und ihres Mannes hielt sich in Grenzen. Dabei wussten sie noch nicht
einmal über die Hintergründe unseres plötzlichen Umzugs Bescheid.
Entscheidend war aber, dass unsere Flucht tatsächlich Erfolg
hatte. Die Pasdaran fanden uns nicht. Es ist gut möglich, dass sie
der Auffassung waren, dass ich bloß eine einfache Frau und damit
zu unwichtig war, um eine groß angelegte Suche nach mir in die
Wege zu leiten. Zudem war es sicherlich hilfreich, dass die Zeiten
damals sehr chaotisch waren. Der Krieg gegen den Irak war gerade
erst vorbei. Das Land war ausgeblutet und die Behörden arbeiteten
alles andere als reibungslos. Ein geordnetes Meldesystem wie hier
in Deutschland gab es ohnehin nicht. Kein Vermieter interessierte
sich für irgendwelche Formulare. Entscheidend war nur, dass die
Miete bezahlt wurde.

Welche Umstände es waren, die uns vor der Entdeckung be-
wahrten, weiß ich nicht. Was ich weiß, ist, dass Gott bei uns war
und seine schützende Hand über uns hielt.

Anfangs lebten wir nur von der Rente meines Vaters, der stets
nach Teheran fuhr, um den monatlichen Betrag abzuholen. Später
fand meine ältere Schwester Donja eine Beschäftigung als Näherin.
Auch sie musste jeden Tag nach Teheran pendeln, um dort zu arbeiten. Auf diese Weise bestritten wir unser Auskommen.

Ich wurde des Öfteren gefragt, wie mein Vater mit dieser Situation umging.

---

28 Ein frommer Muslim, der die Pilgerfahrt (Hadsch) nach Mekka nach der im Koran
vorgeschriebenen Weise unternommen hat, darf sich *Hadschi* nennen.

Er war sicherlich nicht glücklich darüber, aber er nahm es hin. Die Familie war schon immer der Wirkungsbereich meiner Mutter gewesen. Die Beziehungen zu seiner Frau und seinen Kindern hatten noch nie oberste Priorität im Leben meines Vaters gehabt. Erst viel später erfuhr ich, dass er viele Affären gehabt hatte und Maman nie treu gewesen war. Wie viele Männer praktizierte auch er wohl die sogenannte Zeit- oder Genussehe, die im Schiismus Teil der islamischen Lehre ist. Bei einer solchen Ehe „heiratet" ein muslimischer Mann eine Frau für einen festgesetzten Zeitraum, das bedeutet, die Scheidung ist schon im Vorhinein vereinbart und wird vom Mann mit einem „Pflichtteil" abgegolten. Die Dauer einer solchen „Ehe" kann zwischen einer Stunde und 99 Jahren liegen. Letzteres ist in der Praxis eher selten der Fall; erstere Regelung ist für manche Kritiker nur schwer von Prostitution zu unterscheiden. In jedem Fall ist auf diese Art und Weise das Nebeneinander mehrerer „Ehefrauen" legitimiert, ohne dass damit eine längerfristige Verpflichtung verbunden wäre.

Das Selbstverständnis meines Vaters war nicht durch die Familie, sondern durch seine Tätigkeit als Offizier geprägt gewesen. Seit die Islamische Revolution all seine Verdienste in der Armee des Schahs ausgelöscht hatte, war er mehr und mehr in sich selbst versunken. Hinzu kam seine schwere Nierenerkrankung, die weiterhin häufige Krankenhausaufenthalte nötig machte. War er dann zu Hause, war er vor allem mit sich selbst beschäftigt. Er nahm es hin, dass seine Frau das Sagen hatte.

Nachdem wir einige Zeit unbehelligt in Karaj gelebt hatten, nahm ich auf Vermittlung meines Schwagers eine Tätigkeit in einer Firma für Tierfutterproduktion auf. Allerdings hielt ich es dort nicht lange aus. Offenbar wusste hier jeder Mann, wessen Schwägerin ich war, weshalb ich ständig Heiratsanträge von wohlhabenden

Männern bekam. Mancher von ihnen hielt es für vorteilhaft, auf diese Weise enger mit meinem Schwager verbunden zu sein. Allerdings wäre ich dann nur die zweite oder dritte Ehefrau geworden. Die Männer waren jedoch ausgesprochen unangenehm und aufdringlich und ließen nicht locker, sodass ich es irgendwann nicht mehr aushielt und den Job kündigte.

Wieder einmal war mein Leben nur auf meine eigenen vier Wände beschränkt. Ich vermisste die Gemeinde und meine Arbeit in der Bibelgesellschaft. Aber zumindest war ich nicht allein. Unsere eigene kleine Kirche war mit in den Untergrund gezogen. Maman, Donja, mein jüngerer Bruder, meine Tochter Sahar und ich bildeten eine kleine Hausgemeinde. Wir lasen in der Bibel, beteten und vertrauten uns der Fürsorge unseres Vaters im Himmel an.

Ein Anruf aus Europa

In Karaj waren wir in Sicherheit. Aber die Situation ähnelte jenen langen Jahren, in denen ich mich fast ausschließlich in der Flüchtlingsunterkunft aufgehalten hatte. Nur selten konnte ich das Haus verlassen, meist um meine ältere Halbschwester Shaheen zu besuchen. Ich vermisste die Kirche und die Gemeinschaft mit anderen Christen.

Bei den meisten Besuchen saß ich mit meiner Schwester allein in einem Zimmer und sie klagte mir stundenlang ihr Leid. Sie war die zweite Ehefrau ihres Mannes und nicht sehr glücklich in ihrer Ehe. Ich versuchte, so gut es ging, ihr mit meinem Rat zur Seite zu stehen und sie zu unterstützen. Doch darüber hinaus hatten wir ein angespanntes Verhältnis. Als sie schließlich mitbekam, dass ich Christin geworden war, wurde sie wütend. Sie befahl mir, unter allen Umständen darüber zu schweigen: „Wenn mein Mann herausbekommt, dass meine Schwester eine Abtrünnige ist, wird er sich von mir scheiden lassen. Und was mache ich dann? Ich habe drei Kinder!"

„Ich verstehe deine Situation", erwiderte ich. „Von mir aus werde ich nichts erzählen. Aber wenn er mich fragt, werde ich auch nicht lügen."

Sie war über diese Erklärung nicht gerade erfreut, nahm sie jedoch hin. Es war nicht sonderlich wahrscheinlich, dass mein Schwager sich für meine Meinung interessieren würde.

Insgesamt vier Jahre lebte ich in Karaj im Untergrund; während der gesamten Zeit besuchte ich nicht ein einziges Mal die Gemeinde. Irgendwann in den ersten Monaten suchten uns einige Älteste der Gemeinde auf. Sie hatten uns irgendwie ausfindig gemacht und erkundigten sich nach unserem Befinden.

Ich erklärte ihnen die Situation. Als sie erfuhren, dass die Pasdaran meine Personalakte hatten, in der schwarz auf weiß zu lesen stand, dass ich Konvertitin war, hatten sie großes Verständnis für mich. Bei dieser Gelegenheit erfuhr ich auch, dass Achmed Miri nach Europa, genauer gesagt nach Deutschland, geflohen war. Ich erkundigte mich nach seiner Adresse und von diesem Zeitpunkt an schrieb ich ihm jedes Jahr zu Weihnachten eine Karte.

Als die Ältesten der Gemeinde sich verabschiedeten, war dies das letzte Mal, dass ich sie sah. Unsere Wege sollten sich nie wieder kreuzen.

Auch wenn unser Alltag nicht einfach war und wir nur wenig Geld hatten, wuchs doch unser Vertrauen in Jesus. Wir waren auf das Wesentliche beschränkt und hielten es so wie die junge Gemeinde in Apostelgeschichte 2, Vers 42: *Die* […] *Gemeinde entwickelte ein eigenes Leben in einzelnen kleinen Haus-Gemeinschaften. Dort lehrten die Apostel, dort brach man auch das Brot miteinander und lernte vor allem zu beten.*[29]

Unser Bibelkreis fand nicht zu festen Zeiten statt. Wenn meine zwei Schwestern, mein kleiner Bruder, Maman und meine Tochter

---

29 nach der Übertragung „Willkommen daheim" von Fritz Ritzhaupt, Asslar, Gerth Medien, 2009

da waren, waren wir vollzählig. Wir sangen Lieder, lasen in der Bibel und beteten gemeinsam. Da keiner von uns eine Pastorenausbildung hatte, fiel es mir zu, diese kleinen Gottesdienste zu leiten. Ich hatte die Gemeinde am längsten besucht und dort viele Aufgaben übernommen. Durch den Taufunterricht kannte ich das Neue Testament und durch die Arbeit bei der Bibelgesellschaft war mir auch das Alte Testament sehr vertraut. Aber vor allem hatte ich den Eindruck, dass dies Gottes Aufgabe für mich war.

Wir spürten, dass Jesus in unserer Mitte war, so wie er es versprochen hatte: *Denn wo zwei oder drei in meinem Namen zusammenkommen, bin ich in ihrer Mitte.*[30] Er ließ unser Vertrauen zu ihm trotz oder gerade wegen der schwierigen Umstände wachsen.

In Karaj verbrachte ich eine zwiespältige Zeit. Auf der einen Seite genoss ich die tiefer gehende Gemeinschaft mit Jesus und mit meiner Familie, auf der anderen Seite fühlte ich mich gefangen und unausgelastet. Konnte dieses Leben im Untergrund alles sein, was Gott für mich geplant hatte?

Wenn ich eines inzwischen gelernt habe, dann, dass Gott nur selten einen geraden Weg mit uns geht. Wenn er uns auf einen Berggipfel führen möchte, dann nimmt er im Regelfall nicht die Seilbahn, sondern den schmalen, gewundenen Pfad, der uns durch enge Schluchten führt; es geht über unübersichtliches und unwegsames Gelände, vorbei an tiefen Gletscherspalten und über loses Geröll. Und wenn wir dann nach langer Wanderung verschwitzt und verdreckt auf dem Gipfel stehen, wissen wir die Schönheit dieses Berggipfels erst wirklich zu schätzen. Denn Gottes Weg hat nicht nur das verändert, was uns vor Augen ist, er hat auch uns selbst verändert.

---

30 Matthäus 18,20

Irgendwann bot sich mir auf meiner vier Jahre andauernden Wanderung ein „Anblick", den ich nicht erwartet hatte. Denn unvermutet tauchte plötzlich mein Exmann Nasser Vaziri wieder auf. Ich weiß nicht genau, wie er uns ausfindig gemacht hatte, aber ich vermute, dass eine schwatzhafte Verwandte unseren Aufenthaltsort ausgeplaudert hatte.

Einigermaßen verdattert öffneten wir ihm die Tür. Er betrat überaus selbstbewusst und in einem schicken Anzug die Wohnung und erklärte, dass er inzwischen beruflich sehr erfolgreich sei und viel Geld verdienen würde. Und dann machte er mir zu meiner grenzenlosen Verblüffung erneut einen Heiratsantrag.

Ich war sprachlos. Wie kam er nach all dem, was geschehen war, auf den völlig absurden Gedanken, dass ich ihn noch einmal heiraten würde? Meine Reaktion fiel entsprechend aus. Ich machte ihm keinerlei Hoffnung.

Aber das schien ihn nur noch mehr anzuspornen. Er tauchte in unregelmäßigen Abständen immer wieder auf und wiederholte sein Angebot. „Du wirst sehen, Flor, ich habe es wirklich zu etwas gebracht. Du bekommst von mir ein Auto und ein eigenes Haus. Und ich verspreche dir, wenn du zu mir zurückkommst, dann nicht als Zweitfrau. Du wirst von mir den Status als erste Frau zurückbekommen."

Für einen winzigen Moment blitzte in mir das Bild meiner Sahar auf, wie sie mir als kleines Mädchen bleich und verängstigt hinterhergeblickt hatte, als ich sie bei Nasser und seiner Frau zurücklassen musste. Ich hörte wieder ihr Weinen und ihr Schreien am Telefon, wenn diese Frau sie schlug. Was Nasser mir hier anbot, war die perfekte Gelegenheit, Rache zu nehmen.

Aber ich wollte keine Rache. Ich wollte mein Leben als Christin führen. Ich atmete tief ein und aus und schaute ihm in die Augen:

„Nasser, das kann nicht funktionieren! Es hat schon damals nicht funktioniert. Ich liebe dich einfach nicht!"

Er stellte einen Koffer voller Geld auf den Tisch. „Das gehört alles dir."

Nachdem ich mich von meiner Verblüffung erholt hatte, fragte ich misstrauisch: „All die Jahre hast du uns nicht einen Rial gezahlt, und nun das? Willst du mich bestechen? Ich sage dir gleich, das wird nicht klappen."

„Es ist für dich. Mach damit, was du willst."

Ich überlegte einen Moment, dann sagte ich: „Also gut, ich nehme es für Sahar. Aber dadurch verpflichte ich mich zu nichts."

Er lächelte. „Du wirst schon sehen", sagte er. „Eines Tages kommst du zu mir zurück."

Eines Abends, ich hatte Geburtstag, tauchte er erneut auf und versuchte, mich zurückzugewinnen. Doch plötzlich klingelte das Telefon. Wir hatten das Gerät noch nicht lange und so war es ein ungewohntes Geräusch. Meine Mutter ging an den Apparat, der im anderen Zimmer stand. Sie wirkte einen Moment lang verblüfft, als sie wieder zurückkkam. „Es ist für dich, Flor."

Ich ging in den Nebenraum und nahm den Hörer in die Hand. „Hallo?"

„Herzlichen Glückwunsch zum Geburtstag, Flor." Es war Achmed Miri, mein ehemaliger Chef.

„Vielen Dank –", sagte ich.

Doch Achmed hielt sich nicht lange mit Höflichkeiten auf. Stattdessen überfiel er mich einfach mit einer Frage: „Flor, kannst du dir vorstellen, nach Deutschland zu kommen und hier zu arbeiten?"

Obwohl ich so gut wie nichts über Deutschland wusste und im Grunde keinerlei Vorstellung davon hatte, was mich dort erwartete, schoss die Antwort so unvermittelt und klar aus mir heraus, als habe sie dort schon lange geschlummert: „Ja! Ich will!"

Achmed Miri schien etwas überrascht von meiner spontanen Zusage. „Äh ... bist du sicher?"

„Ja."

„Gut ... das ist wunderbar. Ich melde mich wieder bei dir."

Ich legte auf, ging wieder zurück nach nebenan. Nasser war inzwischen gegangen.

Ich glaube, Gott hatte es so geführt, dass diese Frage genau zum richtigen Zeitpunkt in mein Leben kam. Er wusste, wann ich bereit war, den nächsten Schritt zu gehen. Dennoch war es ein seltsames Gefühl, als ich Maman berichtete, was geschehen war. Es fühlte sich an, als sei ich von meiner eigenen Entscheidung überrumpelt worden.

Doch meine Mutter sagte nur: „Gut. Mach das. Geh nach Deutschland!" Sie war eine verblüffend moderne und offene Frau. „Du bist kein Mensch, den man mit Geld kaufen kann", erklärte sie. „Wenn du glaubst, dass Deutschland für dich der richtige Weg ist, dann musst du ihn gehen."

Es tat mir gut, dass sie so kompromisslos hinter mir stand.

Einige Zeit ging ins Land, bis ich das Visum hatte, dann reiste ich für drei Monate nach Deutschland. Sahar blieb bei Maman im Iran.

Während ich unterwegs war, versuchte mein Exmann, mich in Karaj zu besuchen. Er rief mehrmals an, und jedes Mal mussten meine Schwester oder meine Mutter ihm mitteilen, dass ich nicht da sei.

Indessen war ich über Frankfurt nach Hamburg gereist, wo ich von Achmed Miri in Empfang genommen wurde.

Er berichtete mir, dass er auf einer Konferenz in Zypern eine Jane

Smith kennengelernt hatte. Sie war von einer US-amerikanischen Missionsgesellschaft nach Deutschland gesandt worden, um dort in Kooperation mit der deutschen Landeskirche ein Projekt ins Leben zu rufen, das sich der Kurden annahm, die damals vorwiegend aus dem Irak geflohen waren. Saddam Hussein hatte Giftgasangriffe auf seine eigene Bevölkerung fliegen lassen und die kurdischen Gebiete im Norden des Irak angegriffen. Es gab viele Verletzte, die sich in Deutschland behandeln ließen. Jane Smith stieß bei ihrer Arbeit jedoch immer wieder auf Schwierigkeiten. Unter anderem zeigte man sich in Deutschland irritiert, dass sich eine US-Amerikanerin dort um Kurden kümmern wollte, obwohl sie weder deren Sprache verstand noch mit ihrer Kultur vertraut war.

Auf der Konferenz war sie mit Achmed Miri ins Gespräch gekommen und hatte ihm ihr Leid geklagt. Daraufhin hatte er erwidert: „Ich kenne eine Christin im Iran, die Kurdin ist. Sie kann dir helfen."

Und diese Christin war ich. Drei Monate sollte ich nun gemeinsam mit dieser Frau in Deutschland verbringen. Ich muss gestehen, ich war ziemlich nervös.

Das Land der Nackten
und der Blasen an den Füßen

Als ich zum ersten Mal nach Deutschland kam, war das für mich eine völlig fremdartige Erfahrung. Im nachrevolutionären Iran hatten sich Frauen an einen besonders strengen Sittenkodex zu halten. Wenn ein Kleid ein paar Zentimeter zu kurz war oder das Kopftuch nicht richtig saß, wurde man von der Polizei angesprochen. Natürlich befürwortete ich dieses strenge Reglement nicht, aber ich kam aus einer Gesellschaft, die traditionell sehr genau regelte, wie Frauen sich in der Öffentlichkeit zu verhalten hatten.

Und nun Deutschland! Als ich dort eintraf, war es Sommer und sehr warm. Mein erster Eindruck war: Deutschland ist ein Land der Nackten. Als ich durch einen Stadtpark ging, war ich geschockt. So viel nackte Haut hatte ich in meinem ganzen Leben noch nicht gesehen. Ich sah Teenager, die sich ohne Scheu auf der Straße küssten. Die jungen Frauen hatten, nach meiner damaligen Sichtweise, kaum etwas an, wenn sie auf der Straße unterwegs waren. So viel Grenzenlosigkeit überforderte mich. Es war ein echter Kulturschock.

Auch das Essen war mir sehr fremd. Um ehrlich zu sein: Das Einzige, was mir wirklich gut schmeckte, war das Eis. Ich gönnte mir anstelle eines Mittag- oder Abendessens jeden Tag eine große Portion. Man konnte das beim besten Willen nicht als ausgewogene Ernährung bezeichnen, aber für mich waren Kultur und Sprache schon fremdartig genug, da schob ich das deutsche Essen auf meiner Prioritätenliste einfach weiter nach unten. Diese Strategie hatte allerdings den Nebeneffekt, dass ich während meines dreimonatigen Aufenthalts insgesamt sechs Kilo zunahm.

Doch am fremdartigsten in dieser neuen Welt war Jane Smith. Im Iran waren Frauen nicht allein unterwegs, und wenn doch, nahmen sie in der Regel ein Taxi. Aber offenbar war Jane nicht bekannt, dass es auch in Deutschland Taxis gab. Sie lief ständig mit mir quer durch die Stadt, um zu den verschiedenen Einsatzorten zu kommen. Oft waren wir noch spätabends unterwegs, um ein Flüchtlingsheim zu besuchen.

Wenn ich dann irgendwann in der Nacht völlig erschöpft auf mein Zimmer torkelte, hatte ich Blasen an den Füßen. Aber ich hatte keine Kraft, mich darum zu kümmern. Ich fiel in mein Bett und schlief bis zum nächsten Morgen wie ein Stein.

Jane Smith schienen weder körperliche noch persönliche oder kulturelle Grenzen zu interessieren. Das irritierte mich. Was wusste sie eigentlich von den Menschen, denen zu helfen sie sich berufen fühlte?

Sie besuchte die Kurden und knüpfte viele Kontakte. Dabei achtete sie aber in keiner Weise auf die kulturellen Gepflogenheiten dieser Menschen. Und zu meinem Erstaunen sprach sie auch nie von ihrem Glauben.

„Das ist Flor", stellte Jane mich vor. „Sie begleitet mich während der nächsten drei Monate."

Schon bald stellte ich fest, dass Janes materielle Unterstützung zwar gern gesehen war, die Begegnungen aber recht oberflächlich blieben. In manchen Flüchtlingsheimen bezeichneten die Kurden Jane hinter vorgehaltener Hand als „respektlose Frau". Das lag meines Erachtens daran, dass sie sich zu wenig Gedanken um die Kultur der Menschen machte, für die sie da sein wollte. Wenn sie beispielsweise unbedacht die Beine übereinander schlug und ihrem Gesprächspartner die Schuhsohle zeigte, dann war das eine Beleidigung. Auch kleidete sie sich viel zu offenherzig und umarmte Männer auf eine Art und Weise, die sie unter Kurden als leichtfertige und zügellose Person dastehen ließ.

Meine diesbezüglichen Hinweise tat sie ab. Denn sie hatte ja einige Freunde unter den Kurden und diese hätten sie noch nie dafür kritisiert.

Was sollte ich dazu sagen? Vielleicht sahen diese Personen vieles lockerer oder aber sie wollten Jane nicht kritisieren, um ihre Unterstützung nicht zu verlieren.

Nach einigen Wochen kam der Leiter der Missionsgesellschaft aus den USA zu Besuch und bat mich zum Gespräch. Er wollte wissen, was ich von der Arbeit hielt. Er bat mich darum, offen und ehrlich meine Meinung zu sagen.

Ich teilte ihm meine Einschätzung mit und nannte dabei auch ganz offen meine Kritikpunkte: „Manchmal habe ich den Eindruck, dass Jane Smith sich noch nicht genug für die kulturellen Gepflogenheiten unseres Volkes interessiert. Und ich wiederum verstehe nicht so ganz, wie sie arbeitet. Aber wenn sie möchte, bin ich gern bereit, ihr zu helfen. Obwohl mir Deutschland noch ein wenig unheimlich ist."

Der Leiter der Missionsgesellschaft war begeistert, was mich ehrlich gesagt etwas überraschte. Auf jeden Fall eröffnete er Jane Smith: „Flor passt perfekt! Genau so eine Mitarbeiterin brauchen wir."

Im Nachhinein denke ich, dass das Ganze etwas unglücklich ablief. Jane hatte kaum eine andere Wahl, als ihm zuzustimmen, obwohl das eigentliche Entscheidungsgespräch noch ausstand.

Kurz bevor mein dreimonatiges Visum ablief und ich zurück in den Iran musste, sprach ich mit Achmed Miri, und er fragte mich nach meiner Einschätzung.

„Ich bin völlig fertig", erwiderte ich. „Diese Frau läuft den ganzen Tag durch die Gegend. Ich glaube, sie ist eher Marathonläuferin als Missionarin."

Achmed Miri lächelte.

„Aber ich mache mir auch Sorgen. Jane ist eine Frau voller Selbstbewusstsein und Energie. Aber sie zeigt kaum Verständnis für unsere gesellschaftlichen Normen."

Achmed Miri runzelte die Stirn. „Kannst du dir trotzdem vorstellen, mit ihr zusammenzuarbeiten?"

Ich dachte nach. *Jane sucht doch eine kurdische Kollegin, weil sie mehr über unsere Kultur erfahren will. Sie möchte dazulernen und ich kann ihr wirklich helfen.* Ich war optimistisch und sagte: „Ja, ich denke schon, dass wir gut zusammenarbeiten können. Wenn sie bereit ist, auch von mir zu lernen."

Ich weiß nicht genau, wie Achmed Miri dies später in unserem abschließenden Gespräch mit Jane übersetzte. Ich habe den Verdacht, dass er meine Kritik ein klein wenig beschönigte. In jedem Fall reagierte sie begeistert: „Ja, ich will sehr gern mit dir zusammenarbeiten."

Mit dieser Aussicht reiste ich in den Iran zurück.

Als ich zu Hause ankam, war ich zutiefst erschrocken – Sahar war sehr schmal geworden.

Ich sprach Maman darauf an und sie sagte: „Während du weg warst, war Sahar sehr still und traurig, sie hat kaum etwas gegessen."

Damit war für mich klar: *Wenn ich wieder nach Deutschland gehe, muss meine Tochter mit mir kommen.* Dafür brauchte ich allerdings ein Visum für uns beide und das war sehr schwer zu bekommen. Ich stellte mich auf eine lange Wartezeit ein.

Natürlich war Maman neugierig und fragte mich nach meinen Eindrücken von diesem fremden Land. „Deutschland ist ein freies Land", sagte ich. „Aber manchmal doch ein wenig sehr frei. Die Leute laufen dort halbnackt durch die Gegend. In Deutschland kann ich ohne Angst meinen Glauben praktizieren, aber es gibt auch vieles, das mich verwirrt und befremdet." Nach einer kurzen Pause fügte ich hinzu: „Ich mache mir Sorgen um Sahar."

Diese Gedanken veranlassten mich dazu, mich im Gebet immer wieder an Gott zu wenden. „Herr, ich weiß nicht genau, ob dies der richtige Weg ist. Bitte führe du uns. Öffne du die Tür nach Deutschland oder schließe sie. Wie du es willst, soll es geschehen!"

Wenig später tauchte mein Exmann wieder auf. „Wo warst du so lange?", fragte er. „Warum hast du nicht mit mir geredet?"

„Ich wollte nicht mit dir reden", beantwortete ich seine zweite Frage. „Wir haben uns ohnehin nichts zu sagen."

Er lächelte. Ich glaube, für ihn war das Ganze eine Art Spiel. Ein Wettkampf, in dem es meine Aufgabe war, mich zu verweigern, und seine, mich zu gewinnen – und natürlich ging er davon aus, dass er am Ende daraus als Sieger hervorgehen würde.

„Was soll ich für dich tun, damit du mich magst?", fragte er.

„Was du tun könntest?" Ich sah ihn an. „Du könntest mir die Geburtsurkunde meiner Tochter geben und mir das Sorgerecht für sie übertragen."

„Wozu?"

„Sahar lebt bei mir. Ich erziehe sie. Wenn du etwas für mich tun willst, gib mir das Sorgerecht."

Er lächelte.

„Das bedeutet aber nicht, dass ich dich dann wieder heiraten werde", fügte ich rasch hinzu.

„Aber du denkst darüber nach?", fragte er.

Ich nickte. „Ja. Ich verspreche, dass ich darüber nachdenken werde."

Wenig später fuhr ich mit ihm zum Standesamt. Als ich mich in seinen Wagen setzte, schnallte ich mich mit dem Sicherheitsgurt an, ohne darüber nachzudenken. Das war ein Fehler. Damals schnallte sich im Iran niemand an.

Nasser blickte mich an. „Was machst du denn da? Willst du, dass die Leute dich auslachen?"

Sein spöttischer Tonfall ärgerte mich, und ich reagierte, ohne nachzudenken: „Als ich in Europa war, war das üblich."

Er lachte. „Ja, ja, das europäische Karaj."

Ich biss mir auf die Lippen. Was tat ich da? Wenn er erfuhr, dass ich in Europa gewesen war, würde er misstrauisch werden. In diesem Moment war ich sehr dankbar für sein Überlegenheitsgefühl. Er nahm einfach nicht ernst, was ich tat.

Als wir ausstiegen, erkundigte er sich: „Warum willst du unbedingt dieses Sorgerecht? Ich werde dir Sahar nicht wegnehmen."

Ich schluckte. Hatte ich mich durch meine unbedachte Äußerung doch verraten? „Vielleicht besuche ich mal meine Verwandten in Schweden", erwiderte ich vage.

Er hakte nicht weiter nach.

Ich bekam tatsächlich wenige Stunden später das Sorgerecht für meine Tochter.

Und kaum hatte ich einen Pass für sie, beantragte ich unsere Visa.

Nun begann eine lange Zeit des Wartens. Monatelang erhielt ich keine Nachricht von den Behörden. Um die Zeit nicht zu verschwenden, besuchte ich einen Kurs und erlernte das Schreibmaschineschreiben mit lateinischen Buchstaben. Ich absolvierte eine Prüfung und erwarb ein entsprechendes Zertifikat. Drei Monate in Deutschland hatten mich gelehrt, dass es nie schaden konnte, eine Menge Papiere im Gepäck zu haben.

Ich informierte Jane darüber, aber sie schrieb mir zurück: *Wir brauchen so etwas nicht. Wir sind Missionare und keine Sekretärinnen.*

Ich war wegen dieser Abfuhr ehrlich gesagt ein bisschen beleidigt. Aber später sollte sich dann herausstellen, dass meine Kenntnisse durchaus nützlich waren.

Nach acht Monaten kam endlich das Visum. Grundlage war die Einladung eines deutschen Bischofs. Doch als ich die Unterlagen las, stellte sich heraus, dass nur ich die Einreisegenehmigung erhalten hatte, nicht aber meine Tochter.

„Aber es sollte doch auch für meine Tochter ein Visum ausgestellt werden", sagte ich verdattert.

Die Frau am Schalter schüttelte den Kopf. „Tut mir leid. Für Ihre Tochter ist nichts vorgesehen."

Ich gab das Visum zurück. „Dann nehme ich auch meines nicht. Wenn meine Tochter mit mir einreisen darf, komme ich gern wieder, ansonsten bleibe ich hier im Iran."

Ich ging nach Hause.

Maman fragte: „Und, wie ist es gelaufen?"

„Es hat nicht geklappt", erwiderte ich. „Ich hoffe, später ist dann alles da."

Meine Tochter sprach nicht viel. Sie saß in einer Ecke und beobachtete uns stumm. Schließlich meinte sie: „Du brauchst dich nicht für mich zu opfern. Du kannst gehen!"

„Ohne dich werde ich den Iran nicht verlassen!", beharrte ich. „Du musst das nicht tun. Geh und versuche, glücklich zu werden. Ich kann bei Oma bleiben."

„Nein, Sahar. Ich werde nicht ohne dich gehen. Ich liebe dich."

Dabei blieb es. Ich stellte mich darauf ein, im Iran zu bleiben. Aber dann kam eines Tages doch noch das Visum für uns beide! Die verschiedensten Gefühle überkamen mich: Ich war glücklich, aber gleichzeitig auch besorgt. *Wie wird das alles werden? Wirst du in diesem fremden Land klarkommen? Und wie wird es sein, mit Jane Smith zusammenzuarbeiten, die in vielerlei Hinsicht so gänzlich anders ist als du?*

Aber neben all diesem Hin und Her empfand ich auch ein Gefühl der Ruhe. *Gott wird bei dir sein, egal, was passiert. Es ist sein Plan, und du gehst dorthin, um ihm zu dienen. Er hält die Fäden in der Hand. Ihm kannst du vertrauen.*

Wir buchten einen Flug. Um fünf Uhr morgens mussten wir in Teheran sein. Am Abend vorher packten wir mit Freude und Bangen unsere Koffer. Ich wusste, es würde ein Abschied für sehr lange Zeit sein, vielleicht sogar für immer. Deshalb flossen auch Tränen.

Es war das reinste Chaos. Wir waren alle emotional aufgewühlt, und zugleich musste ich irgendwie versuchen, alles zu organisieren. Auf dem Boden lagen all meine Habseligkeiten verteilt. Was ich nicht mitnehmen konnte oder wollte, sollte sortiert und an verschiedene Freunde und Bedürftige verschenkt werden.

Mitten in diese anstrengende und aufwühlende Situation hinein klingelte es plötzlich an der Tür. Ich öffnete und starrte in das Gesicht meines Exmanns Nasser Vaziri.

191

Ich war schockiert. *Wer hat ihm etwas gesagt?*, schoss mir durch den Kopf.

„Was ...?", stammelte ich. „Äh ... einen Augenblick." Ich schlug ihm die Tür vor der Nase wieder zu.

Hastig räumten wir alle Sachen in eines unserer beiden Zimmer und schlossen es ab. Dann öffnete ich ihm wieder die Tür.

Er betrachtete mich misstrauisch. Dann trat er ein und setzte sich.

„Ist jemand gestorben?", fragte er.

Das war wohl die erste Erklärung, die ihm für unsere aufgewühlten, vom Weinen ganz verquollenen Gesichter und mein merkwürdiges Verhalten einfiel.

„Nein", erwiderte ich. „Wir sind heute Abend ein wenig traurig."

„Warum denn?"

„Nun, manchmal darf man auch ein wenig traurig sein, oder?" Ich wusste, dass ich schnippisch klang. Aber was hätte ich sonst sagen sollen?

Er blickte vom einen zum anderen und sein Blick blieb schließlich an mir hängen. Ich weiß nicht, was ihm dabei durch den Kopf ging. Vielleicht dachte er, ich würde mich einsam fühlen. In jedem Fall kam er auf sein Lieblingsthema zu sprechen: „Siehst du, Flor, seit Jahren biete ich dir an, meine Frau zu werden. Niemand anders tut das. Niemand will dich. Du bist eine sehr komplizierte Frau. Niemand kommt mit dir klar. Nur ich kenne dich und nur ich kann mit dir umgehen. Denke doch an Sahar, sie ist unsere gemeinsame Tochter. Ein anderer Mann würde sie nicht gut behandeln. Du wolltest dir doch mein Angebot noch einmal überlegen."

„Das habe ich getan", erwiderte ich. „Ich habe nachgedacht und bin zu dem Schluss gelangt, dass ich dich nicht heiraten möchte."

„Aber warum?"

„Ich liebe dich nicht!", sagte ich. „Und ohne Liebe geht es nicht. Ich glaube dir, dass du erfolgreich und wohlhabend geworden bist. Aber du kannst mir so viel Geld anbieten, wie du willst – ich brauche es nicht."

Es klingelte erneut. Plötzlich tauchte auch noch meine Halbschwester auf. *Was ist hier nur los?*, schoss mir durch den Kopf.

Ich weiß nicht, ob die beiden sich verabredet hatten, in jedem Fall mischte Shaheen sich ungefragt in unser Gespräch ein und forderte mich auf: „Heirate ihn!"

Ich wurde wütend. „Bist du etwa glücklich?!", fuhr ich sie an. „Du bist mit einem reichen Mann verheiratet, hast Geld und Gold. Aber seit Jahren heulst du mir die Ohren voll, weil du so unglücklich bist! Willst du, dass es mir genauso geht?"

„Sei doch vernünftig, Flor, was willst du denn machen?", erwiderte Shaheen ungerührt. „Du bist geschieden und hast eine Tochter. Niemand wird dich nehmen, höchstens Männer, die bereits eine Frau haben."

„Bei mir wärst du nicht die zweite Frau. Ich würde dich als meine erste Frau zu mir nehmen!", warf Nasser ein.

„Aber das will ich nicht!", erwiderte ich.

Das Gespräch schien sich ewig hinzuziehen. Erst spätabends verließen die beiden uns. Und zum Abschied sagte Nasser Vaziri: „Morgen Abend komme ich wieder. Das ist deine letzte Chance."

„Du kommst doch schon seit ein paar Jahren und jedes Mal sagst du: Es ist das letzte Mal", erwiderte ich müde.

Als er ging, gab ich ihm die Hand und sagte: „Lass uns in Frieden auseinandergehen. Wenn ich dir Unrecht getan habe, vergib mir, und ich vergebe dir auch."

Er sah mich überrascht an. Einen solchen Abschied nimmt man in unserer Kultur nur, wenn man schwer krank ist oder aus anderen Gründen nicht weiß, ob man den anderen jemals wiedersehen wird.

„Willst du sterben?", fragte er mich.

„Niemand kann in die Zukunft sehen", erwiderte ich.

Als ich dann wenig später völlig übermüdet im Flugzeug saß, wurde mir bewusst, dass diese unerwartete Begegnung mit meinem Exmann mir noch einmal in aller Deutlichkeit die „iranische Perspektive" meines Lebens aufgezeigt hatte. Mir wurde klar: *Nun lässt du das alles hinter dir. Du brichst die Brücken ab. Etwas Neues beginnt.*

Im Herzen vergab ich allen, die mir Unrecht getan hatten, auch meinem Exmann und seiner zweiten Frau.

Ich danke dir, Gott, für diese Chance. Aber ich bitte dich, sei mir nah, denn ich habe Angst.

Rückkehr unmöglich

Als meine Tochter und ich in Deutschland waren, klopfte Nasser erneut an die Tür meiner Familie. Wie ich später erfuhr, war es meinem Schwager ein besonderes Vergnügen, ihm mitzuteilen, dass Sahar und ich nach Europa gereist waren. Er konnte nämlich meinen Exmann auf den Tod nicht ausstehen.

Da ich es als unfair empfand, meiner Tochter ihren Vater vorzuenthalten, stellte ich später von mir aus den Kontakt wieder her. Aber die Vater-Tochter-Beziehung blieb oberflächlich. Inzwischen ist der Kontakt nur noch sehr sporadisch; er beschränkt sich auf ein oder zwei Telefonate oder E-Mail-Kontakte im Jahr.

Sahar und ich waren sehr aufgeregt, als wir in Hamburg landeten.

An dieser Stelle hätte ich gern geschrieben, dass mit meinem Neustart in Deutschland sofort eine glückliche und gesegnete Zeit begann. Ich hätte gern davon berichtet, dass ich das Leben in diesem freien Land genoss und meine Arbeit Früchte trug. Aber das war nicht der Fall!

Gott führt uns nicht selten über sehr verschlungene Pfade. Und manches Mal kommt uns der Boden, den wir beackern, so dürr und ausgetrocknet vor wie Wüstensand.

Achmed Miri holte meine Tochter und mich am Flughafen ab. Es war schön, ein vertrautes Gesicht zu sehen. Die nächsten Tage waren ausgefüllt mit Behördengängen. Mein Dreimonatsvisum musste in ein Arbeitsvisum umgewandelt werden. Irgendwann hatten wir alles geregelt.

Anschließend wurden wir für ungefähr eine Woche bei einer gläubigen deutschen Familie untergebracht. Es war gar nicht so leicht, eine Verbindung mit ihnen aufzubauen. Ich konnte nur ein paar Worte Deutsch und für meine Tochter war alles neu. Die Mentalität dieser Menschen war uns sehr fremd. Vor allem der Mann war mit seinem trockenen Humor und der eher sparsamen Gestik und Mimik ein typischer Norddeutscher. Wir konnten das, was er sagte, nicht verstehen, aber die anderen lachten.

Selten haben wir uns so ausgeschlossen gefühlt. Ich wollte nicht stören oder irgendetwas kaputt machen. Immer wieder wies ich Sahar zurecht. „Sei vorsichtig! Fass das lieber nicht an!"

Das deutsche Essen war uns fremd und meiner Tochter wollte es gar nicht schmecken. Sieben Tage lang ernährte sie sich ausschließlich von Butterbrötchen mit Marmelade.

Ab 18 Uhr saßen wir in unserem Zimmer. Meiner Tochter war langweilig und wir träumten von einer eigenen Wohnung.

In diese Situation hinein wurde ich auf eine Konferenz in Hannover geschickt. Zwar wusste ich nicht, was ich mit meinen minimalen Deutschkenntnissen dort tun sollte, aber ich beschloss, das Beste daraus zu machen.

Ich freute mich riesig, als ich dort Achmed Miri wiedertraf. Ich erzählte ihm von meinen Schwierigkeiten und er sagte: „Flor, ich weiß, dass es nicht einfach ist, aber du musst dich anpassen."

Ich nickte. „Du hast recht. Und als Allererstes muss ich die Sprache lernen."

Zurück in Hamburg bekamen wir zwei möblierte Zimmer in einem Gästehaus. Nun mussten wir uns selbst versorgen. Irgendwann fand ich einen Laden, in dem ich endlich etwas Vertrautes fand: Reis und eingelegten Knoblauch. Diese Kombination war in kulinarischer Hinsicht nicht besonders aufregend und zu allem Unglück ging auf dem Heimweg auch noch das Glas kaputt und die knoblauchgetränkte Soße schwamm in der Tüte. So nahmen Sahar und ich ein sehr denkwürdiges, aber nicht sonderlich schmackhaftes erstes Abendessen in der eigenen Wohnung ein.

Um die Waschmaschine im Gästehaus zu nutzen, kaufte ich Waschpulver und ein flüssiges Mittel, das im Regal daneben stand. *Das muss der Weichspüler sein*, dachte ich mir. Ich fand, dass ich das trotz meiner minimalen Deutschkenntnisse ziemlich pfiffig kombiniert hatte. Allerdings wunderte ich mich später über meine Kleidung, die so hart wurde, dass ich sie problemlos als Ritterrüstung verwenden konnte. Mochten die Deutschen keine weiche Wäsche? Irgendwann stellte ich dann fest: Bei der Flüssigkeit handelte es sich nicht um Weichspüler, sondern um ein flüssiges Waschmittel.

Mittlerweile denke ich, dass meine Eingewöhnungsschwierigkeiten zumindest ein Gutes hatten: Ich weiß sehr genau, wie man sich fühlt, wenn man in eine völlig fremde Kultur mit einer unbekannten Sprache hineingeworfen wird und niemand da ist, der dich versteht und dir die Dinge erklärt.

Deshalb ist es mir heute sehr wichtig, meine Gemeindemitglieder auch im Alltag zu unterstützen. Dabei können selbst die scheinbar kleinen Dinge sehr bedeutend sein, zum Beispiel ein paar Tipps für die Einkaufsliste.

Schon nach wenigen Wochen in Deutschland trat ich einen sechsmonatigen Sprachkurs an. Das war gut, aber meine Tochter wurde ohne jegliche Sprachkenntnisse in die örtliche Regelschule aufgenommen. Im Nachhinein glaube ich, dass dies ein Fehler war. Sie sprach kaum ein Wort Deutsch, wie sollte sie da dem Unterricht folgen? Darüber hinaus wurde sie von anderen Schülern gehänselt.

Zu Hause sah ich sie oft etwas schreiben und die Zettel anschließend in den Müll werfen. Eines Tages sah ich nach, was sie geschrieben hatte, und erschüttert las ich: *Ich mag dieses Land nicht! Ich weiß nicht, warum meine Mutter mich hierhergebracht hat. Ich vermisse Oma und meine Cousinen. Ich will zurück in den Iran!*

Es brach mir das Herz, das lesen zu müssen. Ich versuchte, sie zu ermutigen und zu unterstützen, aber es blieb schwer.

Hinzu kam, dass die Zusammenarbeit mit Jane Smith sich nicht verbesserte. Immer wieder zeigte sich, dass sie Schwierigkeiten hatte, meinen kulturellen Hintergrund zu verstehen. So präsentierte sie mir ganz zu Anfang unserer Zusammenarbeit meinen Zimmerschlüssel und fragte mich, ob ich denn wisse, wie man damit umgehen müsse.

Offenbar hatte sie irgendwann einmal in der Türkei ein völlig verarmtes kurdisches Dorf besucht. In den winzigen Hütten hatte es nicht einmal Türen gegeben. Das war schlimm. Aber glaubte sie wirklich, mir würde es ähnlich gehen, nur weil ich eine kurdische Mutter hatte?

Ich war nach Deutschland gekommen, weil ich dachte, Jane Smith wolle von mir lernen, aber falls das tatsächlich ihr Wunsch war, tat sie das so dezent, dass ich nichts davon mitbekam.

So suchte ich erneut das Gespräch mit ihr und dabei kam es zu einem verhängnisvollen Missverständnis. Mein Deutsch war noch nicht besonders gut und ihre Kenntnisse waren ebenfalls begrenzt. Eigentlich wollte ich sie fragen: „Traust du mir das nicht zu?"

Aber eine von uns beiden machte bei der Übersetzung einen Fehler und ich erhielt dann schließlich von ihr zur Antwort: „Ich traue dir nicht."

Ich war erschrocken. *Sie traut mir nicht?* Wie sollten wir auf dieser Basis zusammenarbeiten? Ich kam zu dem Entschluss, dass mein Projekt, Missionarin in Deutschland zu sein, gescheitert war, und beschloss, so schnell wie möglich in den Iran zurückzukehren. Aber als ich einen Blick in meinen Pass warf, traf mich der Schlag. Dort stand: *Seelsorgerin beim Evangelischen Missionswerk.*

Ich konnte nicht zurück! Nicht mit diesem Stempel! Diese Worte in meinem Pass wären mein Todesurteil gewesen und die Folgen für Sahar unabsehbar.

Mir blieb nichts anderes übrig, als mich geschlagen zu geben. *Okay, Gott, ich finde es furchtbar hier, aber offensichtlich hast du noch etwas mit mir vor. Aber dann gib Sahar und mir auch die Kraft, alles durchzustehen!*

Nach sieben Monaten fand ich endlich eine Wohnung, was einem kleinen Wunder gleichkam. Nicht nur, weil Wohnungen in jener Zeit sehr rar waren, sondern auch, weil ich zur Vertragsunterzeichnung nicht erschienen war. Unglücklicherweise hatte ich nämlich aufgrund meiner mangelnden Deutschkenntnisse Sonnabend und Sonntag verwechselt. Die Vermieterin war jedoch eine geduldige, freundliche Frau. Sie vereinbarte einen zweiten Termin und endlich konnten wir in unsere eigene kleine Wohnung ziehen. Es war wunderbar.

Doch alles war in einem erbärmlichen Zustand.

Die Zimmer mussten renoviert werden und ich hatte keine Möbel. Aber wovon sollte ich das bezahlen? Bislang hatte ich alles, was ich erübrigen konnte, nach Hause in den Iran geschickt. Nicht eine einzige D-Mark hatte ich gespart und aufgrund meines befristeten Vertrags war Ratenzahlung damals nicht möglich. Schließlich gab mir die Missionsgesellschaft etwas Geld für eine Erstausstattung. Gleich darauf stellte ich fest, dass die Preise in Deutschland beachtlich waren. Anfangs hatten wir weder Waschmaschine noch Kühlschrank. Ich wusch die Kleidung in der Badewanne und hängte sie zum Trocknen auf den Balkon. Es war allerdings bereits November und entsprechend kalt. Oftmals nahm ich die Kleidungsstücke am nächsten Morgen als hart gefrorene Bretter wieder ab. Der Balkon diente auch als Kühlschrankersatz, was dazu führte, dass die Milch oft zu hart gefroren war, um sie in den Tee zu gießen.

Nachdem wir einen festen Wohnsitz hatten, musste ich nun auch meine Tochter in der örtlichen Schule anmelden. Es war eine raue Gegend. Unter ihren Mitschülern gab es etliche Kriminelle. Sahar hatte es sehr schwer, sie wurde oft gehänselt. Es gab ungefähr fünf Deutsche in ihrer Klasse, der Rest waren Russen, Araber oder Türken. Das machte es ihr nicht leichter, die Sprache zu erlernen.

Im Iran war sie eine sehr gute Schülerin gewesen. Aber an dieser Schule wurden ihre Noten stetig schlechter.

Ich war mit der Situation überfordert. Meine Sprachkenntnisse waren nicht gut genug, um ihr bei den Hausaufgaben zu helfen, wie ich es im Iran getan hatte. Außerdem war ich oft am Nachmittag unterwegs. Um mit Sahar in Kontakt zu bleiben, besorgte ich mir einen Pieper – Handys gab es damals noch nicht. Ich schickte ihr dann von unterwegs Nachrichten, wenn ich irgendwo in der Republik unterwegs war.

Meine Chefin zeigte sich angesichts meiner Sorgen verwundert. „Sahar ist zwölf", erwiderte sie. „Sie kann auf sich selbst aufpassen."

Die Zensuren meiner Tochter wurden schlechter und sie beendete die Schule mit dem erweiterten Hauptschulabschluss. Später holte sie ihren Realschulabschluss nach und machte ihr Fachabitur. Sie ging ihren Weg, bekam einen guten Job und konnte mich später sogar finanziell unterstützen. Aber es waren schwere und schmerzvolle Zeiten für sie.

Gegensätze

Ein Aspekt, der mich in meiner Arbeit im Laufe der Jahre immer mehr ermüdete, war der Umstand, dass ich nicht so vorgehen konnte, wie ich es für sinnvoll hielt. Das Motto der Mission hieß: Zeugnis und Dienst. Faktisch umgesetzt bedeutete dies, dass ich den kurdischen Familien, die nach Deutschland kamen, durch Babysitting, Hilfe im Haushalt, Begleitung zu Ämtern oder Ärzten, Krankenbesuche etc. half. Wenn sich die Gelegenheit dazu ergab, sollte ich ganz vorsichtig von meinem Glauben erzählen.

Im Grunde bewegte sich meine Tätigkeit irgendwo zwischen Haushaltshilfe und Sozialarbeiterin. Oft wurde ich von kurdischen Frauen angesprochen, die Konflikte mit ihren Ehemännern hatten und geschlagen wurden. Ich versuchte zu vermitteln, aber nicht selten musste ich sie dann doch ins Frauenhaus begleiten.

Ergänzt wurde diese Arbeit durch verschiedene Feste und Veranstaltungen, zum Beispiel regelmäßige Gedenkfeiern zum Massaker von Halabdscha, bei dem durch einen Giftgasangriff der irakischen Luftwaffe 1988 nach Schätzungen bis zu 5 000 Kurden ums Leben gekommen waren.

Ein besonderes Projekt war das sogenannte *English Camp*. Amerikanische Freiwillige reisten dazu in ihrem Urlaub nach

Deutschland, um jugendliche Ausländer in ein Feriencamp zu begleiten und Sprachkurse durchzuführen. Für etliche Teilnehmer wären Deutschkurse vermutlich hilfreicher gewesen, aber das ließ sich durch amerikanische Freiwillige schwerlich umsetzen. Ich hielt nicht allzu viel von diesem Konzept. Die Teilnehmer waren überwiegend Muslime unterschiedlicher Ethnien. Es kamen tschetschenische, arabische, kurdische und polnische Kinder von 12 bis 21 Jahren zusammen. Das führte zu ständigen Konflikten untereinander. Aber noch problematischer war, dass Jungen und Mädchen gemischt wurden. Damit konnten viele nicht umgehen. Die meisten kamen aus einer Kultur, in der galt: „Jungs und Mädchen sind wie Feuer und Watte – du darfst sie nicht zusammenbringen, wenn du nicht willst, dass die auflodernden Flammen nicht mehr zu bändigen sind!" Die Jugendlichen wurden uns anvertraut, aber in Wahrheit hatten die Betreuer das Ganze nicht im Griff. So kam es auch zu schlimmen Dingen, wie beispielsweise sexuellen Übergriffen.

Ich glaube, dass der Grundgedanke hinter diesen Camps nicht schlecht war. Der gute Wille war da. Aber alles in allem wurde außer ein paar Vokabeln nicht viel vermittelt. Wir sprachen nicht von unserem Glauben und vermittelten keine Regeln für ein gutes Miteinander. So blieben die Jugendlichen orientierungslos oder nutzten die Situation aus.

Bei meiner Arbeit war es meines Erachtens oft ähnlich. Selbst wenn ich predigte, musste ich klare Aussagen umschiffen. So wurde mir zum Beispiel untersagt, öffentlich zu äußern, dass ich als ehemalige Muslima zum Glauben an Jesus gefunden hatte.

Natürlich wurde auf diese Weise eine Konfrontation vermieden. An unseren Veranstaltungen, zu denen auch verschiedene Feste und Grillpartys gehörten, nahmen stets viele Teilnehmer teil. Das war im Grunde eine gute Sache. Aber bei den amerikanischen Unterstützern entstand dadurch der Eindruck, alle diese Leute wären Christen oder zumindest am christlichen Glauben interessiert, doch das war nicht der Fall. Die Teilnehmerzahlen täuschten etwas vor, das nicht der Wahrheit entsprach, und unsere Veranstaltungen blieben allzu oft inhaltsleer.

Trotz alledem glaubte ich weiterhin fest daran, dass Gott mich an dieser Stelle haben wollte. Das half mir, diesen Dienst viele Jahre weiterzuführen, denn in den Begegnungen mit einzelnen Menschen hinderte mich niemand daran, authentisch zu sein, von meinem Lebensweg zu berichten und allen, die es hören wollten, zu erzählen, was mir am Herzen lag.

Jane drängte mich, in eine bestimmte freikirchliche Gemeinde zu gehen, in der sie eine Freundin hatte. Zunächst wollte ich nicht. Der Weg durch die Stadt war schwierig. Aber nach und nach begann ich, mich dort wohler zu fühlen, und diese Frau wurde meine beste Freundin. Gemeinsam mit ihrem Mann unterstützte sie mich viele Jahre in meiner Arbeit.

Dass diese Gemeinde nicht presbyterianisch war, störte mich nicht. Ich war Christin, und in dieser Gemeinde war ich jetzt zu Hause, das war alles, was für mich zählte.

Im Laufe der Zeit entwickelten sich bei mir jedoch gesundheitliche Probleme. Ich hatte häufig Migräne und bekam schließlich einen Bandscheibenvorfall. Fast ein Jahr lang konnte ich kaum stehen oder sitzen. Nicht selten kam es vor, dass ich meine Arbeit im Liegen verrichten musste. Ich erinnere mich noch heute an die vielen Stunden, die ich auf Janes Sofa lag, während ich Dolmetscherarbeiten für sie verrichtete.

Kaum war der Bandscheibenvorfall überwunden, erkrankte ich an Bulimie. Über drei Jahre hinweg kämpfte ich mit dieser tückischen Krankheit. All das war Ausdruck meiner psychischen Erschöpfung. Aber weil mir die Arbeit immer noch am Herzen lag, hielt ich durch.

Es kam das Jahr 2003. Die USA unter der Führung von George W. Bush planten, den Irak anzugreifen, weil dieser angeblich im Besitz von Chemiewaffen war.

Ich war immer der Meinung, dass unsere Arbeit mit Politik nichts zu tun habe, doch als Jane und ich uns mit unserem Unterstützer trafen, wurde heftig darüber debattiert. Jane war vehemente Unterstützerin des Angriffs auf den Irak.

Ich wurde wütend. „Weißt du eigentlich, wovon du da redest? Wir sind Christen! Unsere Aufgabe ist es, den Menschen zu helfen und ihnen von Jesus zu erzählen. Wie kannst du da für einen Krieg sein? Krieg hat noch nie etwas Gutes bewirkt. Ich habe acht Jahre lang das Morden zwischen Iran und Irak erlebt. Krieg führt nur zu Toten und dazu, dass Tausende von Menschen für den Rest ihres Lebens körperlich und seelisch leiden werden. Niemals würde ich so etwas befürworten."

Jane war empört. „Saddam Hussein hat Chemiewaffen. Er ist ein Diktator und muss gestürzt werden!"

„Und das ist die Aufgabe der USA?", gab ich zurück. Aber eigentlich wollte ich gar nicht darüber diskutieren. „Haben wir uns nicht getroffen, um über unsere Arbeit zu sprechen?"

Doch sie ließ nicht locker. „Tausende von Menschen kommen durch diesen Mann ums Leben", hielt sie mir entgegen. „Wenn Amerika ihm ein Ende setzt, werden weniger sterben."

„Das kannst du nicht wissen", erwiderte ich. „Aber selbst, wenn es so wäre, wir sind Christen! Wie könnten wir dafür sein, dass Menschen getötet werden – noch dazu unschuldige Menschen? In jedem Krieg sterben vor allem die Unschuldigen."

„Du bist naiv!", bekam ich zur Antwort.

Irgendwann verstummte ich. Es schockierte mich, dass eine Christin den Krieg auf diese Weise glorifizieren konnten. Und ich war sehr traurig, als der Krieg gegen den Irak kurz darauf dann tatsächlich begann.

Wir machten weiter unsere Arbeit. Jane erstattete der Missionsgesellschaft und den Unterstützergemeinden in den USA regelmäßig Bericht. Ich wusste nicht, was sie darin schrieb. Doch eines Tages verplapperte sie sich, und ich erfuhr, dass sie im Namen der Kurden Briefe an George W. Bush geschrieben hatte, in denen sie ihm für sein Vorgehen dankte und ihn darin bestärkte, den Krieg gegen Saddam Hussein weiterzuführen.

Ich war erschüttert. „Wie kannst du im Namen der Kurden schreiben? Du schreibst allenfalls für die wenigen kurdischen Freunde, die du hast. Aber du kannst doch nicht ernsthaft annehmen, dass all die Kurden im Irak, im Iran, in Syrien und in der Türkei dich als ihre Stimme ansehen!"

„Die Kurden sind für diesen Krieg", beharrte sie.

„Nein. Ich zum Beispiel bin nicht dafür. Und auch ich bin Kurdin."

2005 kam ich mit Gottes Hilfe von meiner Bulimie los. Aber ich wusste, dass der Erfolg noch immer auf wackligen Füßen stand und bei großem Stress ein Rückfall drohte. Immerhin brauchte ich mir nicht mehr so viele Sorgen um Sahar zu machen. Sie war inzwischen erwachsen und konnte auf eigenen Füßen stehen.

Genau in dieser Zeit stand der sogenannte Heimaturlaub an. Jane Smith reiste für drei Monate in die USA, um dort in den Gemeinden Vorträge zu halten und die Spender zu informieren.

Bislang hatte ich mich immer geweigert mitzugehen. Aber sie ließ nicht locker. Wir verhandelten zäh, und schließlich erklärte ich mich bereit, in den letzten sechs Wochen eine Gruppe von Kurden zu einem Sprachkurs in die USA zu begleiten. Im Gegenzug brauchte ich nicht am *English Camp* teilzunehmen.

In Amerika wurden wir in verschiedenen Familien untergebracht. Und immer wieder wurde ich gefragt: „Liebst du George W. Bush?"

Ich war völlig irritiert. „Ich bin ihm noch nie begegnet, warum sollte ich ihn lieben?", erwiderte ich.

„Aber Jane schreibt doch immer, dass ihr Kurden ihn liebt und ihn geradezu als Propheten anseht."

Mir fiel die Kinnlade herunter. Ich wusste nicht, was ich sagen sollte.

Der Flug zurück nach Deutschland dauerte ewig. Die Kontrollen an den Flughäfen waren eine Tortur. Ich war Iranerin und wurde per se als potenzielle Terroristin betrachtet, unabhängig davon, was ich sagte. Als ich dann endlich völlig erschöpft in Hamburg landete, sah ich, dass uns alle Mitarbeiter des English Camps erwarteten. Verblüfft wandte ich mich an Jane, aber sie sagte bloß: „Pack deine Koffer. Morgen geht es los zum English Camp!"

„Wie bitte? Du hast mir versprochen, dass ich dieses Mal nicht dabei sein muss!"

„Doch, du musst dabei sein. Wir brauchen dich."

Obwohl alles in mir danach drängte, dieses Mal nicht nachzugeben, willigte ich schließlich doch ein. Ich wollte die Jugendlichen nicht im Stich lassen. Aber danach war ich so erschöpft, dass ich eine schwere Grippe bekam.

Nach zwei Wochen erhielt ich einen Anruf. Es war Jane. „Was ist los mit dir?"

„Ich bin krank."

„Du bist ständig krank."

„Ja", erwiderte ich. „Das bin ich."

Bei meinem nächsten Arzttermin schimpfte meine Ärztin mit mir. „Warum machen Sie das? Kündigen Sie endlich oder Sie ruinieren Ihre Gesundheit!"

Ich ahnte, dass sie recht hatte, aber ich wollte die Arbeit nicht zerstören. Die Ärztin schrieb mich für zwei weitere Wochen krank. Auf dem Rückweg grübelte ich darüber nach, was ich tun sollte. Vielleicht wollte Gott mich prüfen? Vielleicht waren die gänzlich unterschiedlichen Ansichten von Jane und mir „mein Kreuz", das ich tragen musste?

Zu Hause blinkte mein Anrufbeantworter. Ich rief die Nachricht ab. „Hallo, Flor, ich bin es, Jane. Bevor du es von anderen hörst, will ich es dir sagen: Ich habe Krebs, einen bösartigen Tumor in der Brust ... Alle Termine werden abgesagt."

Ich war schockiert und fühlte mich elend. Meine erste Reaktion war ein seltsames Gemisch aus Scham und Traurigkeit. Ich lief aufgewühlt in der Wohnung auf und ab. So oft hatte ich mir gewünscht, mit jemand anderem zusammenarbeiten zu können, und nun hatte sie Krebs! „Das habe ich nicht gewollt!", flüsterte ich. „Ich wollte doch nicht, dass sie krank wird."

Dann nahm ich den Hörer zur Hand und rief sie an: „Jane, es tut mir so unendlich leid. Was kann ich für dich tun? Ich bin für dich da!"

„Danke. Aber erst einmal werde ich operiert und dann müssen wir weitersehen."

Mit einem Mal waren Janes Prioritäten auf den Kopf gestellt. Die Macherin, die immer nur die Arbeit gesehen hatte und ständig unterwegs gewesen war, empfand dies alles nun als unwichtig.

Das war für sie eine neue Erfahrung und für mich ebenfalls. Halb im Scherz hatte ich immer gesagt: Sollte ich es jemals wagen, an einem Samstag zu sterben, an dem wir unsere Gottesdienste feiern, so würde Jane Smith das nicht zulassen und mich selbst noch aus dem Grab herausholen, damit ich meinen Job erledige. Aber nun spielte das alles keine Rolle mehr! Ich spürte, dass jetzt der richtige Zeitpunkt war, und schrieb wenige Wochen später meine Kündigung. Hat Gott das so geführt? Wollte er, dass ich mich fast fünfzehn Jahre lang an Jane Smith wundreibe, um diese dann mit einer Krebserkrankung zu strafen? Nein! Das glaube ich nicht. Das wäre zu kurz gedacht. Ich glaube nicht, dass Gottes Plan für unser Leben sich vorrangig an bestimmten festgelegten Ereignissen festmacht, obwohl er auch hier manchmal auf wundersame Art und Weise eingreift. Aber im Kern findet sich sein Plan für unser Leben nicht in äußeren Ereignissen wieder, sondern in unseren Herzen. Wir dürfen und müssen eigene Entscheidungen treffen und wir dürfen und müssen die Konsequenzen tragen. Aber Gott lässt uns dabei niemals allein. Denn nicht, was uns geschieht, sondern wer wir in Wahrheit sind, steht im Fokus seines Denkens und Handelns.

Die Antwort aus Amerika überraschte mich. Meine Kündigung wurde abgelehnt. Stattdessen bot man mir eine Abfindung an. *Du hast jetzt zwei Möglichkeiten: Entweder du nimmst die Abfindung als Dank für all die Jahre, in denen du treu und hart gearbeitet hast, und fängst etwas ganz Neues an. Oder du suchst dir eine neue Missionsgesellschaft und wir unterstützen dich drei Jahre lang finanziell. In dieser Zeit kannst du dir einen neuen Freundes- und Unterstützerkreis aufbauen und deine Arbeit weiter fortführen. Wir würden uns freuen, wenn du die zweite Möglichkeit wählst, denn wir glauben, dass Gott dich in besonderer Weise für diese Arbeit begabt hat.*

Ich entschied mich für die zweite Möglichkeit und machte mich sogleich auf die Suche nach einer Missionsgesellschaft. Manche meiner Freunde konnten das nicht verstehen. „Bist du verrückt?", sagten sie mir. „Nimm das Geld und gründe ein Geschäft. Du könntest zum Beispiel dein eigenes Café betreiben. Hast du nicht schon genug Zeit für die Mission geopfert? Jetzt musst du auch mal an dich denken!"

Ich musste lachen. „Redet nicht solchen Unsinn. Ich habe eine Vision und meine Zeit ist knapp. Ich weiß nicht, wie lange ich noch leben werde. Ich muss die frohe Botschaft weitergeben."

Zeit der Linsen und Zeit des Weizens

E s war nicht einfach, eine Missionsgesellschaft zu finden. Ein Grund war wohl meine freikirchliche Bindung. Der andere war mein Geschlecht. Es wurden Männer gesucht, die Gemeinden gründen sollten. Wie sollte so etwas bei einer Frau funktionieren, gerade unter Migranten aus dem Nahen Osten?

Aber schließlich fand sich doch eine Gesellschaft, die bereit war, einen Versuch mit mir zu wagen. Allerdings hatten sie bislang noch nie unter Muslimen gearbeitet.

Mein neuer Chef war ein sehr netter Mensch. Zumindest wirkte er sehr nett auf mich. Aufgrund seines schwäbischen Dialekts verstand ich allerdings höchstens die Hälfte von dem, was er sagte.

Nun hatte ich einen neuen Arbeitgeber, und meine Gemeinde stellte mir kostenlos die Räume zur Verfügung, die ich für meine Arbeit brauchte.

Jane Smith und ich verloren uns im Laufe der Zeit aus den Augen. Später hörte ich, dass sie nach langer Behandlung ihre Erkrankung überwunden hatte. Die Missionsgesellschaft schickte sie dann in den Irak. In jenes Land also, das noch immer so furchtbar unter den Folgen jenes Krieges leidet, den sie mit Begeisterung unterstützt hatte.

Ich setzte in Deutschland meine Arbeit fort, einige Unterstützer von früher blieben dabei und halfen mir. Aber nun konnte ich die Prioritäten anders setzen. Parallel zu meiner Arbeit fing ich ein Theologiestudium mit dem Schwerpunkt „Arbeit mit Migranten" an.

Obwohl ich nun die Möglichkeit hatte, die Inhalte selbst zu bestimmen, gestaltete sich die Arbeit sehr zäh. Vielleicht lag es auch ein wenig daran, dass die Kurden anderes gewohnt waren. Sie hatten durch Jane Smith viel materielle Unterstützung bekommen, aber ich hatte kein Geld, um solche Geschenke zu verteilen. In jedem Fall waren die Gottesdienste rar besucht. Einmal kam nur ein einziger Besucher.

Ich fing an, Gott zu fragen: „Ist diese Arbeit wirklich das, was du willst?"

Gott antwortete mir nicht gleich so, wie ich es gern gehabt hätte. Stattdessen wurden meine Rückenprobleme wieder stärker und ich musste zur Kur fahren. Dort kam ich auf den Gedanken, ein Sabbatjahr zu nehmen. Ich wollte mich ausruhen und dann ganz in Ruhe über die nächsten Schritte nachdenken. Gott würde mir schon zeigen, wie es weitergehen sollte.

Bevor ich zur Kur fuhr, bekam ich einige Anrufe aus Schwerin. Ich wurde gefragt, ob ich dort nicht übersetzen könne, denn es kämen einige iranische und afghanische Flüchtlinge in die Gottesdienste. Ich lehnte ab, schließlich hatte ich schon genug mit den Kurden zu tun und war mit meinen Kräften am Ende.

Kurz nachdem ich aus der Kur zurückgekommen war, erhielt ich erneut Anrufe aus dieser Schweriner Gemeinde. Der Leiter war sogar so frech, meine Nummer an eine iranische Frau weiterzugeben, die sich dann bei mir meldete und fragte, ob ich bereit wäre, sie zu taufen.

Ich war wütend und dachte mir: *Diese Frau weiß wahrscheinlich gar nicht, was Taufe heißt.* Ziemlich brüsk antwortete ich: „Das ist keine Kleinigkeit, um die du da bittest. Es geht hier nicht darum, dich ins Hamam zu begleiten, verstehst du?" Ich war noch immer fest entschlossen, mein geplantes Sabbatjahr zu machen. Mein angefangenes Studium wollte ich allerdings in jedem Fall weiterführen.

Im Februar desselben Jahres bekam ich eine Einladung in eine Hamburger Gemeinde, um bei einem Gottesdienst zu übersetzen. Auch dort wollten sich einige Iraner taufen lassen. Da ich den Pastor persönlich kannte, sagte ich zu. Aber als ich am Sonntagmorgen wach wurde, ging es mir richtig schlecht, ich hatte Kopfschmerzen, Rückenschmerzen, und mir war übel. Ich sagte mir: *Das ist bestimmt ein Zeichen – du sollst dieses Sabbatjahr machen. Es geht einfach nicht weiter. Du musst deine Grenzen akzeptieren.*

Und dann geschah etwas Merkwürdiges: Plötzlich befand ich mich vor der Tür dieser Gemeinde. Ich weiß bis heute nicht, wie ich dort hingekommen war. Ich kann es mir nur so erklären: Während ich in meinem Kopf wilde Diskussionen führte, musste ich mich angezogen und dorthin gefahren sein. Und als ich dann den Gottesdienstraum betrat, geschah wieder etwas Wundersames: Von meinen Schmerzen und der Übelkeit war nichts mehr zu spüren. Ich fühlte mich kerngesund.

Dann begann der Gottesdienst. Ich durfte übersetzen, hatte Gemeinschaft mit diesen von Jesus begeisterten Iranern und konnte ihre Taufe miterleben. Es war großartig – und erschütternd. In den 18 Jahren zuvor waren insgesamt zwei Kurden zum Glauben an Jesus gekommen und hatten sich taufen lassen, und das auch nur heimlich, damit kein Mitglied aus ihrer Familie etwas davon mitbekam. Und nun das hier: ein großes Tauffest in aller Öffentlichkeit!

Ich war fasziniert.

In den darauffolgenden Tagen bereitete ich mich auf eine Konferenz vor, die ich im März im Rahmen meines Studiums besuchen musste. Bei dieser Gelegenheit fiel mir auf, dass ich es nicht schaffen würde, wie üblich das Neujahrsfest zu begehen. *Nouruz* ist ein sehr altes persisches Fest. Es wird zur Tagundnachtgleiche im Frühjahr gefeiert. Wichtigster Bestandteil dieser alten Tradition ist die Zubereitung des *Haft Sin*, was übersetzt so viel wie „Sieben S" bedeutet. Auf einem Tisch werden sieben Dinge zubereitet, die mit dem persischen Laut „s" beginnen. Dazu gehört auch, dass man bereits einige Tage vor Nouruz mit dem Keimen von Saaten beginnt. Seit ich in Deutschland war, hatte ich nie darauf verzichten, meine Linsen auszukeimen. Das war eine mir sehr liebgewordene Tradition. Für mich war die keimende Saat stets ein Symbol für das Osterfest: *Ein Weizenkorn, das nicht in den Boden kommt und stirbt, bleibt ein einzelnes Korn. In der Erde aber keimt es und bringt viel Frucht, obwohl es selbst dabei stirbt.*[31]

Doch dieses Mal würde ich es nicht schaffen. Linsen brauchen drei Wochen Pflege, um auszukeimen.

Dann nimmst du eben nicht teil, dachte ich. *Lass die Konferenz einfach sausen.*

Doch noch während ich darüber nachdachte, begann ich, meine Sachen zu packen. Ich fuhr auf die Konferenz. Als ich zurückkam, blieben mir nur zehn Tage bis Nouruz.

Ich war enttäuscht. Nun hatte ich keine Pflanzen. Und dann kam mir ein Gedanke: *Dann nehme ich eben einfach Weizen.* Dafür würde die Zeit noch reichen. Also ließ ich den Weizen keimen. Innerhalb kurzer Zeit hatte ich so eine schöne Pflanze.

---

31 Johannes 12,24

Am Tag des Nouruz-Festes gestaltete ich das *Haft Sin*. Ich freute mich über die schöne Pflanze, und im nächsten Moment fiel es mir wie Schuppen von den Augen: Das war das Zeichen, um das ich gebeten hatte!

Mit viel Mühe und viel Zeit hatte ich 18 Jahre lang Linsen gezüchtet – das war ein Bild meiner Arbeit mit den Kurden. Und nun war die Zeit gekommen, etwas Neues zu beginnen. Der Weizen, der innerhalb kurzer Zeit aufgekeimt war – das war die Arbeit mit persischsprachigen Flüchtlingen.

Nicht nur mit diesem Bild sprach Gott zu mir. Es gab auch einen Bibelvers, der mir nicht mehr aus dem Kopf ging: Im 18. Kapitel der Apostelgeschichte wird beschrieben, wie Paulus mit der Botschaft des Evangeliums in den jüdischen Synagogen von Korinth auf großen Widerstand und Feindseligkeit stößt. Er kommt einfach nicht weiter, denn Glaube kann und darf nicht erzwungen werden. So beschließt Paulus schließlich, den Griechen von Jesus zu erzählen.

In der Nacht hat Paulus eine Vision. Gott sagt ihm: *„Fürchte dich nicht! Rede nur und schweige nicht! Denn ich bin mit dir, niemand wird dir etwas antun. Viel Volk nämlich gehört mir in dieser Stadt."*[32]
Diese Verse und das Wirken des Paulus waren und sind für mich eine Quelle der Inspiration. Durch sie spricht Gott zu mir.

Korinth war eine Hafenstadt und Handelsmetropole der Antike. In ihr lebte eine bunt gemischte Bevölkerung. Die Menschen, die dort als Griechen bezeichnet wurden, hatten in Wahrheit die unterschiedlichsten Nationalitäten – ihnen gemein war aber die Handelssprache Griechisch.

Auch der Iran ist ein Vielvölkerstaat. Perser, Turkmenen, Belutschen, Ahwazi, Aseri, Araber, Aserbaidschaner, Afghanen, Assyrer,

---

32 Apostelgeschichte 18,9–10; Einheitsübersetzung

Armenier – sie alle sprechen dieselbe Sprache. Auch in Afghanistan, Tadschikistan, Aserbaidschan und Dagestan werden persische Dialekte gesprochen.

Als persische Missionarin konnte ich in der Metropole Hamburg viele verschiedene Völker erreichen. Paulus schreibt von sich, dass er den Griechen ein Grieche und den Juden ein Jude wurde[33], womit er ja nichts anderes sagen will, als dass er sich in die Menschen hineinversetzt, die ihm begegnen, dass er ihnen auf Augenhöhe und mit Respekt begegnet, dass er offen ist für ihre Fragen und ihnen so ganz authentisch das vermitteln kann, was Gott ihm aufs Herz gelegt hat. Für mich ist das ein wunderbares Vorbild.

Durch die schnell aufkeimenden Weizenkörner und durch ein fast 2 000 Jahre altes Bibelwort gab Gott mir eine neue Vision und die Seifenblase meines Sabbatjahres zerplatzte.

Kurze Zeit darauf kam wieder ein Anruf aus Schwerin. Diesmal war jemand anderes am Telefon, und er klang so lebendig und begeistert, dass ich nicht absagen konnte, obwohl der Weg einige Stunden Zugfahrt beinhaltete.

Als ich dann im Mai zum ersten Mal diese Gemeinde betrat, begegneten mir dort eine so ungeheure Lebendigkeit und so viel Liebe für mein Volk, dass ich ganz überwältigt war. In dieser deutschen Gemeinde gab es Menschen, die ein Herz für meine Landsleute hatten. Sie holten die Flüchtlinge mit ihren Privatautos in den Heimen ab, backten Kuchen, nahmen sich Zeit und unterstützten, wo sie nur konnten.

Mit einem Mal war mir die Länge der Zugfahrt völlig schnuppe. Diese Arbeit musste ich einfach unterstützen! Von da an fuhr ich fast jede zweite Woche nach Schwerin.

---

33 1. Korinther 9,20–23

Die Geburt einer neuen Familie

Gott ist der beste Arbeitgeber aller Zeiten. Wenn er dich beauftragt, gibt er dir alles, was du brauchst – manchmal, indem er dich überreich beschenkt, und manchmal, indem er dir zeigt, was überflüssig ist. Das habe ich inzwischen gelernt.

Im westlichen Kulturraum gibt es große Ängste. Man will sich gegen alles absichern. In Deutschland gibt es Haftpflichtversicherungen, Unfallversicherungen, Rechtsschutzversicherungen, sogar Lebensversicherungen – obwohl diese eigentlich Todesversicherungen heißen müssten. Weiter im Westen treiben die Ängste vor den Unwägbarkeiten des Lebens noch seltsamere Blüten: Schauspielerinnen versichern ihr Hinterteil, Sportler ihre Knie und Science-Fiction-Fans versichern sich gegen Alien-Entführungen.

Die Menschen machen sich so viele Sorgen. Aber wer Gott vertraut, braucht sich darin nicht zu verlieren.

Gott hat mich bis hierhin wunderbar versorgt und er wird es auch weiterhin tun. Aus Liebe hat er mir eine Vision ins Herz gelegt. Er ermutigt mich jeden Tag, und er korrigiert mich, wenn ich mich verlaufen sollte. Ich weiß, wenn ich mit ihm unterwegs bin, ist nichts, was ich tue, vergeblich. Auch wenn es zuweilen so aussieht. 18 Jahre lang arbeitete ich und kaum etwas geschah. Und dann mit einem Mal schoss die Saat aus dem Boden hervor.

All die schlimmen Erfahrungen meines Lebens halfen mir nun, die Menschen mit ihren Problemen besser zu verstehen. Ich weiß, was es heißt, vom Tode bedroht zu sein und fliehen zu müssen. Ich kenne Armut, Hunger und Angst. Zeit meines Lebens war ich Ausländerin. In den kurdischen Gebieten hielt man mich für eine Perserin, in persischen Gebieten betrachtete man mich als Kurdin, und hier in Deutschland bin ich Iranerin. Ich bin gewissermaßen Expertin im Ausländischsein, und das hilft mir, all die Menschen besser zu verstehen, die aus anderen Ländern nach Deutschland fliehen. Ich kann ihnen ehrlich sagen: „Ich weiß, wie es euch geht." Und die Menschen, die zu mir kommen, spüren, dass dies die Wahrheit ist.

Manchmal erkenne ich nun rückblickend, wozu so manche Dunkelheit in meinem Leben gut war. Aber vor allem will ich mich auf das Hier und Jetzt konzentrieren und nicht aufhören zu fragen: Was willst du, das ich heute tun soll?

Es war im Sommer 2012, als zwei junge Iraner, die in Schwerin zum Glauben gekommen waren, mich in Hamburg besuchten.

Wir saßen in den Räumen meiner freikirchlichen Gemeinde zusammen und beteten. Die beiden nannten mich *Mutter*. Ich hatte mir diesen Titel nicht ausgesucht, sie hatten ihn gewählt. Dazu muss man wissen, dass die Vorstellung von Frauen als Geistlichen im Islam undenkbar ist. Ein weiblicher Mullah wäre Blasphemie. Und das deutsche Wort *Pfarrerin* oder *Pastorin* hat für sie keinerlei Bedeutung. Ich war für sie ihre geistliche Mutter, also nannten sie mich auch so. Und daran hat sich bis heute nichts geändert.

Als wir zu dritt beisammensaßen, hatten wir keinen konkreten Plan. Aber während des Gebets sprachen die beiden jungen

Männer es aus: „Vater im Himmel, wenn du willst, dass hier an diesem Ort eine persische Gemeinde entsteht, dann tue das."

Auf diesen Gedanken war ich bislang noch nie gekommen. Ich war ja noch nicht einmal ordinierte Pastorin. Ich war als Missionarin für die Kurden gesegnet worden, mehr nicht. Ich sagte mein Amen zu diesem Gebet, aber ich muss gestehen, dass ich diesen Gedanken nicht besonders ernst nahm.

Stattdessen reiste ich weiter regelmäßig nach Schwerin und unterstützte die dortige Gemeinde. Im September tauchte auf einmal eine ganze Gruppe neu getaufter Iraner bei mir in Hamburg auf. So saß ich völlig unerwartet mit 20 Leuten im Gemeindecafé und wir beteten zusammen.

„Können wir nächste Woche wiederkommen?", fragten sie plötzlich.

Äh ...", ich war überrumpelt, „... natürlich. Ihr dürft gern kommen. Aber was wollen wir machen?"

„Wir feiern einen Gottesdienst", kam die prompte Antwort. „So wie die Deutschen das machen!"

„Na gut", erwiderte ich ohne große Begeisterung. Ich hatte ja bereits Erfahrungen mit meinen monatlich stattfindenden kurdischen Gottesdiensten gemacht. Sie waren so spärlich besucht gewesen, dass ich wenig Hoffnung in dieses neue Projekt setzte. Aber ich sprach mit meinem Gemeindepastor, er war von der Idee angetan, und wir bekamen problemlos einen Raum zur Verfügung gestellt.

Eine Woche später versammelten wir uns in einem kleinen Raum im Untergeschoss der Gemeinde. Er füllte sich gut ... erstaunlich gut. Wir feierten einen fröhlichen Gottesdienst zusammen – und am Ende des Tages hatte ich zwei Dutzend Kinder mehr, die mich alle Mutter nannten.

Von da an fand jede Woche ein Gottesdienst statt. Es war ein herzliches Miteinander und die Gemeinde wuchs von Woche zu Woche. Fast alle Gemeindemitglieder waren noch sehr jung im Glauben. Vieles war ungewohnt. Gemeinsame Gebetszeiten, in denen sie frei mit Gott sprechen und ihm das sagen konnten, was ihnen auf dem Herzen lag – das kannten sie nicht.

Als Muslime hatten wir gelernt, fünfmal am Tag immer dieselben Worte auf Arabisch an Allah zu richten. Die Frömmeren unter uns hatten es allenfalls gewagt, in ihrem Herzen leise ein paar Worte zu Allah zu sprechen.

Und nun lernten sie, Gott wirklich als ihren Vater im Himmel anzusehen. Mit ihren eigenen Worten, in ihrer Muttersprache mit Gott reden zu können war für viele ein unglaubliches Erlebnis.

In diesen Situationen spürte ich so deutlich wie nie zuvor, dass all diese Geflüchteten ein sehr großes inneres Bedürfnis verspürten, eine ungestillte Sehnsucht nach unserem großen, liebevollen, jedem einzelnen Menschen zugewandten Gott. Ihn als den liebevollen Vater zu erfahren, den Jesus uns vorgelebt hatte, war eine ungeheure Befreiung. Und diesen Gott, den Schöpfer des Universums, *Abba* nennen zu dürfen, was ja nichts anderes ist als das aramäische Wort für *Papa*, kam für jeden dieser Konvertiten einer Revolution gleich.

Durch diese Erfahrungen begriff ich, wie wichtig es war, dass wir unsere Gottesdienste in unserer Muttersprache feierten.

An dieser Stelle muss ich deshalb zu einem Vorwurf Stellung nehmen, der immer wieder an mich herangetragen wird: „Warum habt ihr eine persischsprachige Gemeinde gegründet? Wäre es nicht besser, die Flüchtlinge würden sich integrieren und deutsche Gottesdienste besuchen?"

Wer das sagt, verkennt die Geschichte dieser Menschen, und er versteht nicht, worum es eigentlich geht.

Unsere persischsprachige Gemeinde hat weder Abgrenzung noch Integrationsverweigerung zur Folge. Es geht um etwas viel Tieferes, Grundsätzlicheres. Es geht darum, Gott als denjenigen zu begreifen, der die Sprache meines Herzens spricht. Im Islam war Gott fern und unnahbar. Alle Gebete wurden auf Arabisch gesprochen. Es darf aber nicht sein, dass der Gott der Christen für diese Menschen schon wieder ein Fremder ist, ein fremder Gott, dem sie nur auf Deutsch begegnen dürfen.

Das Vertrauen in den himmlischen Vater darf nicht auf ein Mittel der Integration reduziert werden. Man kann doch die Essenz des Lebens nicht zu einem Instrument gesellschaftlicher Ordnungsvorstellungen abwerten. Der Sinn des Atmens besteht doch nicht darin, eine Kerze auszupusten. Die Schönheit der Welt wurde nicht geschaffen, um als Foto auf Facebook gepostet und gelikt zu werden. Wir bringen unseren Kindern nicht das Sprechen bei, damit sie irgendwann ihre Steuererklärung korrekt ausfüllen.

Integration bedeutet, die Sprache zu erlernen, die Kultur und die Gesetze eines Landes zu respektieren, zu arbeiten und einen gesellschaftlichen Beitrag zu leisten. Integration ist wichtig.

Aber der Glaube geht viel tiefer und berührt mein innerstes Wesen. Er ist eine Herzensangelegenheit und niemals ein Mittel zum Zweck.

Niemand braucht Angst zu haben, dass eine persische Gemeinde in Deutschland zu Integrationsverweigerung führt. Ganz im Gegenteil. Ich mache die Erfahrung, dass der Wille, an dieser Gesellschaft teilzuhaben, bei meinen Gemeindemitgliedern wächst und nicht abnimmt. Der Wunsch, Deutsch zu lernen, ist sehr groß. Viele Mitglieder, die länger dabei sind, fangen auch an, die deutschen Gottesdienste zu besuchen.

Nachdem wir unsere Gemeinde gegründet hatten, begannen wir, eine eigene Liturgie zu entwickeln. Wir lasen die Bibel und ich predigte. Menschen berichteten von dem, was sie mit Jesus erlebten. Wir beteten gemeinsam und sangen persische Lieder.

Gerade das gemeinsame Gebet war etwas, das meine Gemeindemitglieder von Grund auf lernen mussten. Natürlich hatten sie beobachtet, dass die Deutschen offen und frei beteten. Aber sie wussten nicht, ob sie selbst auch dazu berechtigt waren und ob sie die „richtigen" Worte finden würden.

An dieser Stelle gebrauchte Gott meine Schwäche. Ich lebte nun schon seit zwanzig Jahren in Deutschland, weshalb mein Persisch hier und da etwas eingerostet war. Wenn ich also die gemeinsame Gebetszeit einleitete und mit Gott auf Persisch sprach, formulierte ich bewusst sehr einfache und kindliche Gebete. Mir war wichtig, dass die Leute nicht dem Irrtum verfielen, es käme auf besonders gestelzte und heilige Formulierungen an. Dann und wann konnte es jedoch geschehen, dass mir das passende Wort einfach nicht einfallen wollte. Dann sagte ich ganz einfach: „Herr, mir fehlt gerade das Wort, aber du weißt schon, was ich sagen will. Amen."

So lernten meine Gemeindemitglieder: *Wenn selbst Mutter die Worte ausgehen, dann kann ich eigentlich auch nichts falsch machen.*

Manchmal betete auch meine Tochter. Sie benutzte dabei hin und wieder ein so drolliges Gemisch aus Persisch und Deutsch, dass die Leute lachen mussten. So fassten sie Mut und lernten: Wir sind eine Familie und Gott ist uns allen ganz nah. Er kennt uns und weiß, wie wir es meinen.

Irgendwann wurde der bisherige Raum zu klein. Die Gemeinde stellte uns deshalb ihren größten Gruppenraum zur Verfügung, und wir wuchsen weiter, Monat für Monat.

Auch dieser Raum wurde irgendwann zu klein und so wechselten wir in den Gottesdienstsaal. Mittlerweile besuchen etwa 150 Leute die Gottesdienste. Viele müssen dafür eine lange Anfahrt in Kauf nehmen, kommen auch aus dem Umland zu uns. Die Flüchtlingsunterkünfte liegen weit verstreut. Nicht alle Mitglieder können sich jeden Samstag diese weite Fahrt leisten. Aber wenn alle kämen, die sich der Gemeinde zugehörig fühlen, wären wir zwischen 350 und 400 Personen.

Dabei ist die Gemeinde ständig in Bewegung. Menschen bekommen ihre Anerkennung und ziehen fort. Andere stoßen neu hinzu.

Obwohl diese Gemeinde so groß geworden ist, nennen mich noch immer alle Mutter. Das ist eine wunderbare innige Beziehung und zugleich findet sich darin auch Respekt wieder. Als Mutter darf ich diese Menschen, die sehr jung im Glauben sind, kritisieren, ohne dass sie sich in ihrem Stolz verletzt fühlen.

Es liegt vielleicht auch an der besonderen Lebenssituation als Flüchtling in diesem Land, dass wir viel Privates miteinander teilen. Aber es spiegelt auch unser Gemeindeverständnis wider: Wir alle sind Kinder Gottes, wir sind eine Familie.

Ich weiß, wann die Befragungen stattfinden, in denen es um die Anerkennung meiner Gemeindemitglieder als Flüchtlinge geht. Und wenn sie dann morgens um fünf losfahren, um rechtzeitig bei der Behörde zu sein, dann telefonieren wir während der Fahrt und beten gemeinsam, sodass sie ohne Angst in die Gespräche gehen.

Wenn wir als Gemeindefamilie leben wollen, dann gehört dazu auch, dass wir jedem Menschen, der uns begegnet, Respekt und Wertschätzung entgegenbringen. So viele von uns haben erlebt, wie es sich anfühlt, verachtet zu werden. Wie könnten wir da auf andere herabsehen?

Aber das zu leben ist nicht einfach. Alte Ressentiments sitzen tief. Das wurde deutlich, als die ersten Afghanen zu uns in die Gemeinde kamen. Hier und da gab es persische Geschwister, die auf diese Neuankömmlinge herabsahen. Afghanen wird im Iran oft mit Verachtung begegnet. Wenn sie aus ihrer kriegsgebeutelten Heimat flohen, bot man ihnen im Iran die niedrigsten Arbeiten an, die niemand sonst machen wollte. Afghanen wurden als ungebildete Ausländer betrachtet. Sie hausten in verwahrlosten Flüchtlingscamps und bekamen keinen offiziellen Status.

Als nun auch bei uns etwas von dieser überheblichen Haltung zu spüren war, konnte ich das unmöglich dulden. „In dieser Gemeinde wird niemand wegen seiner Nationalität verachtet!", sagte ich. „Wir sehen auf niemanden herab. Wir sind eine Familie! Jetzt gibt es keine Afghanen, Kurden, Perser, Turkmenen, Araber, Deutsche mehr. Wir alle sind Kinder Gottes."

Inzwischen sind ein Drittel der Gemeindemitglieder Afghanen. Auch in meinem Mitarbeiterteam sind mittlerweile Afghanen. Das ist wunderbar.

Jesus ruft die Muslime zu sich und – was sich noch vor einigen Jahren niemand vorstellen konnte – viele hören seine Stimme. Aber es gibt Mächte, denen das nicht gefällt. Und es gibt das Böse, das manchmal völlig ungehemmt seine grausame Fratze zeigt. Unsere Gemeinde war erst wenige Wochen alt, als wir das erfahren mussten.

Das Böse

Unsere junge Gemeinde blühte und gedieh. Ständig lernte ich neue Menschen kennen, die angefangen hatten, ihren Weg mit Jesus zu gehen, so auch Dilara Nafisi, eine junge, hübsche und lebenslustige Frau.

Irgendwann kamen wir beide ins Gespräch, und sie erzählte mir, dass sie einen Freund hätte. Dieser Mann war kein Perser, hatte aber lange im Iran gelebt und sprach gut Persisch. Inzwischen hatte sie jedoch den Eindruck, dass ihr die Beziehung zu ihm nicht guttun würde. Deshalb wollte sie sich von ihm trennen.

Ich spürte, dass an dieser Geschichte mehr dran war. „Hat er dich bedroht?", fragte ich.

„Er sagt manchmal seltsame Sachen", erwiderte sie ausweichend.

„Du solltest zur Polizei gehen."

Sie winkte ab. „Nein, nein, so schlimm ist es nicht."

Einige Zeit später war ich wieder in Schwerin und taufte dort. Ich erinnere mich noch, dass das Wasser eisig kalt war und ich trotz der Freude, die ich bei jedem Menschen spürte, der zu Jesus fand, innerlich fröstelte.

Noch während des Gottesdienstes flüsterte mir jemand zu: „Es ist etwas passiert … Dilara … jemand war bei ihr zu Hause. Aber alles ist von der Polizei abgesperrt. Da war Blut auf dem Boden. Wir haben Angst!"

Noch auf dem Heimweg rief mich meine Tochter an. „Es ist etwas Schlimmes passiert. In den Nachrichten wurde von einer Frau berichtet, die sehr schwer verletzt wurde ... Ich glaube, es ist Dilara."

Die Nachrichten waren widersprüchlich. Mal war von einem Verbrechen die Rede, mal von einem Unfall. Es gab sogar das Gerücht, dass die Frau inzwischen ihren Verletzungen erlegen sei. Kaum in Hamburg angekommen, fuhr ich sofort zur Polizei. Ich erzählte den Beamten, dass aller Wahrscheinlichkeit nach eines meiner Gemeindemitglieder einem Verbrechen zum Opfer gefallen sei. Als ich Dilaras Namen erwähnte, bewahrheiteten sich unsere Befürchtungen. Sie war tatsächlich schwer verletzt in ein Krankenhaus eingeliefert worden. Die Polizisten nannten mir die Adresse der Klinik.

Ich schöpfte etwas Hoffnung, denn wenn sie im Krankenhaus lag, musste sie noch am Leben sein.

Sofort fuhr ich in die Klinik und wandte mich an die Stations-schwester. „Ich bin Flor Namdar, die Pastorin von Dilara Nafisi, darf ich sie sehen?"

Sie schüttelte den Kopf. „Tut mir leid, das geht nicht."

„Was ist denn geschehen?", hakte ich nach. „Wie geht es ihr?"

„Es tut mir leid, aus Datenschutzgründen darf ich Ihnen nichts sagen."

Weinend verließ ich den Raum. Was sollte das bedeuten? War Dilara inzwischen gestorben?

Dann kam eine andere Schwester zu mir. Offenbar hatte sie das Gespräch mitbekommen. Sie nahm mich zur Seite. Ihr Gesicht war blass. „Eigentlich darf ich nichts sagen ..."

„Aber Sie wissen Bescheid? Bitte sagen Sie mir: Wie geht es Dilara?"

„Ich tue hier seit 20 Jahren meinen Dienst", erwiderte die Frau. Sie schüttelte den Kopf. „Aber so etwas habe ich noch nie erlebt."

Ich packte sie am Arm. „Lebt Dilara noch?"

Sie nickte. „Ja, sie lebt noch."

Mir blieb nichts anderes übrig. Ich fuhr wieder nach Hause. In meiner Gemeinde erzählte ich, was ich wusste, und alle beteten für sie.

Einige Tage später erhielt ich einen Anruf. Es war die Kriminalpolizei. „Sind Sie die Pastorin von Frau Dilara Nafisi?"

„Ja."

„Frau Nafisi möchte Sie gern sehen!"

Ich erfuhr, dass Dilara aufgrund ihrer schweren Verletzungen in ein künstliches Koma versetzt worden war. Vor ein oder zwei Tagen hatte man die Medikamentendosis reduziert. Einer der ersten Sätze, die Dilara gesprochen hatte, war die Bitte gewesen, mich zu rufen.

Ich fuhr ins Krankenhaus. Mein Herz klopfte und mein Mund war trocken. Ich hatte große Angst. Was würde mich erwarten? Dilara war furchtbar zugerichtet worden, würde ich ihr so begegnen können, wie sie es brauchte?

Vor der Tür des Krankenzimmers standen Beamte. Der Täter war noch immer auf der Flucht. Er hatte gedroht, Dilara umzubringen, und der Staatsanwalt hatte Polizeischutz angeordnet.

Vorsichtig fragte ich die Beamten: „Wie sieht sie aus?"

„Gehen Sie rein und sehen Sie selbst."

Mit zitternden Knien ging ich zur Tür. Ich hatte Angst, dass sich Entsetzen auf meinem Gesicht zeigen könnte, wenn ich die Verletzungen sah. Auf keinen Fall wollte ich diese arme junge Frau noch weiter entmutigen. *Bitte, Vater,* betete ich stumm, *bitte gib mir Kraft!*

Ich öffnete die Tür und ging hinein. Etwas Wundersames geschah: Sobald ich den Raum betrat, verspürte ich einen solchen Frieden, wie ich es noch nie erlebt hatte.

Der Täter hatte Dilara furchtbar entstellt. In grausamer Raserei hatte er ihr die Nase abgeschnitten, die Brüste abgehackt und sie im Genitalbereich verstümmelt. Es war entsetzlich.

Man hatte noch nicht viel tun können. Dilara hatte überall Verbände, ihr Gesicht war angeschwollen. Ihre Hände waren zerschnitten, weil sie versucht hatte, die Angriffe des Täters abzuwehren.

Was diesen Mann dazu getrieben hatte, sich so zu entmenschlichen, wussten wir nicht. So etwas konnte nur einer kranken Psyche entspringen. Vermutlich gehörte auch ein pervertiertes Ehrverständnis zu den Motiven. Dass Dilara sich trennen wollte, hatte er scheinbar als geradezu blasphemisches Ereignis empfunden, das grausam bestraft werden musste. Und ihren christlichen Glauben sah er als Ursache ihrer Entscheidung an.

Was immer ihn auch dazu getrieben hatte – das Böse, das so schrecklich gewütet hatte, verlor die Macht über diesen Raum.

Wortlos setzte ich mich neben sie und wir beide weinten leise. Lange Zeit sagte keine von uns ein Wort.

Schließlich schluchzte sie. „Mutter, sieh, was man mir angetan hat! Ich müsste tot sein."

„Ja, mein Kind", erwiderte ich, „aber du lebst."

Und wieder spürte ich ungeheuren Frieden. Wir beide führten ein langes und sehr gutes Gespräch. Schon damals staunte ich darüber, wie gefasst sie war.

Schließlich meinte sie: „Mutter, meine Familie weiß nicht, was geschehen ist, darf ich dein Telefon benutzen?"

Ich zog mein Handy aus der Tasche. „Gern, aber der Akku ist fast leer. Es reicht vermutlich nur für ein paar kurze Worte."

Dilara rief im Iran an. Eine ganze Stunde lang telefonierte sie mit ihrer Familie. Meine Augen wurden immer größer. Wenn der Akku so leer gewesen war, wie angezeigt wurde, folgte gewöhnlich nur noch ein kurzes Warnsignal, und dann ging eine Minute später das Telefon aus. Doch nichts dergleichen geschah. Offenbar wollte Gott Dilara all die Zeit mit ihrer Familie geben, die sie brauchte.

Trotz dieses schrecklichen Ereignisses verließ ich Dilara in Frieden und in der Gewissheit, dass Gott ihr in ganz besonderer Weise nah war.

Drei Monate lang besuchte ich sie jede Woche. Wir unterhielten uns und beteten gemeinsam. Dilaras Verletzungen waren grausam, aber ihr Heilungsprozess ging auf erstaunliche Weise voran. Immer wieder musste sie aufs Neue operiert werden. Doch ihre Wunden heilten mit unglaublicher Schnelligkeit.

Nach drei Monaten sah sie so aus, als würden die Ereignisse schon drei Jahre zurückliegen. Und was mich am meisten verblüffte: Das Grauen hatte ihre Seele nicht zerstört. Sie litt nicht unter Angstattacken oder zeigte andere Zeichen einer Traumatisierung.

„Mutter, Gott ist mit mir", sagte sie stets. „Er gibt mir Kraft!"

Als Dilara das Krankenhaus verlassen konnte, wurde sie zu ihrer eigenen Sicherheit in eine andere Stadt gebracht. Auch dort fand sie eine Gemeinde. Eine Zeit lang hielten wir noch Kontakt, aber sie schränkte diesen ein, um die Gemeinde und mich zu schützen, denn der Mann, der ihr das angetan hatte, war noch immer auf der Flucht, und er hatte gedroht, auch mich zu töten.

Dilaras schreckliche Erfahrung führte dazu, dass wir in der Gemeinde sehr offen über Dinge sprechen konnten, die sonst gar nicht oder nur sehr verdeckt ans Licht gekommen wären.

Ich sagte den jungen Frauen in meiner Gemeinde: „Ihr seid in einem Land, in dem es viele Freiheiten gibt. Der Staat schreibt euch nicht vor, wie ihr zu leben habt. Es gibt keine Pasdaran, die auf eure Sittlichkeit achten. Keine Familie, die euch ihren Moralkodex aufdrückt und euch bewacht. Ihr müsst selbst Verantwortung übernehmen. Seid vorsichtig, lasst euch nicht auf jedes Abenteuer ein. Wir sind zur Freiheit berufen, aber wir sollen sie nicht missbrauchen."

Wir konnten sehr offen über Themen sprechen, die sonst eher schambehaftet sind. So entstand Gutes aus Bösem.

Der Täter wurde mit internationalem Haftbefehl gesucht und schließlich im Iran verhaftet – allerdings nicht wegen der Grausamkeiten, die er Dilara angetan hatte, sondern wegen anderer Verbrechen. Ausschließlich für diese wurde er zu einer mehrjährigen Haftstrafe verurteilt. Die Folter und der Mordversuch an einer Konvertitin wären im Iran kein Grund für eine Verurteilung gewesen, ganz im Gegenteil.

Für Dilara war vor allem wichtig, dass sie sich nun wieder etwas sicherer fühlen konnte, und das war ein Geschenk.

Unsere junge Gemeinde reifte in dieser Zeit und rückte sehr eng zusammen. Das Böse, das uns zerstören wollte, hatte uns durch Gottes Wirken nur noch stärker gemacht.

Gottes verschlungene Pfade

Lange Jahre galten Muslime als nahezu „immun" gegenüber dem christlichen Glauben. Warum erleben wir jetzt diese Veränderung? Und warum sind gerade so viele Perser unter denen, die Jesus ihr Herz öffnen?

Um es ganz klar zu sagen: Auch ich habe darauf keine umfassende Antwort. Gott lässt sich nicht in die Karten schauen. Aber um zumindest ein wenig zu verstehen, was Muslime bewegt, kann es nicht schaden, etwas mehr über den Islam zu wissen und über die Unterschiede zum christlichen Glauben.

Muhammad, der große Prophet des Islam, lebte Ende des 6., Anfang des 7. Jahrhunderts in Arabien. Er hatte durchaus Respekt für Juden und Christen. Allerdings warf er ihnen vor, dass sie die ursprüngliche Offenbarung verfälscht hätten. Durch ihn, Muhammad, würde die wahre Offenbarung Allahs wiederhergestellt werden.

Diese Sichtweise hat zur Folge, dass Muslime den Islam als Korrektur der durch Juden und Christen verfälschten Offenbarung Allahs verstehen. Unter anderem daher rührt die scheinbare Immunität der Muslime gegen das Christentum. Denn was vor 1 300 Jahren bereits korrigiert wurde, könne ja heute erst recht nicht wahr sein.

Wer den Koran liest, wird dort viele biblische Geschichten wiederentdecken. Allerdings zeichnen sie ein anderes Menschen- und Gottesbild, als wir es in der Bibel finden. So wird auch dort vom Sündenfall der ersten Menschen gesprochen. Dieser hatte jedoch für Adam und Eva keine gravierenden Folgen. Allah gab ihnen Worte, mit denen sie sich entschuldigten, und alles war wieder in Ordnung.

Auch Jesus genießt im Islam hohe Anerkennung und Verehrung, allerdings als Prophet und nicht als Gottes Sohn. Die biblischen Prophezeiungen des kommenden Messias deutete Muhammad auf sich um. Er sah sich als denjenigen, „der kommen soll". Und weil sowohl Juden als auch Christen dies nicht anerkannten, befanden sie sich natürlich im Irrtum.

Im Islam kommt es weiterhin darauf an, Allah wie vorgeschrieben die Ehre zu geben, sich ihm zu unterwerfen und durch gute Taten sein Wohlgefallen zu erlangen, um einst ins Paradies eingehen zu können. Der Mensch an sich wird als gut angesehen bzw. als vorbehaltlos fähig, gut zu sein.

Das deckt sich allerdings nicht mit dem, was Christen glauben und, so scheint mir, auch nicht mit der alltäglichen Erfahrung sehr vieler Menschen. Um das, was in der Bibel als Sündenfall beschrieben wird, auf unsere heutige Situation zu übertragen, könnte man auch sagen: Die Menschheit hat etwas Entscheidendes verloren. Wir tragen einen tief sitzenden Zwiespalt in uns, der sich auf verschiedene Weise zeigt. Obwohl wir um das Gute wissen, geraten wir immer wieder in den Sog des Bösen. Neid und Lüge, Gewalt und Ichsucht begleiten die Menschheit, so weit wir zurückdenken können. Wir wissen, was gut ist, aber es gelingt uns nicht, dauerhaft wirklich gut zu sein. Und weil wir etwas Entscheidendes verloren haben, tragen wir eine tiefe Sehnsucht in uns. Aber wo und wie auch immer wir versuchen, diese Sehnsucht zu stillen, spüren wir, dass wir letztlich niemals „satt" werden.

Christen glauben, dass nur Gott diese Leere füllen und diese tiefe Zerrissenheit überwinden konnte und dass er dies in seinem Sohn Jesus tat. Das ist das Mysterium und das Ärgernis des Kreuzes. Gott gibt uns die Chance zu einem Neubeginn. Dieser beginnt damit, dass wir ihm vertrauen, wie ein Kind seinem liebevollen Vater vertraut. Dieses Vertrauen ist wie ein Samenkorn, das in uns hineingelegt wird und dann zu etwas heranreift, das auch durch den Tod nicht aufgehalten werden kann.

Warum sind es nun ausgerechnet so viele Perser, die sich für Jesus öffnen?

Die Islamische Revolution von 1979 führte zur Gründung des sogenannten „Gottesstaates". Die Menschen waren völlig euphorisch. Millionen Iraner glaubten an ein besseres, gerechteres, spirituelleres Leben. Aber sie bekamen eine Diktatur der Mullahs.

Die Bevölkerung ist jung; die meisten der heute lebenden Iraner kamen erst nach der Revolution zur Welt. Auch ist das Bildungsniveau hoch; 65 % der Frauen sind Akademikerinnen. Aber der Iran bietet keine Perspektiven. Das gesellschaftliche Leben ist sehr eng und eingeschränkt. Musik war bis auf staatlich erwünschte Revolutionslieder lange Zeit verboten. Vor einigen Jahren wurde diese Vorgabe gelockert, aber echte künstlerische Freiheit gibt es immer noch nicht.

Auch in anderen Bereichen ist man großzügiger geworden. Inzwischen dürfen Frauen farbige Kleidung tragen. Es wird sogar geduldet, dass junge Paare sich auf der Straße an den Händen halten. Als ich noch im Iran lebte, war das nicht einmal für Ehepaare erlaubt.

Und dennoch, das alles reicht den Menschen nicht. Viele Iraner haben nicht den Eindruck, dass das Gute herrscht, dass sie frei sind, dass ihre Sehnsucht gestillt wird. Immer mehr gerade junge Iraner verspüren eine große Sehnsucht nach Freiheit. Und so manch einer begegnet auf seiner Suche ganz unerwartet und überraschend Jesus. Wer aber im Iran zum christlichen Glauben konvertiert, befindet sich in Lebensgefahr.

Fast alle Mitglieder meiner Gemeinde sind Flüchtlinge. Der überwiegende Teil von ihnen hat einen schwierigen und sehr gefährlichen Weg in die Freiheit hinter sich. Sie riskierten ihr Leben, ertranken beinahe auf dem Weg über das Meer oder wurden von skrupellosen Schlepperbanden irgendwo im Nirgendwo im Stich gelassen. Ständig liefen sie Gefahr, überfallen und ausgeraubt zu werden oder ins Gefängnis zu kommen.

Manche haben in winzigen Verstecken in LKWs, ohne jede Bewegungsfreiheit, die Grenzen überquert, immer in der Gefahr zu ersticken. Viele gerieten in Situationen, in denen sie dachten: *Jetzt tue ich meinen letzten Atemzug. Jetzt werde ich sterben.*

Das Verrückte ist, dass auch gläubige Muslime in ihrer Not weder Allah noch Muhammad oder irgendeinen islamischen Heiligen um Hilfe anflehten. Nein, sie riefen zu Jesus! Es ist eigentlich nicht zu erklären und doch höre ich solche Geschichten immer wieder.

Omid, ein Mitglied meiner Gemeinde, erzählte mir, wie er im Boot eines Schleusers das Beten lernte:

„Wir fuhren bei schlechter Sicht und stürmischem Wetter in einem völlig überfüllten alten Kahn über das Meer. Und plötzlich tauchte wie aus dem Nichts der gewaltige Bug eines riesigen Schiffes vor uns auf. Es war, als würde der Schatten der Unterwelt auf uns fallen. Wir wussten: *Das ist unser Tod.* Dieses Schiff sah uns nicht, und selbst wenn, es hätte niemals ausweichen können. Und wir bewegten uns mit lähmender Langsamkeit durch das Wasser.

Plötzlich fing einer der Flüchtlinge laut zu beten an. Er war Christ und bat Jesus um Hilfe. Instinktiv fiel ich in dieses Gebet mit ein und fast alle anderen mit mir. Obwohl wir Muslime waren, riefen wir Jesus um Hilfe an. Und wir wurden tatsächlich gerettet. Wie durch ein Wunder kenterte unser Boot nicht. Von da an wusste ich, Jesus lebt, und er handelt, auch heute noch."

Eines Tages kam ein junger Mann namens Fahid zu mir. Und was er zu sagen hatte, verblüffte mich. Er wusste fast nichts von Jesus, aber er wollte von mir getauft werden.

Als ich ihn fragte, wie er dazu käme, erzählte er mir von den verschiedensten gefahrvollen Situationen, in die er geraten war. Schließlich hatte er Jesus einen regelrechten Deal vorgeschlagen:

„Jesus", hatte er gebetet, „wenn du mich aus dieser Situation rettest, werde ich an dich glauben. Das verspreche ich dir. Ich habe gehört, dass du Menschen retten kannst. Du kannst Kranke gesund und Tote lebendig machen. Bitte hilf mir!"

Fahid blickte mir in die Augen. „Und er hat es tatsächlich getan, er hat mich sicher hierher nach Deutschland gebracht. Als ich zum ersten Mal deutschen Boden betrat, sagte ich: *Danke, dass du mich gerettet hast.*" Er lächelte. „Eigentlich wollte ich es dabei bewenden lassen, aber dann wurde mir bewusst: *So einfach ist das nicht. Du hast eine Vereinbarung getroffen. Jetzt musst du dich daran halten.* Tja, und deshalb bin ich hier. Kannst du mich taufen?"

Wir unterhielten uns noch eine ganze Weile, und mir wurde rasch klar, dass er gar nicht wusste, worum er da bat. Das geht sehr vielen Muslimen so. Sie verwechseln die christliche Taufe mit den rituellen Waschungen des Islam. Wer gewaschen ist, ist rein, alles, was falsch lief, ist vergeben und vergessen, und man kann sich wieder wie gehabt ins Leben stürzen, bis dann die nächste Waschung fällig ist. Dass die christliche Taufe ein einmaliger Akt ist, ein äußeres Zeichen der unsichtbaren Gnade Gottes und ein Symbol der inneren Umkehr des Täuflings – das ist ihnen nicht bewusst.

Aber trotz aller Missverständnisse und seines geringen Wissens: Fahid meinte es absolut ernst mit Jesus.

Wer bin ich, seine Erlebnisse mit Gott infrage zu stellen? Die Gründe, die Menschen zu mir in die Gemeinde führen, sind manchmal kurios und klingen für westliche Ohren fragwürdig. Aber Gott begegnet jedem Menschen so, wie dieser es braucht. Er hat sich noch nie an die Vorstellungen der Menschen gehalten, warum sollte er ausgerechnet jetzt damit anfangen?

An dieser Stelle möchte ich eine Geschichte erzählen, die symptomatisch für viele Flüchtlinge ist, die schließlich in unserer persischsprachigen Gemeinde landen:

Parviz und seine Frau Shirin reisten mit ihren beiden Söhnen über Italien in die EU und wollten nach Schweden. Dort lebten sie neun Monate. Aber Norwegen wollte sie abschieben, denn nach der sogenannten Dublin-Verordnung der EU ist das Land der Europäischen Union für das Asylverfahren zuständig, in das die Flüchtlinge zuerst eingereist sind.

Shirin wurde schwer depressiv. Sie musste in eine Klinik eingeliefert werden und Parviz stand nun allein mit seinen beiden Kindern da. Diese Situation zerriss ihn förmlich. Parviz war sehr verzweifelt. Als er eines Tages wieder auf dem Weg ins Krankenhaus war, um seine Frau zu besuchen, kam er an einem Kirchengebäude vorbei. Einem spontanen Impuls folgend, ging er in diese Kirche, um zu beten. *Vielleicht wird uns dieser Jesus helfen*, dachte er sich.

Der schwedische Pastor, ein sehr liebevoller und kluger Mann, sah den Fremden beten und sprach ihn an: „Was führt dich zu uns?"

Parviz klagte ihm in seinem gebrochenen Schwedisch sein Leid.

Der Pastor nickte. „Komm, wir beten zusammen."

Parviz ließ sich darauf ein und dieses Gebet rührte eine Seite in ihm an. Er nahm sich vor, jedes Mal, wenn er seine Frau besuchte, in diese Kirche zu gehen und zu beten.

Irgendwann sagte er zu dem Pastor: „Ich glaube, ich möchte mich taufen lassen."

Doch dieser lehnte ab. „Du bist voller Emotionen und hin- und hergerissen. Ich glaube, es ist noch zu früh. Du bist noch nicht bereit für die Taufe."

Irgendwann ging es Shirin etwas besser. Sie wurde aus dem Krankenhaus entlassen und in der Folge wurde die gesamte Familie nach Italien abgeschoben.

Dort lebten sie einige Tage lang auf der Straße, weil sie es im Flüchtlingslager nicht aushielten. Schließlich forderte Parviz seine Frau auf: „Komm, lass uns gemeinsam zu Jesus beten."

Shirins Reaktion war wenig ermutigend. Sie lachte nur höhnisch. „Du Idiot. Wenn Jesus uns helfen könnte, dann hätte er das in Schweden getan. Nun leben wir hier in Italien auf der Straße. An diesen Jesus glaube ich nicht!"

Aber Parviz ließ sich nicht vom Gebet abbringen. Irgendwann gelang es der Familie, sich nach Österreich durchzuschlagen. Dort wurden sie aufgegriffen und für einige Zeit in Haft genommen.

Als sie wieder frei waren, gelang es ihnen irgendwie, Geld zusammenzukratzen und eine Fahrkarte nach Deutschland zu kaufen. Im Zug wurden sie jedoch erneut festgenommen.

Als die Familie auf dem Bahnsteig stand, fiel Parviz ein, dass er in der ganzen Aufregung sowohl sein Handy als auch sein Portemonnaie im Zug vergessen hatte. Aufgrund mangelnder

Sprachkenntnisse hatte er keine Möglichkeit, den Beamten dies zu erklären, stattdessen riss er sich los und rannte zurück in den Zug.

Natürlich glaubten die Polizisten, er wolle fliehen. Sie versuchten, ihn aufzuhalten, aber Parviz sprang in den Wagen, und die Türen schlossen sich. Durch dieses Verhalten hatte er sich natürlich noch verdächtiger gemacht.

Rasch eilte Parviz in sein Abteil und zeigte ihnen durch das Fenster sein Handy und sein Portemonnaie. Wider Erwarten schienen die Polizisten ihm zu glauben. Sie bedeuteten ihm, an der nächsten Station auszusteigen. Sollte er versuchen, sich allein durchzuschlagen und seine Familie nachzuholen? Nein, er beschloss, ehrlich zu sein.

Als der Zug kurz vor der deutschen Grenze hielt, stieg er aus. Dort warteten die Beamten bereits mit seiner Familie und sie kamen erneut in Gewahrsam.

Die Situation war unglaublich zermürbend. Über lange Zeit verhörten ihn die Männer allein. Parviz war müde, erschöpft und am Ende seiner Kräfte. Die Trennung von seiner Familie zerriss ihn förmlich. Warum ließen diese Männer ihn nicht zu Shirin und den Kindern? Er war doch kein Verbrecher!

Schließlich drohte Parviz, sich umzubringen, wenn man ihn nicht endlich seine Familie sehen ließe. Die Polizisten gaben nach und er konnte Shirin und die Kinder in seine Arme schließen.

Parviz erzählte den Polizisten, dass er nach Deutschland einreisen wolle, weil er dort Verwandte habe. Die Österreicher ließen ihn tatsächlich ziehen und die Familie erreichte endlich Deutschland. Der Verwandte lebte schon seit dreißig Jahren dort. Er war zwar kein Christ, brachte Parviz und seine Familie aber dennoch zu mir in die Gemeinde.

Parviz erzählte mir, dass er an Jesus glauben würde. Als ich seine Frau ansah, schien ihr Blick durch mich hindurchzugehen. Ich hatte das Gefühl, als wäre sie gar nicht anwesend. Es war ein so trauriger Anblick, dass ich sie einfach fest in den Arm nehmen musste: „Na, mein Kind. Was ist mit dir los?"

Shirin sah mich an. „Weißt du, Mutter, ich glaube nicht an Jesus. Mein Mann glaubt. Ich komme nur hierher, weil er es will. Ich bin keine Christin und ich werde auch niemals Christin werden."

„Niemand zwingt dich", sagte ich. „Du bist jederzeit herzlich willkommen. Ich freue mich, wenn du da bist. Aber wenn es dir zu viel wird oder du dich unwohl fühlst, brauchst du nicht zu kommen."

Shirin kam dennoch jede Woche. Und ich spürte, dass sie sich zunehmend entspannte. Sie sagte nicht viel, aber es war ihr anzusehen, dass Frieden bei ihr einzog. Ihr Gesicht veränderte sich. Jedes Mal, wenn sie kam, umarmte sie mich. Und eines Tages sagte sie: „Hier spüre ich Wärme und Liebe. Ich kannte Jesus nicht und, um ehrlich zu sein, ich mochte ihn nicht. Aber nun verändert sich das. Nun glaube ich, dass du auf dem richtigen Weg bist, Flor."

„Es geht nicht um mich", erwiderte ich. „Wenn du genau hinsiehst, wirst du bei mir genug Dinge finden, die ich falsch mache. Richte deinen Blick lieber auf Jesus."

Eines Tages kam sie zu mir und meinte in fast vorwurfsvollem Ton: „Willst du mich nicht taufen?"

„Oh", entfuhr es mir, „bist du dir sicher?"

„Hast du es denn nicht bemerkt?"

Natürlich hatte ich etwas bemerkt. Aber ich erwiderte: „Ich taufe nur diejenigen, die selber zu mir kommen und mich darum bitten."

Inzwischen ist die ganze Familie in der Gemeinde sehr aktiv.

Etwas ganz Ähnliches erlebte ich bei zwei Afghaninnen. Sie kamen zwar in die Gemeinde, aber nur, um ihre Männer zu begleiten. Mir gegenüber machten sie keinen Hehl daraus, dass sie den christlichen Glauben ablehnten.

Als ich in der Gemeinde die nächsten Täuflinge bekannt gab, kamen sie plötzlich zu mir und fragten: „Mutter, was ist mit uns?"

„Wollt ihr wirklich getauft werden?"

„Ja, natürlich wollen wir das!", erwiderten sie beinahe empört.

Ich strahlte. „Na gut, dann taufe ich euch."

Es ist jedes Mal ein Wunder für mich, wenn Menschen den Glauben an Jesus zuerst so klar ablehnen und ihm dann tief in ihren Herzen begegnen und sich alles verändert.

Inzwischen leben diese Frauen ihren Glauben viel leidenschaftlicher und bewusster als ihre Männer.

So kommen die Menschen aus den unterschiedlichsten Situationen zu uns. Oftmals sind es die praktischen Erfahrungen und nicht irgendwelche theologischen Argumente, die Muslime von der Wahrheit des christlichen Glaubens überzeugen. Manche haben auch Träume oder Visionen, die sie zu Jesus führen. Gottes Wege sind so unterschiedlich wie die Menschen und manchmal führt er uns auf sehr verschlungenen Pfaden.

Jeder reagiert anders auf die Einladung. Bei den einen wächst der Glaube sehr langsam, bei anderen gleicht sein Wachstum beinahe einer Explosion. Manche sind ungeheuer stark, andere sehr zögerlich und ängstlich. Doch es ist immer Gott, der die Menschen zu sich zieht.

Wir können nur darüber staunen und es dankbar annehmen.

Ausgetrickst

Immer wieder höre ich den Vorwurf, diese Iraner seien ja in Wirklichkeit gar keine Christen. Sie würden dies nur vorgeben, um in Deutschland als Flüchtlinge anerkannt zu werden und finanzielle Unterstützung zu erhalten.

Es macht mich traurig, wenn diese Vorwürfe pauschalisiert und herabwürdigend geäußert werden. „Die tun doch alle nur so, um hier zu schmarotzen", ist eine Aussage, die in den Ohren aller, die um ihr Leben fürchten mussten, mehr als zynisch klingt. Vor allem aber ist sie nicht wahr. Gott hat die Herzen Tausender berührt und sie leben aufrichtig und voller Überzeugung ihren christlichen Glauben.

Nur wer Gottes Wirken leugnet, kann das übersehen.

Kann man also davon ausgehen, dass alle Perser, die nach Deutschland fliehen und sich als verfolgte Christen ausgeben, die Wahrheit sagen? Auch das wäre unrealistisch. Perser sind auch keine besseren Menschen als alle anderen. Es gibt immer wieder Personen, die um ihres Vorteils willen lügen.

Es ist durchaus nicht auszuschließen, dass manche angebliche Konvertiten in Wahrheit noch immer Muslime sind.

Wie sollen wir damit umgehen?

Darauf gibt es keine einfachen Antworten. Bevor man jedoch voreilig restriktive Maßnahmen befürwortet, halte ich es für klüger abzuwarten, wie Gott damit umgeht.

An dieser Stelle möchte ich gern eine Geschichte erzählen: Achmed und Faizah hatten einen Plan. Es war ein wohldurchdachter, kluger Plan. Sie waren Araber, die aus dem Iran nach Deutschland gekommen waren. Und sie waren sehr konservative Muslime. Beide waren übereingekommen, dass sie sich formell als Christen ausgeben wollten, um ihre Chancen zu verbessern, in Deutschland die Anerkennung als Flüchtlinge zu bekommen. Dabei wollten sie aber den Islam heimlich weiterpraktizieren. Diese „Notlüge" sahen sie durch das Taqiya-Prinzip legitimiert.

Sie kamen zu mir in den Taufunterricht. Während sie sich in der Gemeinde als Christen ausgaben, praktizierten sie im Flüchtlingsheim weiter den Islam, vollzogen die rituellen Waschungen und beteten die vorgeschriebenen Gebete.

Die Täuschung schien zu gelingen. Allerdings hatten sie nicht mit Gott gerechnet.

Der Taufunterricht wurde abgeschlossen. Aber am Tag der Taufe zog Faizah mich heimlich zur Seite: „Mutter Flor, ich muss dir etwas gestehen."

„Ja?"

Sie schluckte. „Wir haben gelogen. Als wir in die Gemeinde kamen, hatten wir uns vorher eine Geschichte zurechtgelegt. Wir haben dir erzählt, dass wir im Iran konvertiert sind und dort verfolgt wurden. Aber das stimmt nicht. In Wahrheit wollten wir heimlich weiter den Islam praktizieren. Im Heim habe ich bislang immer noch mein Kopftuch getragen, nur in der Kirche habe ich es abgenommen, um dich zu täuschen."

Ich sagte nichts und wartete ab, was sie weiter erzählen würde.

„Diese Lüge hielten wir die ganze Zeit aufrecht, bis der Taufunterricht begann und wir dieses Gebet sprachen …" Sie verstummte und ihr Gesicht bekam einen sehr nachdenklichen Ausdruck.

Zum Ende des Taufunterrichts sprach ich stets gemeinsam mit den Taufwilligen ein Bußgebet: *Ich will von nun an mit Jesus leben. Ihm will ich vertrauen und mit ihm mein Leben gestalten.*

Faizah sah mich an. „Nachdem ich dieses Gebet gesprochen hatte, schämte ich mich furchtbar", fuhr sie fort. „Ich ging nach Hause, aber als ich die muslimischen Gebete sprechen wollte, da konnte ich es nicht. Es … fühlte sich nicht gut an. Ich fand weder Trost noch Halt darin. Und dann merkte ich, dass dieses Bußgebet nach dem Taufunterricht ein ernstes Gebet gewesen war. Ich glaube wirklich an Jesus. Ich hatte versucht, ihn zu täuschen, und er hatte tiefer gesehen – auf mein inneres Sehnen. Und nun war aus der Lüge Wahrheit geworden. Ich ging zu meinem Mann und sagte ihm: ‚Du, ich bin Christin geworden.' Achmed war schockiert: ‚Wir hatten eine Vereinbarung! Wie kannst du jetzt so etwas sagen? Du hast dich manipulieren lassen.' Aber ich erwiderte: ‚Niemand hat mich manipuliert. Ich glaube nun, dass Mutter die Wahrheit gesprochen hat. Ich vertraue Jesus.'"

Ich musste lächeln. So ist unser Vater im Himmel. Er hat seinen ganz eigenen Sinn für Humor.

Doch Faizah sah mich ganz ernst an. „Ich bin zum Glauben gekommen, Achmed aber nicht. Soll ich mich jetzt von ihm trennen?"

Ich schüttelte den Kopf. „Nein, das würde ich dir nicht raten. Lass ihn doch erleben, was Jesus in deinem Leben bewirkt. Das wird nicht spurlos an ihm vorübergehen. Vielleicht wird er dann ebenfalls beginnen, Jesus zu vertrauen."

Faizah nickte. „Gut, ich will es versuchen."

Achmed wurde auf das Bekenntnis seines Glaubens hin getauft. In der Gemeinde beteuerte er, Christ zu sein, im Heim jedoch sprach er auch weiterhin heimlich seine islamischen Gebete. Aber dann ganz allmählich veränderte sich etwas. Eines Tages besuchte ich das Paar zu Hause und er berichtete:

„Jeden Morgen holte ich eine Kanne Wasser, ging in mein Zimmer, wusch mich und sprach die Gebete, damit niemand etwas davon mitbekommt. Aber irgendwann wurde dieses Ritual für mich inhaltsleer, ich glaubte nicht mehr an den, zu dem ich da betete. Stattdessen war ich fasziniert von Jesus." Er blickte mich an. „Und nun habe auch ich ihm mein Leben gegeben."

Voller Freude schloss ich ihn in die Arme.

Achmed und Faizah hatten einen schlauen Plan gehabt. Aber sie hatten nicht mit Gottes Wirklichkeit gerechnet.

Das Verrückte ist, dass Gott es sich nicht nehmen lässt, den Menschen trotz ihrer falschen Motive zu begegnen.

Nachdem sie ihr Vertrauen auf Jesus gesetzt hatten, wurden Achmed und Faizah eifrige Mitglieder meiner Gemeinde. Inzwischen gehören sie einer anderen charismatischen Gemeinde an. Das stört mich nicht – ich freue mich darüber, dass sie mit Leidenschaft Jesus nachfolgen.

Gottes Wege sind nicht unsere Wege. Wir tun gut daran, ihm zu vertrauen. In diesem Zusammenhang möchte ich noch eine weitere, fast noch erstaunlichere Geschichte erzählen:

Es ist noch gar nicht so lange her, da kam Dariyan zu mir.

Er wollte mehr über den christlichen Glauben wissen und machte auch gar kein Hehl daraus, dass er sich auf sein „Interview" vorbereiten wollte. So nennen wir die Befragung durch das Bundesamt für Migration und Flüchtlinge. In Deutschland hatte Dariyan erfahren, dass er als Christ Asyl bekommen könne.

Einem inneren Impuls folgend sagte ich ihm: „Vergiss dein Interview. Mach dir keine Gedanken über dein Asylverfahren. Wenn du mehr über Jesus erfahren möchtest, lies die Bibel." Ich drückte ihm eine persischsprachige Bibel in die Hand. „Nimm dir Zeit, du hast genug davon. Wenn du willst, schicke ich dir jeden Tag einen Vers, der dich ermutigen soll."

Schon seit einigen Jahren schicke ich an alle Gemeindemitglieder, die das wollen, jeden Tag eine SMS mit einem Bibelvers oder einem ermutigenden Wort. So können sie spüren, dass Gott bei ihnen ist, wenn sie in den Tag starten.

Dariyan war einverstanden.

Einige Zeit später bekam ich eine SMS von ihm. Es war ein Bibelzitat, das ihn fasziniert hatte.

Das überraschte und freute mich. Offenbar nahm er die Sache mit dem Bibellesen tatsächlich ernst.

Ein paar Tage später kam die nächste SMS. Und irgendwann bekam ich regelmäßig Nachrichten von ihm, in denen er mir Bibelstellen schrieb, die ihn begeisterten.

Dariyan konnte nur sporadisch zu den Gottesdiensten kommen, denn er wohnte recht weit außerhalb der Stadt. Er hatte es in der Flüchtlingsunterkunft nicht leicht und die Bibel wurde immer mehr zu seinem festen Halt. Dariyan wurde Christ.

Staunend bemerkte ich, wie sein Glaube wuchs. Ohne jegliche Unterstützung von außen, allein durch die Bibel, entwickelte er eine geistliche Reife, die mich völlig verblüffte. Irgendwann hatte ich das Gefühl, mir würde ein Prediger schreiben und nicht ein junger Exmuslim aus dem Iran.

Und dann schrieb er mir etwas, das mich noch mehr überraschte: „Mutter, ich will in den Iran zurück. Gott hat mich hierhergebracht, damit ich Jesus Christus kennenlerne. Aber meine Aufgabe

ist es nicht, hier in einem Dorf zu sitzen und auf meine Anerkennung zu warten. Meine Aufgabe ist es, in den Iran zurückzukehren
und dort Gottes Wort zu verbreiten."

Dariyan war weder dumm noch naiv. Er war ein sehr intelligen-
ter junger Mann; er wusste, worauf er sich einließ. Im Nahen Osten
würde er sein Leben riskieren, aber das war es ihm wert.

Gott geht wirklich seltsame Wege mit uns. Und bei jedem ist
es anders. Im Iran hätte sich Dariyan vermutlich niemals für das
Christentum interessiert. Er musste erst nach Deutschland kommen, um Jesus kennenzulernen. Doch nun konnte er als neuer
Mensch in seine Heimat zurückkehren.

Wenige Wochen bevor ich dies hier niederschrieb, reiste er ab.

Und wieder einmal kann ich nur staunen über das, was Gott in
Menschen bewirkt.

Ausblick

Die Art und Weise, wie Gott Menschen führt, ist und bleibt für uns letztlich undurchschaubar. Denn er bezieht darin nicht nur seine unser Verstehen übersteigende Weisheit, sondern auch die Entscheidungen jedes einzelnen Menschen mit ein. Der Weg meiner Familie und meine eigene Lebensgeschichte sind dafür das beste Beispiel.

Mein jüngerer Bruder Bahram lebt, wie die meisten meiner Verwandten, noch immer im Iran. Er ist als Christ mit einer Muslima verheiratet. Sie haben zwei Kinder. Seine Frau und ihre Familie wissen von Bahrams Glauben. Manchmal, wenn ihre Ehe in einer Krise steckt, drohen sie ihm, zur Polizei zu gehen und ihn zu verraten.

Auch meine Mutter lebt noch im Iran. Sie ist schon seit vielen Jahren Witwe, denn mein Vater starb kurz nach meiner Ausreise. Es war mir eine unbeschreibliche Freude, als Maman 1996 nach Deutschland zu Besuch kam und sich in meiner Gemeinde taufen ließ. Sie ist jetzt 78 Jahre alt und hat vor nichts und niemandem Angst.

Meine Schwestern Donja und Parvaneh wurden wegen ihres christlichen Glaubens von unseren eigenen Verwandten so massiv bedroht, dass sie aus Angst um ihr Leben fliehen mussten. Sie flüchteten in die Türkei, beantragten bei der UNHCR Asyl und leben nun seit fast zwanzig Jahren in Schweden. Sie sind froh, in Freiheit ihren Glauben ausüben zu können, ohne Angst haben zu müssen, dass sie deswegen hingerichtet werden.

Auch mein Weg verlief alles andere als gradlinig. Fast 15 Jahre lang arbeitete ich als Missionarin unter Kurden und die Früchte waren karg. Doch jetzt öffnet Gott Türen und Tore.

Wie wird es nun weitergehen? Werde ich auch künftig meinen Dienst in der persischsprachigen Gemeinde versehen? Was sind meine Visionen für die Zukunft?

Das sind gute und berechtigte Fragen. Immer wieder werde ich damit konfrontiert. Ich will versuchen, sie zu beantworten, so gut es geht.

In vielerlei Hinsicht bin ich sehr deutsch, in einem Punkt aber bin ich Perserin geblieben: Ich plane nicht weit in die Zukunft.

Wenn mich deutsche Freunde fragen, wo ich mich in fünf Jahren sehe, dann blicke ich sie ganz erstaunt an. So weit denke ich nicht. Woher soll ich wissen, was ich in fünf Jahren mache, wenn ich noch nicht einmal weiß, ob ich in zwei Wochen noch leben werde? Ich weiß nicht, wie lange mein Körper mich tragen wird. Wer kann mir sagen, ob morgen noch genügend Menschen Geld spenden, damit ich diese Arbeit fortführen kann?

Vor diesem Hintergrund hat mein Taufspruch eine ganz besondere Bedeutung für mich: *Nicht ihr habt mich erwählt, sondern ich euch, damit ihr euch auf den Weg macht und Frucht bringt, die bleibt.*[34]

Das ist mein Leitgedanke bei allem, was ich tue.

---

34 Johannes 15,16

Hätte mir jemand vor 30 Jahren prophezeit, dass ich einmal Missionarin in Deutschland werden würde – ich hätte ihn für verrückt erklärt. Aber Gott hat mich hierhergeführt, Schritt für Schritt. Meine Aufgabe ist es, ihm mit wachem Verstand, offenen Augen und Liebe im Herzen zu folgen.

Und was ich sehe, ist Folgendes: Zu Tausenden kommen Iraner und Afghanen zu uns. Viele von ihnen suchen nicht nur Sicherheit und politisches Asyl, tief in ihnen steckt auch die Sehnsucht nach dem liebenden Vater im Himmel.

Hier fallen mir wieder Jesu Worte ein, die heute genau die gleiche Brisanz haben wie damals: *Die Ernte ist groß, aber es gibt nur wenige Arbeiter. Deshalb bittet den Herrn, dass er noch mehr Arbeiter aussendet ...*[35]

Wir können noch viel mehr Menschen gebrauchen, die sich dieser Suchenden annehmen.

Es ist mir ein großes Anliegen, dass Menschen, die in der ersten Generation nach Deutschland kommen, die Möglichkeit haben, in der Sprache ihres Herzens Gott kennenzulernen. Für diese Menschen ist unsere persischsprachige Gemeinde da. Wir nehmen die Menschen mit offenen Armen auf, aber wir halten sie nicht fest. Wer gut Deutsch gelernt hat und sich in einer deutschen Gemeinde zu Hause fühlt, den lassen wir frohen Herzens ziehen.

Was also ist meine Vision? Ich will helfen, den geistlich Heimatlosen eine Heimat zu bieten, und Gott da dienen, wo er mich braucht. Und ich will nie aufhören, nach seinem Weg zu fragen.

---

35 Lukas 10,2

Unsere Aufgabe – Liebe statt Furcht

Es ist noch gar nicht so lange her, da flohen die Menschen aus Deutschland, um einer schrecklichen Diktatur zu entkommen. Doch die Zeiten haben sich geändert. Im Moment scheint es so, als wäre Deutschland für die von Krieg und Terror geknechteten Menschen des Nahen Ostens fast so etwas wie das verheißene Land.

Zu Tausenden kommen die Flüchtlinge zu uns. Viele Deutsche sind beunruhigt. Wie sollen wir damit umgehen?

Auf einer meiner Taschen prangt der Aufdruck: *Der kürzeste Weg zwischen zwei Menschen ist ein Lächeln.* Ich erinnere mich an einen Tag, an dem ich diese Tasche bei mir trug und sehr müde und ausgelaugt in der Bahn saß. Ich gebe zu, es gab schon Tage, an denen ich bessere Laune hatte.

Eine Frau, die vor mir saß, wandte sich um, sah den Spruch auf meiner Tasche und dann mein missmutiges Gesicht und meinte: „Was da auf Ihrer Tasche steht, passt nicht zu Ihnen!"

Sie hatte recht. In dieser Situation lebte ich nicht, was ich mir auf die Fahne geschrieben hatte. Ich beschloss, mir ihre Worte zu Herzen zu nehmen.

Diese kleine Episode treibt mich zu der Frage: Leben wir als Christen das, was wir uns auf unsere Fahne geschrieben haben?

Wir leben in einer Zeit, in der viele Menschen die Situation als bedrohlich und beängstigend empfinden.

Tausende von Flüchtlingen, meist muslimischen Glaubens, verlassen ihre Heimat und fliehen nach Deutschland.

Bei vielen Deutschen, auch bei Christen, entsteht dadurch das Gefühl: Wir müssen uns schützen!

Dieser Impuls ist nachvollziehbar, aber spiegelt er auch das wider, was Jesus in unsere Herzen gelegt hat?

Es mag provozierend klingen, aber ich sage es dennoch: Wenn wir uns angesichts von Millionen von Flüchtlingen in dieser Welt auf eine politische Diskussion zurückziehen, bleiben wir nur an der Oberfläche. Denn eine politische Sichtweise schafft immer eine Distanz zu uns selbst. Bitte verstehen Sie mich nicht falsch: Ich halte eine politische Diskussion nicht für falsch, und ich freue mich darüber, dass ich in einer Demokratie lebe, in der die freie Meinungsäußerung nicht unterdrückt wird. Aber ich habe Zweifel, dass es der Prioritätensetzung von Jesus entspricht, wenn wir unsere Hauptaufgabe darin sehen, uns mit aller Macht in die Meinungsschlacht zu werfen.

Die Menschen, die politische Verantwortung tragen, müssen weise Entscheidungen treffen. In dieser Situation können wir weder Ignoranz noch Blauäugigkeit gebrauchen. Aber die meisten von uns sind nicht in der Position, politische Entscheidungen zu treffen.

Was also sollen *wir* tun?

Ich habe eine starke Vermutung, was Jesus dazu sagen würde: *Du sollst den Herrn, deinen Gott, mit deinem ganzen Herzen, mit deiner ganzen Seele, mit deiner ganzen Kraft und mit deinem ganzen Denken lieben und deinen Mitmenschen genauso, wie du dich selbst liebst.*[36]

---

36 Lukas 10,27; Willkommen daheim

Das ist unsere Richtschnur. In seiner Bergpredigt bringt Jesus diesen Gedanken auf den Punkt: *Fragt euch selbst, wie ihr von anderen behandelt werden wollt, und verhaltet euch dann ihnen gegenüber genauso.*[37]

Politische Entscheidungen und Gesetze schaffen Grenzen. Sie geben den Raum vor, in dem wir uns bewegen können. Aber sie verändern Menschen nicht.

Wenn etwas die Kraft hat, Dinge wirklich zu verändern, sogar Menschen zu verändern, dann ist es das, was Jesus uns aufgetragen hat!

Und das Großartige ist, dass auf diese Weise nicht nur andere Menschen Gutes erfahren, auch in uns selbst findet eine Veränderung statt. Denn in irgendeiner Art und Weise haben wir alle mit der menschlichen Urangst zu kämpfen: *Die Fremden kommen und nehmen uns alles weg!*

Aber wenn wir Jesus vertrauen, tritt uns schon bald eine ganz andere Wahrheit vor Augen: Wir alle sind Fremde. Niemand von uns kann sagen: *Hier ist mein Zuhause.* Denn unsere wahre Heimat ist nicht diese Erde, sondern der Ort, an dem wir ohne alles Trennende auf immer mit Gott, unserem Vater, verbunden sind.[38]

Unsere Aufgabe besteht deshalb darin, so zu leben, dass unsere eigentliche Heimat Stück für Stück sichtbarer wird – wo auch immer wir hier sind. Denn wenn ich Menschen mit Angst und Hass begegne, werde ich Angst und Hass ernten. Wo ich aber Menschen mit der Liebe begegne, die Gott mir ins Herz gelegt hat, da wird sie nicht wirkungslos bleiben.

---

37 Matthäus 7,12; Willkommen daheim
38 Philipper 3,20

Ich habe das selbst erlebt. In der kleinen Schweriner Gemeinde, in der alles seinen Anfang nahm, gibt es einen älteren Mann, der in die Flüchtlingsheime fährt und den Menschen dort ohne Furcht, aber voller Liebe begegnet. Er bringt selbstgebackenen Kuchen mit, ganz viel praktische Hilfe und gute Worte. Er zeigt echtes Interesse an den Menschen, ohne nach ihrer Herkunft oder Religion zu fragen. Und so bewegt er die Herzen der Flüchtlinge. Ich glaube, ohne ihn würde es die persischsprachige Gemeinde, wie sie heute existiert, gar nicht geben. Durch seine Art macht er die Menschen neugierig auf Jesus.

Und genau das ist auch unsere wunderbare Aufgabe.

Danksagung

Ich widme dieses Buch meiner Mutter. Ihr großes Herz für Menschen in Not und ihre unermüdliche Nächstenliebe, die auch dann nicht nachließ, als sie selbst schwere Zeiten durchmachen musste, haben mich tief geprägt. Dass ich heute so vielen Menschen mit Liebe begegnen kann, habe ich auch ihr zu verdanken. Sie hat mir gezeigt, dass man immer genug hat, um mit anderen zu teilen, denn selbst wenn man in materieller Hinsicht arm ist, kann man doch reich an Liebe sein. Sie stand zu mir, auch wenn sie nicht mit allen meinen Entscheidungen einverstanden war, und sie schützte mich, als meine eigenen Verwandten mich anfeindeten. Sie hat großen Anteil daran, dass ich heute eine Gemeinde von Flüchtlingen leiten darf, denn als ich selbst Sorgen und Bedenken hatte, ermutigte sie mich, nach Deutschland zu gehen, um dort Gottes Wort denen nahezubringen, die danach suchen.

Auch meiner Tochter möchte ich danken. Sie hat mir in schweren Zeiten große Kraft geschenkt und unglaublich viel Freude und Hoffnung in mein Leben gebracht.

Ich danke meinem lieben Bruder Harry. Er hat großen Anteil daran, dass die Vision einer persischsprachigen Gemeinde in Deutschland Wirklichkeit werden konnte. Durch Gottes Wirken gibt es nun einen Ort, an dem Kurden, Luren, Türken, Balutschen, Araber, Perser und Afghanen die rettende Botschaft unseres Herrn und Heilandes Jesus Christus hören und erfahren dürfen.

Ich danke auch meiner deutschsprachigen Gemeinde, die hinter meiner Vision gestanden und mich liebevoll unterstützt hat. Sie bot den Raum dafür, dass die persischsprachige Gemeinde entstehen und wachsen konnte.

Ich empfinde große Dankbarkeit für all diejenigen, die mich auf vielfältige Weise unterstützt haben und diesen nicht immer einfachen Weg mit mir gegangen sind, auch wenn ich ihre Namen an dieser Stelle leider nicht nennen darf.

Mein Dank gilt auch den Mitarbeitern von Gerth Medien, die sich für meine Geschichte begeistern ließen und die Zusammenarbeit sehr angenehm gestalteten.

Nicht zuletzt danke ich meinem Koautor, der sich über viele Stunden geduldig meine Geschichte anhörte und mir half, meine Erfahrungen und Empfindungen in Worte zu fassen. Und ich danke seiner lieben Frau, die unsere erste Leserin und Lektorin war.

Der Verlag weist ausdrücklich darauf hin, dass im Text enthaltene externe Links nur bis zum Zeitpunkt der Buchveröffentlichung eingesehen werden konnten. Auf spätere Veränderungen hat der Verlag keinerlei Einfluss. Eine Haftung des Verlags für externe Links ist stets ausgeschlossen.

MIX
Papier aus verantwor-
tungsvollen Quellen
FSC
www.fsc.org   FSC® C014496

© 2017 Gerth Medien GmbH, Dillerberg 1, 35614 Asslar

1. Auflage 2017
Bestell-Nr. 817193
ISBN 978-3-95734-193-8

Umschlaggestaltung: Immanuel Grapentin
Umschlagfoto: Christiane Meyer
Satz: Verlagsservice DTP Apel, Wietze
Druck und Verarbeitung: GGP Media GmbH, Pößneck
Printed in Germany

www.gerth.de